沖縄

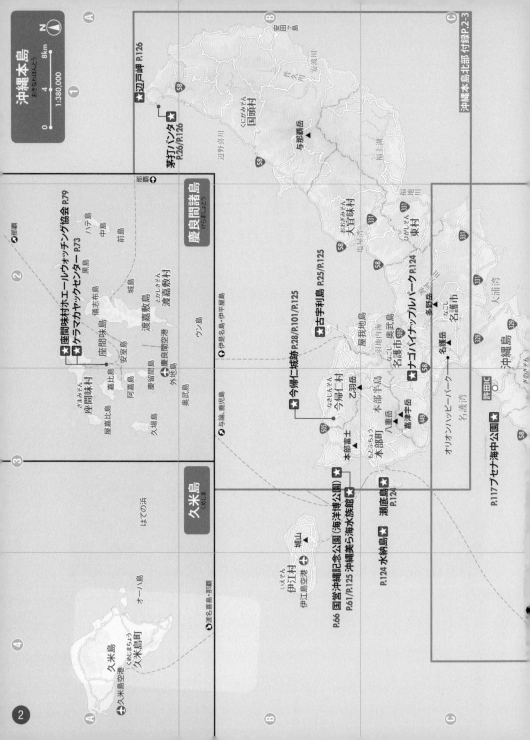

MAP

録 街歩き地図

沖縄

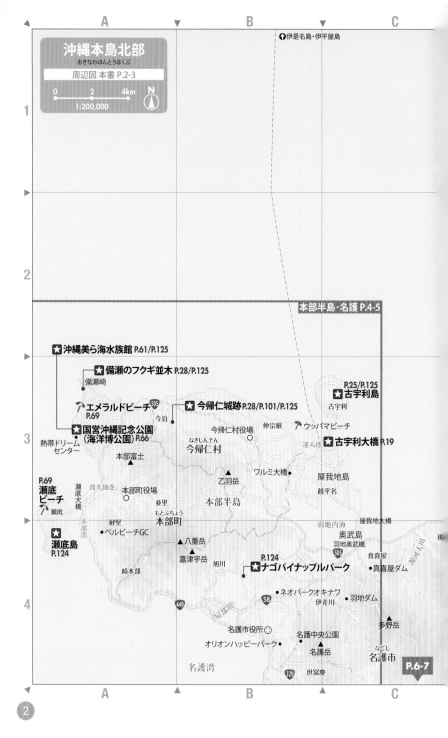

沖縄本島北部
おきなわほんとうほくぶ

周辺図 本書 P.2-3

0　　2　　4km
1:200,000

N

🔵伊是名島・伊平屋島

本部半島・名護 P.4-5

⭐沖縄美ら海水族館 P.61/P.125

⭐備瀬のフクギ並木 P.28/P.125

備瀬崎

🏄エメラルドビーチ
P.69

⭐今帰仁城跡 P.28/P.101/P.125

今泊

P.25/P.125
⭐古宇利島

古宇利

⭐国営沖縄記念公園
(海洋博公園) P.66

熱帯ドリーム
センター

仲宗根

今帰仁村役場 ○

🏄ウッパマビーチ

なきじんそん
今帰仁村

本部富士

⭐古宇利大橋 P.19

遅天港

P.69
瀬底
ビーチ

瀬底
大橋

渡久地港
○

本部町役場

乙羽岳

ワルミ大橋●

屋我地島

並里

本部半島

饒平名

🏄瀬底

もとぶちょう
本部町

⭐瀬底島
P.124

健堅
●ベルビーチGC

本部港

崎本部

●八重岳

嘉津宇岳

羽地内海

屋我地大橋

奥武島

羽地奥武橋

505

真喜屋
●真喜屋ダム

瀬嵐大川

旭川

P.124
⭐ナゴパイナップルパーク

449

名護川

58

●ネオパークオキナワ
伊差川

羽地ダム

多野岳

名護市役所 ◎

オリオンハッピーパーク●

名護中央公園

なごし
名護市

名護湾

329

名護岳

世冨慶

P.6-7

P.88/P.126 **大石林山** ★

★ **辺戸岬** P.126

P.26/P.126 **茅打バンタ** ★

• ヤンバルクイナ展望台

辺戸

宜名真漁港

58

🅷 奥ヤンバルの里

奥 奥

川

赤崎

辺野喜川

辺野喜ダム

楚洲

P.53/P.82
🅷 **オクマ プライベートビーチ
＆リゾート**

くにがみそん
国頭村

安田

安田ヶ島

58

○国頭村役場

2

普久川ダム•

安田漁港

赤丸岬

P.69 **オクマビーチ** 🏖

奥間

辺土名

ゆいゆい 国頭 🚉

P.86
★ **比地大滝渓流トレッキングツアー**

普

久

川

タナガーグムイ植物群落

比地大滝
キャンプ場

与那覇岳

安波

安波川

P.135
🆁 **笑味の店**

★ **比地大滝** P.29/P.87

安波ダム

• 大宜味村立芭蕉布会館

味村役場 ○

🅷 **WASSA WASSA**
P.59

• 新川ダム

3

塩屋

おおぎみそん
大宜味村

高江

塩屋湾

おぎみ

331

大保ダム

福地
ダム

331

福上湖

んばるの森
ジターセンター

• つつじエコパーク

宮城

平良
東村役場 ○

70

ひがしそん
東村

福
地
川

ギ
ナ
ン
崎

331

★ **慶佐次川のマングローブ** P.29

有銘

— 東村ふれあいヒルギ公園

★ **やんばる自然塾** P.85

★ **慶佐次川マングローブカヌー** P.85

331

天仁屋

天仁屋崎

★ 観光・見どころ	🅷 宿泊施設	
卍 寺院	🛈 観光案内所	
卅 神社	🚉 道の駅	
✝ 教会	🏖 ビーチ	
🆁 飲食店	♨ 温泉	
🅲 カフェ・甘味処	🚏 バス停	
🆂 ショップ	✈ 空港	
🆂🅲 ショッピングセンター		

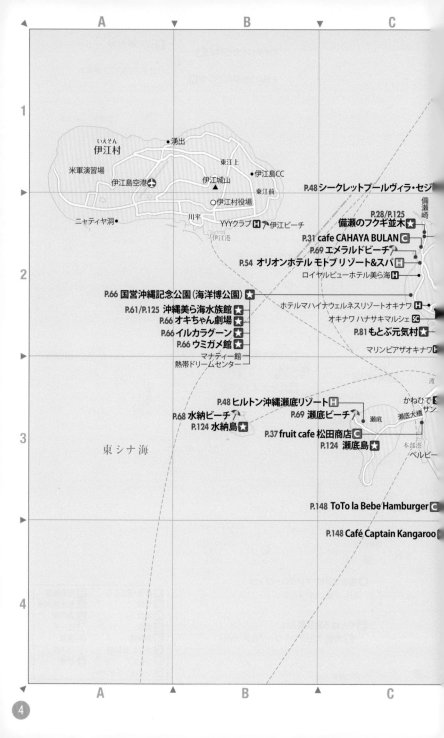

	A		B		C

1

湧出

伊江村
いえそん

米軍演習場

東江上

伊江島CC

伊江島空港 ✈

伊江城山 ▲

東江前

○伊江村役場

P.48 シークレットプールヴィラ・セジ

備瀬崎

ニャティヤ洞 •

川平

P.28/P.125
備瀬のフクギ並木 ★

YYYクラブ H ↗伊江ビーチ

P.31 cafe CAHAYA BULAN C

伊江港

P.69 エメラルドビーチ ↗

P.54 オリオンホテル モトブ リゾート&スパ H

2

ロイヤルビューホテル美ら海 H

P.66 国営沖縄記念公園 (海洋博公園) ★

P.61/P.125
沖縄美ら海水族館 ★

ホテルマハイナウェルネスリゾートオキナワ H

P.66 オキちゃん劇場 ★

オキナワ ハナサキマルシェ SC

P.66 イルカラグーン ★

P.81 もとぶ元気村 ★

P.66 ウミガメ館 ★

マリンピアザオキナワ

マナティー館
熱帯ドリームセンター

渡

P.48 ヒルトン沖縄瀬底リゾート H

かねひで

サン

P.68 水納ビーチ ↗

P.69 瀬底ビーチ ↗

瀬底

瀬底大橋

P.124 水納島 ★

P.37 fruit cafe 松田商店 C

本部港

東シナ海

P.124 瀬底島 ★

ベルビー

3

P.148 ToTo la Bebe Hamburger C

P.148 Café Captain Kangaroo

4

	A		B		C

4

伊是名島、伊平屋島 ⚓

本部半島・名護
もとぶはんとう・なご

周辺図 本書 P.2-3

0　　　1　　　2km
1:120,000　　　N

東シナ海

★ハートロック P.19
●ティーヌ浜

今泊

なきじんそん
今帰仁村

P.25/P.125 古宇利島 ★　上原
●古宇利
オーシャンタワー

P.125 しらさ R
/ 古宇利ビーチ
P.68

真志堅(西)

P.28/P.101/P.125
★今帰仁城跡

沖縄のひとつ宿
tinto tinto H
/ ウッパマビーチ

今泊

仲宗根
H KAYATSUMA OKINAWA
HOTEL & RESORT P.58

カフェこくう C
P.32

○今帰仁村
役場

H リゾート
ベル・パライソ
★古宇利大橋 P.19

垣ぜんざい屋 P.36
士

本部半島

P.147
R 今帰仁アグー料理一式
長堂屋

運天港

P.59
H コルディオ
プール&
ヴィラズ
済井出

C ピザ喫茶 花人逢 P.30

乙羽岳

屋我地島

R 木灰沖縄そば きしもと食堂 P.144

505

ワルミ大橋

屋我地
ビーチ

R 八重善

並里

H ヴィラモトブヒルズ
リゾート
もとぶちょう
本部町

山原そば R

P.34 Café Ichara C

饒平名
C CALiN cafe + zakka P.35

C 森の食堂 smile spoon
P.35

湧川

屋我地大橋

奥武島

★嵐山展望台 P.25

羽地内海

●八重岳桜の森公園
八重岳の桜

★JUNGLiA P.22

505

羽地奥武橋 / 真喜屋

P.145
R そば屋よしこ

中山

呉我

仲尾次(北)

真喜屋
真喜屋ダム●

八重岳
▲

P.145
R 沖縄伝統
木灰自家製めんの店
むかしむかし

嘉津宇岳
▲

旭川

P.144
R 我部祖河食堂

なごし
名護市

安和

★ナゴパイナップルパーク P.124

ネオパークオキナワ●

449

リゾネックス名護 H

58

伊差川IC
伊差川

●羽地ダム

屋部川

宮里3

◎名護市役所

R 島豚七輪焼 満味 P.147

名
護
東
道
路

多野岳
▲

P.158 紅型キジムナー工房 S

オリオンハッピーパーク●

●名護中央
公園
名護岳
▲

なごし
名護市

名護湾

世冨慶

世冨慶IC

名護 P.12

世冨慶

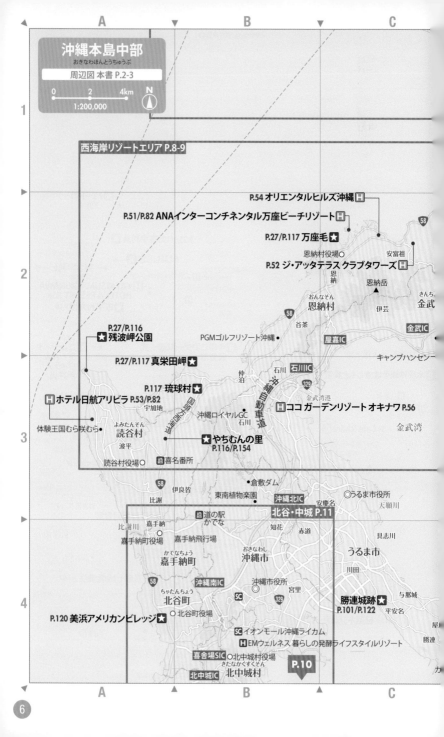

沖縄本島中部

おきなわほんとうちゅうぶ

周辺図 本書 P.2-3

0　2　4km
1:200,000
N

西海岸リゾートエリア P.8-9

P.54 オリエンタルヒルズ沖縄

P.51/P.82 ANAインターコンチネンタル万座ビーチリゾート

P.27/P.117 万座毛 ★

恩納村役場○　安富祖

P.52 ジ・アッタテラス クラブタワーズ

恩納

恩納岳▲　金武

おんなそん
恩納村　　伊芸　　きんちょう

58

P.27/P.116
★ 残波岬公園

PGMゴルフリゾート沖縄 ●

谷茶　　　金武IC

屋嘉IC　　金武

P.27/P.117 真栄田岬 ★

石川IC

キャンプハンセン

仲泊　石川　石川IC

P.117 琉球村 ★

宇加地

329　金武湾港

ホテル日航アリビラ P.53/P.82

沖縄自動車道

ココ ガーデンリゾート オキナワ P.56

体験王国むら咲むら●

よみたんそん
読谷村

沖縄ロイヤルGC

石川

金武湾

波平

★ やちむんの里
P.116/P.154

読谷村役場○　喜名番所

道の駅許田方面

倉敷ダム

58　伊良皆

比謝川

比謝

東南植物楽園　沖縄北IC

○うるま市役所

安慶名　天願川

嘉手納町役場○　嘉手納飛行場

道の駅
かでな

知花

赤道

北谷・中城 P.11

貝志川

おきなわし
沖縄市

うるま市

かでなちょう
嘉手納町

川田

58

沖縄南IC

沖縄市役所
◎

ちゃたんそん
北谷町

宮里

329

SC

勝連城跡 ★
P.101/P.122

P.120 美浜アメリカンビレッジ ★

○北谷町役場

与那城

平安名

SC イオンモール沖縄ライカム

屋

EMウェルネス 暮らしの発酵ライフスタイルリゾート

勝連

喜舎場SIC　○北中城村役場

きたなかぐすくそん
北中城村

P.10

北中城IC

カ

6

多野岳 ▲

P.2-3

P.85 やんばる自然塾 ★

ひがしそん
東村

名護市役所 ◎
オリオンハッピーパーク ●

名護中央公園

名護湾

● 名護岳

なごし
名護市

大湿帯

慶佐次川 ★
マングローブカヌー
P.85

天仁屋崎

世富慶IC
世冨慶
本部半島・名護 P.4-5

331

1

ブセナ海中公園 P.117

329 二見

331

許田IC
許田
道の駅 許田
やんばる物産センター P.151

大浦湾

● カヌチャ・ゴルフコース

喜瀬
喜

喜瀬CC

H ザ・リッツ・カールトン沖縄

329

H カヌチャリゾート P.82 ◀

● 久志岳ゴルフガーデン

辺野古崎

きのざそん
宜野座村

● 宜野座CC

那ダム ●

宜野座IC

松田

◯ 宜野座村役場

2

329

漢那ビーチ

丁役場

億首川

金武崎

3

H AJリゾートアイランド伊計島

伊計ビーチ ★ ★ 伊計島
P.123

宮城島

★ 果報バンタ P.25

● ぬちまーす 観光製塩ファクトリー

平安座島

123
の駅
らやばし館

● ★ 浜比嘉大橋 P.26

海中道路
海中道路

★ 浜比嘉島 P.123

兼久

浮原島

南浮原島

4

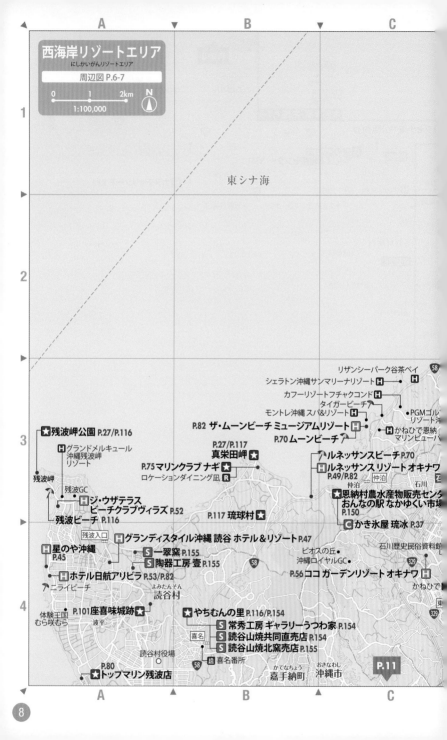

西海岸リゾートエリア
にしかいがんリゾートエリア

周辺図 P.6-7

0 ─ 1 ─ 2km
1:100,000

N

1

東シナ海

2

リザンシーパーク谷茶ベイ 🏨

シェラトン沖縄サンマリーナリゾート 🏨

カフーリゾートフチャクコンド 🏨

タイガービーチ ● PGMゴル
リゾート沖

モントレ沖縄 スパ&リゾート 🏨

★残波岬公園 P.27/P.116

P.82 ザ・ムーンビーチ ミュージアムリゾート 🏨 🏨 かねひで恩納
マリンビュー

🏨グランドメルキュール
沖縄残波岬
リゾート

P.27/P.117
真栄田岬 ★

P.70 ムーンビーチ ↗

残波岬

P.75 マリンクラブ ナギ ★

ロケーションダイニング凪 🅁

↗ルネッサンスビーチ P.70

🏨ルネッサンス リゾート オキナワ
P.49/P.82 仲泊 石川

残波GC

3

🏨ジ・ウザテラス
ビーチクラブヴィラズ P.52

★恩納村農水産物販売セン
おんなの駅 なかゆくい市場
P.150

残波ビーチ P.116

P.117 琉球村 ★

🄲かき氷屋 琉冰 P.37

残波入口

🏨グランディスタイル沖縄 読谷 ホテル&リゾート P.47

石川歴史民俗資料館

🏨星のや沖縄
P.45

🅂一翠窯 P.155

ビオスの丘 ●
沖縄ロイヤルGC ●

P.56 ココ ガーデンリゾート オキナワ 🏨

🅂陶器工房 壹 P.155

🏨ホテル日航アリビラ P.53/P.82

かねひで

↗ニライビーチ

よみたんそん
読谷村

4

体験王国
むら咲むら

P.101 座喜味城跡 ★

★やちむんの里 P.116/P.154

波平

🅂常秀工房 ギャラリーうつわ家 P.154

🅂読谷山焼共同直売店 P.154

喜名

🅂読谷山焼北窯売店 P.155

★トップマリン残波店 P.80

読谷村役場

喜名番所

かでなちょう
嘉手納町

おきなわし
沖縄市

P.11

P.117 ブセナ海中公園 ★
P.50 ザ・ブセナテラス H
P.57 ザ・テラスクラブ アット ブセナ H
P.55 オリエンタルホテル 沖縄リゾート&スパ H
ザ・リッツ・カールトン沖縄 H
P.46 ハレクラニ沖縄
P.57 沖縄かりゆしリゾート EXES恩納 H
P.70 ミッションビーチ

幸喜

喜瀬

かねひで
喜瀬CC

かねひで喜瀬
ビーチパレス H

58

ハイアットリージェンシー
瀬良垣アイランド 沖縄 H

C HAWAIIAN PANCAKES HOUSE
PAANILANI

県民の森 森のふしぎ館

名嘉真

H 海の旅亭おきなわ
名嘉真荘

みゆきビーチ
S 御菓子御殿

美らオーチャード
ゴルフ倶楽部

82 ANAインター
コンチネンタル
ビーチリゾート H

P.27/P.117
万座毛 ★

万座ビーチ P.70

H オリエンタルヒルズ沖縄 P.54

安富祖

宜野座村

C 田中果実店 P.39

安富祖

ジ・アッタテラス
ゴルフリゾート

H ジ・アッタテラス クラブタワーズ P.52

かんな湖

○恩納村
役場

恩
納
村

恩納バイパス

恩
納

Citta' S
P.159

恩納
(南)

恩納村

恩納岳 ▲

漢那ダム
福地川

金武
ダム湖

きんちょう
金武町

329

伊芸

伊芸SA

沖縄自動車道

金武IC

金武ダム

金武
キャンプハンセン

金武

金武観音寺 卍 ○金武町役場

屋嘉IC

かねひで
S

金武バイパス

屋嘉

金武湾

港

恩納

うるま市

億首川

金
武
岬

金
武
バ
イ
パ
ス

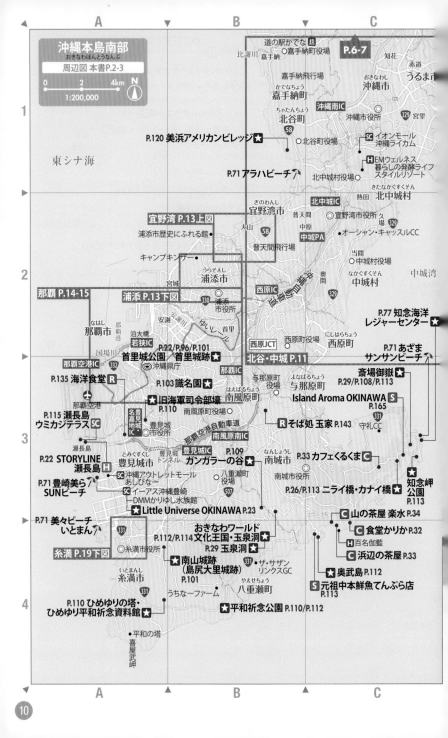

沖縄本島南部
おきなわほんとうなんぶ
周辺図 本書P.2-3
0　2　4km
1:200,000
N

東シナ海

P.6-7

道の駅かでな
嘉手納町役場
比謝川　嘉手納

嘉手納飛行場
かでなちょう
嘉手納町

知花
赤道
おきなわし
沖縄市

うるま市

沖縄南IC
沖縄市役所
宮里
329

ちゃたんちょう
北谷町
北谷町役場
58

SC イオンモール
沖縄ライカム

P.120 美浜アメリカンビレッジ ☆

P.71 アラハビーチ ↗
北中城村役場

H EMウェルネス
暮らしの発酵ライフ
スタイルリゾート

きたなかぐすくそん
北中城村

北中城IC
熱田

宜野湾市 P.13上図
浦添市歴史にふれる館 ●

ぎのわんし
宜野湾市
大山
58
普天間飛行場

普天間
中原
宣野湾市役所
久

329

中城PA
オーシャン・キャッスルCC

キャンプキンザー

宮城
浦添市
うらそえし

当間
中城村役場

なかぐすくそん
中城村

中城湾

那覇 P.14-15
なはし
那覇市

浦添 P.13下図

330
浦添
市役所

西原IC

中
城
城
跡
里

奥
間

P.77 知念海洋
レジャーセンター ☆

泊大橋
若狭IC
那覇港

P.22/P.96/P.101
首里城公園 首里城址 ☆

安謝川

ゆ
い
れ
ー
る

首里

西原JCT
西原町役場

にしはらちょう
西原町

P.71 あざま
サンサンビーチ

那覇空港IC
332
那覇空港

国場川

沖縄県庁

那覇IC

与原町
役場

よなばるちょう
与那原町

斎場御嶽 ☆
P.29/P.108/P.113

P.135 海洋食堂 R

P.103 識名園 ☆

はえばるちょう
南風原町

Island Aroma OKINAWA S
P.165

守礼CC
331

☆ 旧海軍司令部壕
P.110

南風原町役場 ○

R そば処 玉家 P.143

P.115 瀬長島
ウミカジテラス SC

とよみじょう
豊見城
豊見城IC
城址

那覇空港自動車道
南風原南IC

P.109

P.33 カフェくるくま C

とみぐすくし
豊見城市

豊見城市役所

豊見城IC
豊見城
トンネル

ガンガラーの谷 ☆
なんじょうし
南城市

P.22 STORYLINE
瀬長島 H

SC 沖縄アウトレットモール
あしびなー

八重瀬町
役場
507

南城市役所

P.26/P.113 ニライ橋・カナイ橋

知念岬
公園
P.113

瀬長島

SC イーアス沖縄豊崎
DMMかりゆし水族館

☆

P.71 豊崎美ら
SUNビーチ ↗

☆ Little Universe OKINAWA P.23

C 山の茶屋 楽水 P.34

P.71 美々ビーチ ↗
いとまん

おきなわワールド
文化王国・玉泉洞 ☆
P.112/P.114

C 食堂かりか P.32

H 百名伽藍

糸満 P.19下図

糸満市役所

☆
P.29 玉泉洞

C 浜辺の茶屋 P.33

いとまんし
糸満市

331
☆ 南山城跡
（島尻大里城跡）
P.101

331 ● ザ・サザン
リンクスGC

☆ 奥武島 P.112

S 元祖中本鮮魚てんぷら店
P.113

うちなーファーム

やえせちょう
八重瀬町

P.110 ひめゆりの塔・
ひめゆり平和祈念資料館 ☆

☆ 平和祈念公園 P.110/P.112

● 平和の塔

喜屋武岬

10

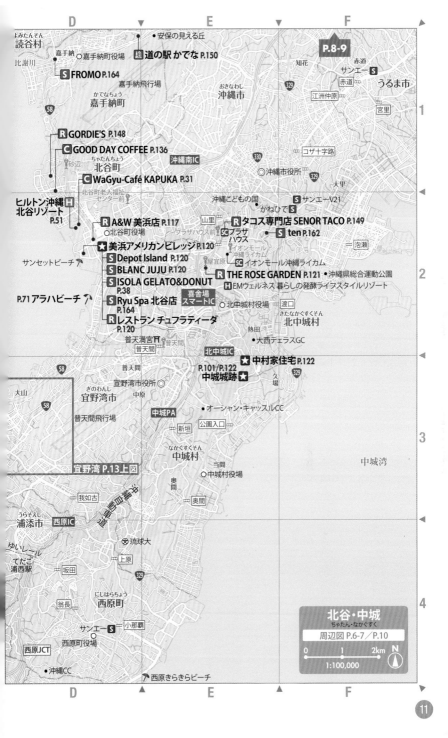

よみたんそん
読谷村

比謝川

●安保の見える丘

嘉手納 ○嘉手納町役場 🅿️道の駅 かでな P.150

P.8-9

知花

赤道
サンエー S

S FROMO P.164

かでなちょう
嘉手納町

嘉手納飛行場

おきなわし
沖縄市

329

江洲仲原 ⊟

うるま市

赤道 ⊟

宮里 ⊟

58

1

R GORDIE'S P.148

C GOOD DAY COFFEE P.136

北谷町

砂辺

コザ十字路 ⊟

330 ⊟

○沖縄市役所

ちゃたんちょう

329

大里

C WaGyu-Café KAPUKA P.31

北谷町老人福祉
センター前 ⊟

沖縄こどもの国

かねひで **S**

S サンエーV21

ヒルトン沖縄
北谷リゾート
P.51 **H**

R A&W 美浜店 P.117

○北谷町役場

山里 ⊟

プラザハウス前 ⊟

R タコス専門店 SENOR TACO P.149

SC プラザ
ハウス

S ten P.162

沖縄
沖縄ライカム

泡瀬 ⊟

サンセットビーチ ↗

★美浜アメリカンビレッジ P.120

S Depot Island P.120

宜野湾 ⊟

イオンモール

SC イオンモール沖縄ライカム

●沖縄県総合運動公園

2

S BLANC JUJU P.120

R THE ROSE GARDEN P.121

S ISOLA GELATO&DONUT
P.38

喜舎場
スマートIC

H EMウェルネス 暮らしの発酵ライフスタイルリゾート

P.71 アラハビーチ ↗

S Ryu Spa 北谷店
P.164

○北中城村役場

渡口 ⊟

きたなかぐすくそん
北中城村

R レストラン チュフラティーダ
P.120

普天満宮 ⛩
普天間 ⊟

普天間 ⊟

熱田 ⊟

●大西テラスGC

北中城IC

58

普天間

宜野湾市役所 ○

中原 ⊟

★中村家住宅 P.122

P.101/P.122
中城城跡 ★

329

久場

ぎのわんし
宜野湾市

普天間飛行場

中城PA

●オーシャン・キャッスルCC

大山

58

新垣 ⊟

公園入口 ⊟

3

宜野湾 P.13上図

なかぐすくそん
中城村

当間 ⊟

○中城村役場

中城湾

奥間 ⊟

我如古 ⊟

奥間 ⊟

うらそえし
浦添市

西原IC

ゆいレール
てだこ
浦西駅

⊗琉球大

上原 ⊟

坂田 ⊟

329

にしはらちょう
西原町

翁長 ⊟

4

サンエー **S**

小那覇 ⊟

西原町役場

西原JCT

●沖縄CC

↗西原きらきらビーチ

北谷・中城
ちゃたん・なかぐすく

周辺図 P.6-7／P.10

0 ─ 1 ─ 2km
1:100,000
N

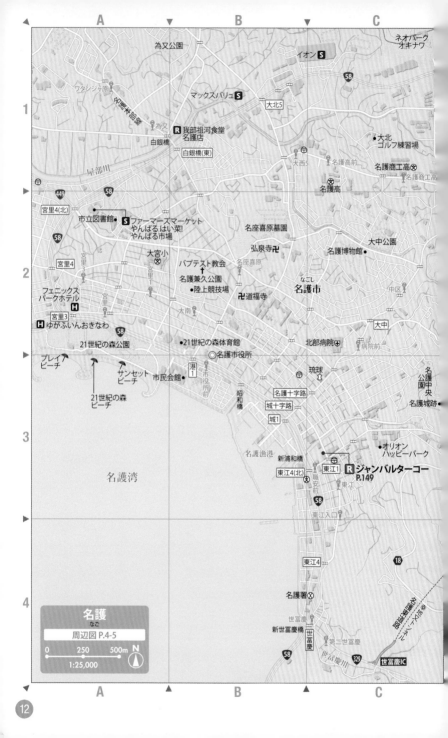

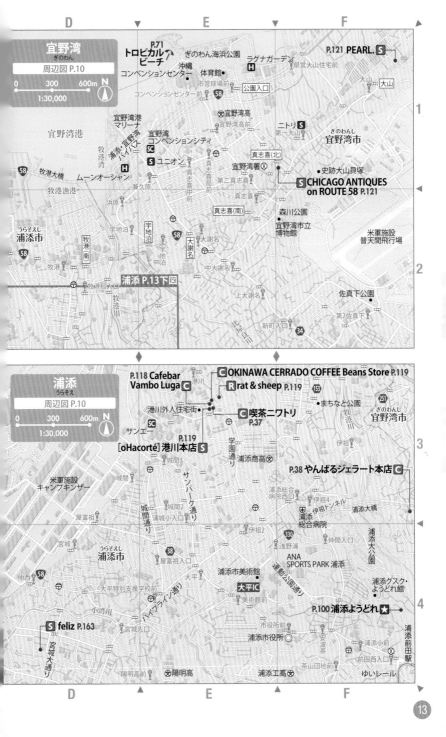

宜野湾
きのわん

周辺図 P.10

0　　300　　600m

1:30,000

N

P.71
トロピカル
ビーチ

ぎのわん海浜公園

沖縄
コンベンションセンター

体育館

市営球場前

公園入口

コンベンションセンター前

58

ラグナガーデン

H

県営大山住宅前

P.121 **PEARL.** S

大山

大山

宜野湾港
マリーナ

宜野湾
コンベンションシティ

SC

S ユニオン

浦添・宜野湾
ハイパス

H

ムーンオーシャン

牧港大橋

牧港漁港

兼久原

浜原

58

宜野湾高

宜野湾高前

ニトリ S
第一大山

真志喜(北)

宜野湾署 ⊗

第二真志喜前

真志喜

真志喜中前

真志喜 (南)

宜野湾港

宜野湾市
きのわんし

史跡大山貝塚

S **CHICAGO ANTIQUES
on ROUTE 58** P.121

森川公園

宜野湾市立
博物館

米軍施設
普天間飛行場

宇地泊

58

大謝名

宇地泊

牧港南

浦添市
うらそえし

58

牧港

牧港局前

牧港川

中大謝名

上大謝名

浦添 P.13下図

比屋良

新町入口

34

佐真下公園

第2佐真下

浦添
うらそえ

周辺図 P.10

0　　300　　600m

1:30,000

N

P.118 **Cafebar
Vambo Luga** C

C **OKINAWA CERRADO COFFEE Beans Store** P.119

R **rat & sheep** P.119

153

港川外人住宅街

C **喫茶ニワトリ**
P.37

まちなと公園

251
きのわんし
宜野湾市

牧港川

SC

サンエー

P.119

[oHacorté] 港川本店 S

米軍施設
キャンプキンザー

城間3

城間

屋富祖

城間2

サンパーク通り

城間

浦添小入口

城間通り

伊祖

学園通り

浦添商高 ⊗

浦添総合
病院西口

伊祖4

伊祖トンネル

浦添
総合病院

伊祖

P.38 **やんばるジェラート本店** C

浦添大橋

38

浦添市
うらそえし

宮城

仲西

58

屋富祖入口

大平

大平特別支援学校前

ハイブライン通り

小湾川

S **feliz** P.163

宮城
大通り

宮城入口

浅野浦

浦添市美術館

330

仲間入口

ANA
SPORTS PARK 浦添

浦添公園通り

大平IC

美術館前

市役所前

浦添市役所 ◎

安波茶

茶山田地前

浦添大公園

浦添グスク・
ようどれ館

P.100 **浦添ようどれ** ★

浦添小前

前田西入口

浦添前田駅

陽明高前

陽明高 ⊗

浦添工高

ゆいレール

13

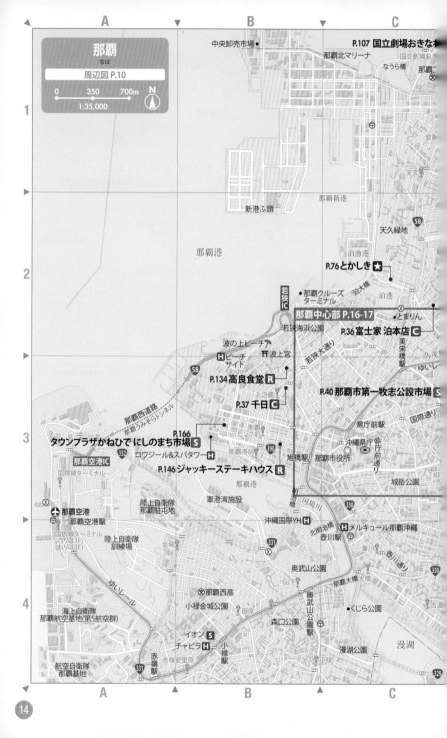

那覇
なは

周辺図 P.10

0　350　700m
1:35,000
N

中央卸売市場 ●

P.107 **国立劇場おきな**

那覇北マリーナ

なうら橋

那覇二

新港ふ頭

那覇新港

天久緑地

58

那覇港

泊漁港

P.76 とかしき ★

● 那覇クルーズ
ターミナル

泊港

とまりん

那覇中心部 P.16-17

若狭IC

若狭海浜公園

P.36 富士家 泊本店 C

美栄橋駅

ゆいレー

波の上ビーチ

H ビーチ
サイド

波上宮

若狭大通り

P.134 高良食堂 R

上之蔵

P.40 那覇市第一牧志公設市場 S

P.37 千日 C

那覇西道路
那覇うみそらトンネル

県庁前駅

国際通り
県庁
前通り

58

P.166

タウンプラザかねひで にしのまち市場 S

那覇
ショッピ
ング前

沖縄県庁

那覇市役所

那覇空港IC

332

ロワジール&スパタワー H

390

旭橋駅

城岳公園

国際線ターミナル

P.146 ジャッキーステーキハウス R

那覇港前

那覇港

国場川

330

那覇空港

那覇空港駅

国内線ターミナル
（のりば1F）
（おりば3F）

陸上自衛隊
那覇駐屯地

軍港施設

沖縄国際YH H

331

北明治橋

壺川駅

H メルキュール那覇沖縄

陸上自衛隊
訓練場

金城

壺川

壺川通り

330

ゆいレール

奥武山公園

那覇大橋

那覇西高

山下

奥武山公園駅

● くじら公園

海上自衛隊
那覇航空基地（第5航空群）

小禄金城公園

田原

森口公園

漫湖公園

漫湖

イオン S

航空自衛隊
那覇基地

チャビラ H

赤嶺安里駅

小禄
駅

329

331

A　B　C

第一中西
仲西

S feliz P.163

持田原

小湾

330

浦添市役所

安波茶

浦添前田駅

ゆいレール

◎浦添 P.13下図

小湾川

⊗浦添工高

仲西原

宮城5

後原

宮城入口

陽明高

◎浦添市役所

1

スバリュ

浦添高 ⊗

内間局

昭和薬大附高・中

経塚の碑

第二経塚

うらそえし
浦添市

経塚

経塚

S サンエー

153

経塚駅

嶺入口

新都心 P.19上図

縄県立博物館・
術館(おきみゅー) P.107

新都心
公園

真嘉比IC

古島IC

古島駅

興南高・中

市立病院前

市立病院前駅

ゆいレール

末吉公園

平良入口

平良

⊗ 首里東高

R しむじょう P.143

241

石嶺

石嶺駅

石嶺団地
入口

2

S ユニオン

S 丸玉直売店 P.152

首里織工芸館

儀保駅

市立病院 ⊕

公園前

おもろまち駅

ダブルツリー
byヒルトン那覇首里城
H

P99 **龍潭** ★

龍潭公園

首里駅

弁ヶ岳
公園

330

ノボテル沖縄那覇 H

P.97 **守礼門** ★

牧志駅

安里駅

松川

寒川入口

首里城公園／首里城跡 ★
P.22/P.96/P.101

★**首里金城町石畳道** P.99

寒川

沖縄自動車道

那覇IC

3

那覇市立壺屋焼物博物館 P.157

なはし
那覇市

繁多川入口

石田

団地入口

繁多川

石田

首里 P.18-19

精和病院

赤十字路

寄宮

真地

529

新川

看護大 ⊗

222

尚徳王御陵跡

P.103 **識名園** ★

識名公園

はえばるちょう
南風原町

4

沖縄大 ⊗

光明寺前

上間入口

上間

上間

真和志高前

⊗ 真和志高

143 **そば処 すーまぬめぇ** R

国場

国場大通り

507

国場

サンキ S

南風原高

兼城

真玉橋

スバイパス

真玉橋西

329

那覇中心部

なはちゅうしんぶ

周辺図 P.14-15

0　100　200m
1:10,000　N

若狭(2)

若狭中通り

夫婦瀬公園

泊港入口

泊埠頭

とまりん•

リブマックス那覇

スマイル H

泊高橋

泊ふ頭入口

前島(3)

夫婦橋

潮渡川

リゾネックス那覇 R

ルートイン H

若松橋

前島

若狭大通り

若狭

マックスバリュ S

那覇中

月桃庵 R

沖縄

ロコイン H

ビクトリア H

カクテルプラザ

松山(2)

ブライオン那覇 H

エスティネート H

リッチモンド H

R 亀かめそば P.143

久米局

松山

ソルヴィータ

久米郵便局前

若松入口

P.147 鉄板焼 さわふじ R

美栄橋駅前

美栄橋駅

タイラ H

松山(1)

松山公園

那覇市

久茂地(2)

H 東横イン

P.140 ライブ&沖縄料理
ライブハウス島唄

H スマイル

福州園

那覇商高

APA H

松山

牧志(1)

緑ヶ丘公園

西武門

商業高前

P.139 味まかせけん家 R

久茂地橋

沖縄第一ホテル
P.137

大典寺

農林中金前

久茂地川

銀通り

コザ

P.138 なかむら家 R

P.39 ブルーシール
国際通り店 C

ケ米大通り

P.132 ゆうなんぎい R

久米

久茂地

サンパレス

P.91 沖縄美ら海水族館

天妃小

アンテナショップうみちゅらら 国際通り店 S

P.91 ふくぎや
国際通り店 S

松尾

リブマックス那覇 H

久茂地

松尾1

国際通り

松尾

ナハナ

県庁前駅

P.94

東横イン H

サン沖縄 H

沖縄

琉球びらす浮島通り店 S

西消防署通り

泉崎

沖銀本店前

R ライブ&居食屋 かなぐすく
P.140

東町

P.90 雪塩さんど 国際通り本店 S

グレイスイン那覇

琉球サンロイヤル

かりゆしLCH

泉崎橋通り

パレットくもじ S

県庁北口

S 御菓子御殿 国際通り松尾店 P.91

旭橋

那覇市役所前

39

県庁前

県庁北口

県庁前(通り)

La Cucina SOAP BOUTIQUE
P.16

H ダブルツリーbyヒルトン

39

沖縄県庁

旭橋駅

バスターミナル

那覇市役所

県警本部

42

那覇高

リーガロイヤル
グラン那覇 H

SC 那覇オーパ

開南小

バスターミナル前

ハーバービュー通り

那覇高前

久茂地川

ルートイン H

上泉

県庁南口

城岳公園

那覇東急REI H

旭町

330

県庁南口

R 味噌めしやまるたま P.136

明治橋

壺川(西)

H 沖縄ハーバービュー

国場川

首里
しゅり

周辺図 P.14-15

0　100　200m
1:10,000

N

S cicafu metal works P.159

儀保

首里儀保町 (1)

駅前

儀保駅

那覇市

R 八重山
潭亭

虎頭公園

赤平

首里赤平町 (2)

首里汀良

首里織工芸館

首里桃原町 (2)

桃原本通り

桃原

首里山川町 (2)

山川2

首里大中町 (1)

安谷川御嶽

首里当蔵町 (2)

首里汀良

C 古都首里
ぶくぶく茶専門店 嘉例 P.99

首里池端町

山川

首里坂下
通り

首里真和志町 (2)

池端

P.99 龍潭 ★

首里城公園
入口

龍潭公園

龍潭通り

当蔵

芸術大

伊江殿
内庭園

首里高

首里琉染
S

首里城前

P.108 園比屋武御嶽石門 ★

城西小

弁財天堂

首里公民館

★ 旧円覚寺総門・放生橋

円覚寺跡

P.99/P.102 玉陵 ★

首里城公園
管理センター

P.97 守礼門 ★

首里杜館

歓会門

龍樋

首里金城町
(1)

赤マルソウ通り

P.22/P.96/P.101
★ 首里城公園／首里城跡

P.142 首里そば R

西のアザナ
(展望台)

首里城南口

首里城正殿

R 琉球料理

首里赤田町 (1

石畳入口

金城町

P.99 首里金城町石畳道 ★

ファミリーマート
S

金城2

金城村屋

芸術大

瑞泉酒造

首里崎山町 (1)

首里赤田町 (1

★ 首里金城の大アカギ P.99

P.99 金城大樋川 ★

首里殿内 **R**

石畳前

R 首里いろは庭 P.133

首里金城町
(4)

松城中

金城4

城南小

繁多川公園

金城ダム

首里崎山町 (4)

繁多川 (4)

D

ぎぼまんじゅう **S** P.152
里久場川町(2)

首里りうぼう前
りうぼう **SC**
かねひで **S**

ゆいレール

汀良

⊗首里中
首里駅
首里駅前

首里鳥堀町(4)

鳥堀

首里鳥堀町(2)

村製菓 P.152

鳥堀

造 赤田
赤田

鳥堀公民館前

82

崎山

那覇IC

沖縄自動車道

E / F

新都心交番前
天久1
天久(1)
ちゅらまち公園前
安謝1
S チュフディナチュール P.165
ファミリーマート S
天久ちゅらまち公園
⊗天久小
那覇国際高⊗
那覇国際高前
天久りうぼう楽市 SC
R 麺処てぃあんだー P.142
那覇市
銘苅庁舎前
なはし
ベスト電器 S
おもまち3
新都心公園
銘苅(1)
銘苅
あっぷるタウン SC P.107
おもろまち(3)
●花の道公園
メディカルセンター
沖縄県立博物館・美術館 ★（おきみゅー）
おもろまち(二)
おもろまち(4)
おもろまち4
博物館前
S サンエー 那覇メインプレイス P.166
県立博物館前
黄金森公園●
東横イン H P.23
チームラボ 学ぶ! 未来の遊園地 ★
メインプレイス東口
泊小⊗
新都心公園水の道●
Tギャラリア沖縄 by DFS SC
ゆいレール
ザ・ナハテラス H
日本銀行 T（那覇支店）
駅前広場
おもろまち(1)
水道局前
駅前
ダイワロイネット H
おもろまち駅

糸満（Itoman）

331
西崎(1)
256
兼城
🏯 道の駅 いとまん P.151
水産高前
西川町
糸満入口
西崎(1)
沖縄水産高⊗
糸満海のふるさと公園
白銀堂
白銀堂前
糸満港
照屋
山巓毛公園
糸満小⊗
糸満中
ロータリー
新島
糸満小前
市場入口
蓮華禅院卍
バスターミナル
糸満ロータリー
⊗糸満高
糸満漁港
H 南海
市場前
いとまんし
糸満市
P.43 糸満市場いとま～る S
糸満
S いなみね
双子橋
潮崎町2
256
サンエー S
潮崎2
糸満市役所 ◎
糸満市役所前
郵便局前
糸満局
潮崎町(1)
331
南浜公園
真栄里
●展望台
糸満南小⊗
潮崎町(3)
●中央図書館

とりはずして使える

MAP

付録 街歩き地図

沖縄

おとな旅
プレミアム
PREMIUM

切り取り線

TAC出版
TAC PUBLISHING Gr

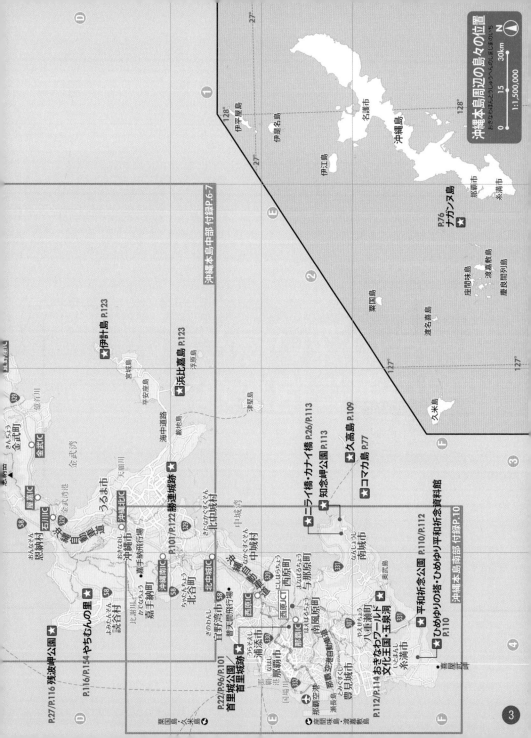

沖縄本島周辺の島々の位置

おきなわほんとうしゅうへんのしまじまのいち

N

0 15 30km
1:1,500,000

128°

① 伊平屋島
伊是名島
名護市
沖縄島

128°

27°

27°

E

② 伊江島
那覇市
糸満市

P.76
ナガンヌ島 ★

座間味島
阿嘉島
渡嘉敷島
慶良間列島
渡名喜島

127°

久米島

127°

③ 粟国島
渡名喜島

久米島

ニライ橋・カナイ橋 P.26/P.113
★ 知念岬公園 P.113
久高島 P.109 ★
コマカ島 P.77 ★

F

D

金武IC
金武町
金武川
漁港
金武湾
うるま市

伊計島 P.123 ★
宮城島
平安座島
海中道路
浜比嘉島 P.123 ★
浮原島
藪地島
津堅島

屋嘉IC
石川IC
恩納村
恩納IC
58
沖縄自動車道
沖縄北IC

P.101/P.122 勝連城跡 ★
北中城村
北中城IC

P.116/P.154 やちむんの里 ★
読谷村 58
沖縄南IC
嘉手納飛行場
北谷町
北谷IC
嘉手納
嘉手納IC

中城村
中城IC
中城湾

P.27/P.116 残波岬公園 ★

沖縄本島中部 付録P.6-7

平和祈念公園 P.110/P.112 ★

普天間飛行場
宜野湾市
浦添市
西原IC
西原町
西原JCT
与那原町
南風原IC
南風原町
南城市
八重瀬町
与那原町

ひめゆりの塔・ひめゆり平和祈念資料館P.10 ★
ひめゆりの塔・ひめゆり平和祈念館 P.110 ★
おきなわワールド
文化王国・玉泉洞 P.112/P.114 ★
糸満市
喜屋武岬

P.22/P.96/P.101
首里城公園/
首里城跡 ★
那覇市
那覇空港自動車道
那覇空港
豊見城市

沖縄本島南部 付録P.10

③

④

あなただけの
プレミアムな
おとな旅へ！
ようこそ！

SIGHTSEEING

サンセットが
特に素晴らしい
という景勝地

万座毛 ➡ P.27・117

OKINAWA

沖縄への旅

亜熱帯の深い緑と
紺碧の海に抱かれて

琉球王国以前の史跡を残し、
神々に見守られた常夏の島。
内地と異なる歩みや風土が、
伝統工芸や琉球料理など、
魅力的な文化を育ててきた。
もちろん、雄々しい大自然や
絶景はこの地を訪れた人々を
温かく迎え入れてくれる。
2020年は沈黙の年となったが、
多くの高級リゾートホテルが
相次いで誕生しているし、
被災した首里城の復旧工事も
急ピッチで進められている。
さぁ、新しい沖縄を旅しよう。

コバルトブルーに輝く
雄大な景色のなかへ

うるまの宮城島に広がる
果報バンタから望む絶景

SIGHTSEEING

瀬底島 ➡ P.124

本島から車で
渡れる絶景
アイランド

RESORT HOTEL

客室でゆっくり
食事を楽しめる
土間ダイニング

星のや沖縄 ➡ P.45

沖縄の食や工芸品…。作る人のぬくもりを感じる

八重山野菜などをふんだんに使用した料理が並ぶ（八重山料理 潭亭）

CRAFTS

壺屋やちむん通りや読谷でやちむん（焼物）に出会う

guma guwa → P.156

SIGHTSEEING

2023年にリニューアル。沖縄の暮らしをのぞいてみて

那覇市第一牧志公設市場 → P.40

国際通りのお店でおみやげ探し

サンゴの海、亜熱帯の森で遊び 琉球の伝統文化にもふれる

慶良間諸島でシーカヤックや
シュノーケリングを楽しむ

SIGHTSEEING

沖縄きっての
人気スポット。
「美ら海」の魅力
にふれよう

◁ 沖縄美ら海水族館 ▷ P.61・125

CULTURE

紅型、紙漉き
藍染めなど、
沖縄伝統工芸も
体験したい

おきなわワールド
文化王国・玉泉洞 ➡ P.112・114

やんばるの森をトレッキング
比地大滝トレッキングツアー

本島で最大
規模を誇る
やんばるの
比地大滝へ

NATURE

比地大滝 ➡ P.29・87

おとな旅 プレミアム 沖縄

CONTENTS

遊ぶ

歩く・観る

食べる

沖縄ごはん

買う

旅のきほん
1

◆◆ エリアと観光のポイント

沖縄はこんな島です

理想の沖縄旅を思い描き、訪ねたいスポットの場所を確認。
各エリアの特色もつかんでおきたい。

まずは沖縄観光の拠点から
那覇・首里 →P.90
なは・しゅり

本土からの玄関口・那覇空港がある。活気
ある繁華街・国際通りを歩いたら、世界遺
産の首里城公園へ。

| 観光の ポイント | 国際通り 首里城公園 |

ドライブにぴったりなシーサイド
西海岸リゾートエリア →P.116
にしかいがんリゾートエリア

リゾートホテルが集まる海沿いの一帯。
万座毛や残波岬などの、オーシャンビュー
スポットは必訪。夕日もきれい。

| 観光の ポイント | 万座毛 残波岬公園 |

透き通った海が美しい国立公園
慶良間諸島 →P.72
けらましょとう

大小20余りの島からなり、海の透明
度の高さで有名。2014年には国立公
園に指定された。那覇から日帰りも可
能で、ツアー利用も便利。

| 観光の ポイント | 座間味島 ナガンヌ島 |

伊江島
伊江島空港 ✈ 伊江村
いえそん

沖縄美ら海水族館 ★

本部
もとぶ

水納島
瀬底島

万座毛 ★

恩納村
おんなそん

屋嘉IC
58

西海岸リゾートエリア

金武

石川IC

残波岬公園 ★
座喜味城跡
やちむんの里 ★

読谷村
よみたんそん

本島中部
東海岸

沖縄北IC

嘉手納町
かでなちょう

うるま市

沖縄南IC

沖縄市
おきなわし

北谷町
ちゃたんちょう

勝連城
かつれん

美浜アメリカンビレッジ ★

北中城IC

北中城村
きたなかぐすくそん

中城城跡
なかぐすくじょう

宜野湾市
ぎのわん

中城村
なかぐすくそん

浦添市
うらそえし

西原IC

西原町
にしはらちょう

那覇・首里

那覇空港 ✈

国際通り
那覇UCT
なはし

首里城公園 ★
那覇IC

与那原町
よなばるちょう

那覇市
なはし

南風原町
はえばるちょう

斎場御嶽 ★
せーふぁうたき

久高島
くだかじま

豊見城市
とみぐすくし

南城市
なんじょうし

コマカ島

八重瀬町
やえせちょう

ナガンヌ島 ★

座間味島 ★

座間味村
ざまみそん

阿嘉島

とかしきそん

渡嘉敷村

おきなわワールド
文化王国・玉泉洞 ★

糸満市
いとまんし

慶留間島
慶良間空港 ✈
外地島

渡嘉敷島

慶良間諸島

本島南部

平和祈念公園 ★

12

☆辺戸岬

やんばる

○国頭村
くにがみそん

☆比地大滝
ひじおおたき

大宜味村
おおぎみそん

☆古宇利島

今帰仁城跡
☆古宇利大橋

今帰仁村
なきじんそん

屋我地島

○東村
ひがしそん

名護市
なご

☆慶佐次川

本部半島・名護

許田IC
ブセナ海中公園

宜野座IC

○宜野座村
ぎのざそん

武町
いちょう

伊計島

宮城島
☆果報バンタ

平安座島

海中道路

浜比嘉島

津堅島

手つかずの大自然にふれる

やんばる ➡P.126

亜熱帯のジャングルが広がる。山や森を歩くネイチャーツアーに参加すれば、珍しい植物や生物に出会える。

| 観光の ポイント | 辺戸岬 慶佐次川 |

アメリカンカルチャーを感じて

本島中部・東海岸 ➡P.118
ほんとうちゅうぶ・ひがしかいがん

アメリカの雰囲気漂うエキゾチックなスポットが見どころ。海中道路を渡って、離島をドライブしてもよい。

| 観光の ポイント | 海中道路 美浜アメリカンビレッジ |

大人気の水族館は外せない

本部半島・名護 ➡P.124
もとぶはんとう・なご

沖縄美ら海水族館周辺エリア。古宇利島へ続く橋や、沖縄そば店が集まる街道も併せて巡りたい。

| 観光の ポイント | 沖縄美ら海水族館 古宇利島 |

パワースポットや戦跡が待つ

本島南部 ➡P.108
ほんとうなんぶ

戦没者を追悼し、平和の大切さを伝える公園や、琉球神話に登場する聖地など、神聖な場所が点在。

| 観光の ポイント | 斎場御嶽 平和祈念公園 |

旅のきほん
2

那覇を起点に車で動く
沖縄本島を移動する

公共交通機関は、バス、タクシー、ゆいレールのみ。
島内各所の距離感、所要時間の感覚をつかんでおこう。

　沖縄の道路交通の基幹となるのが、南北の中心都市である那覇と名護を結んで本島を中央に縦断する沖縄自動車道。那覇から中部、北部へのアクセスに便利な道路だ。一般道では、那覇から本島最北端までを結ぶ国道58号が基幹道路となる。周辺に浮かぶ島々へは、橋や道路によって結ばれているところもあり、海上の道はいずれも格好のドライブコースになっている。

　路線バスについては、P.172〜173を参照。

| 那覇空港〜沖縄美ら海水族館 |
| 94km／約1時間50分 |
沖縄自動車道利用

| 許田IC〜沖縄美ら海水族館 |
| 28km／約50分 |

| 許田IC〜万座ビーチ |
| 16km／約20分 |

| 那覇空港〜万座ビーチ |
| 48km／約1時間30分 |

| 那覇空港〜残波岬 |
| 36km／約1時間10分 |

| 残波岬〜万座ビーチ |
| 22km／約35分 |

| 那覇空港〜美浜アメリカンビレッジ |
| 20km／約40分 |

| 万座ビーチ〜美浜アメリカンビレッジ |
| 30km／約40分 |

| 那覇空港〜海中道路 |
| 40km／約1時間20分 |

| 那覇空港〜平和祈念公園 |
| 19km／約30分 |

| 那覇空港〜斎場御嶽 |
| 28km／約55分 |

☆ 沖縄美ら海水族館

伊江島空港
伊江島
伊江港
30分
水納島
瀬底島
水納島港
15分
本部港

☆ 残波岬
仲泊
仲泊〜万座ビーチ 10km
北谷〜仲泊 19km
石川IC
8.5km
☆ 万座ビーチ
万座ビーチ〜許田IC 16km
58
屋嘉IC
2.7km
金武IC
5.8km
8.2km
32
東恩納南〜惣慶 21km
東恩納南
沖縄北IC
75
5.1km
平良川
平安座島
☆ 海中道路
平良川〜伊計島 24km
平敷屋港
浜比嘉島
15分（高速船）
30分（フェリー）
美浜アメリカンビレッジ ☆
旭橋〜北谷 16km
58
北谷
沖縄南IC
5.8km
コザ十字路
329
5.8km
与那原〜コザ十字路 19km
北中城IC
6.4km
津堅港
津堅島
首里城公園 ☆
泊港
沖縄自動車道
那覇 ☆
旭橋
那覇IC
西原IC
3.2km
西原JCT
2.4km
那覇空港 ✈
与那原
南風原北IC
豊見城・名嘉地IC
南風原南IC
豊見城IC
331
安座真港
安座真港
15分（高速船）
25分（フェリー）
久高島
徳仁港
真栄里
507
具志頭
具志頭〜与那原 26km
真栄里〜具志頭 12km
☆ 斎場御嶽

☆ 慶良間諸島
座間味島
座間味港
10分（高速船）
15分（フェリー）
阿嘉島
慶良間空港
50分（高速船）
90分（フェリー）
渡嘉敷島
渡嘉敷港
40分（高速船）
70分（フェリー）
50分（高速船）
90分（フェリー）

☆ 平和祈念公園

14

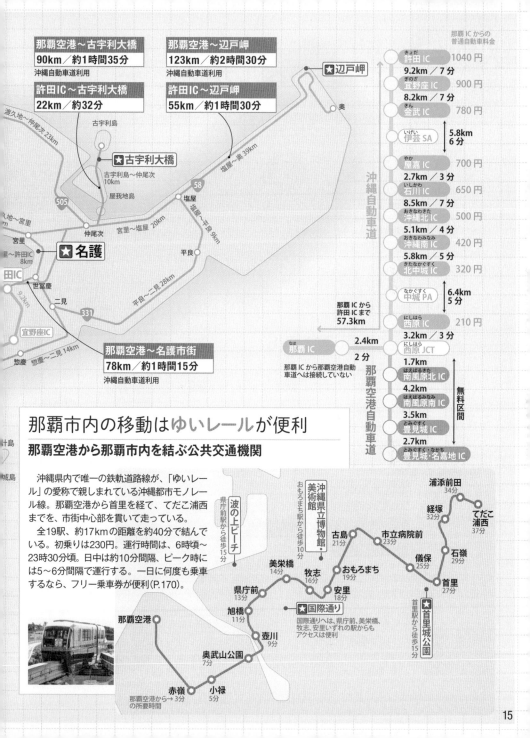

那覇空港～古宇利大橋
90km／約1時間35分
沖縄自動車道利用

許田IC～古宇利大橋
22km／約32分

那覇空港～辺戸岬
123km／約2時間30分
沖縄自動車道利用

許田IC～辺戸岬
55km／約1時間30分

★辺戸岬

奥

渡久地～仲尾次 23km

古宇利島

★古宇利大橋

古宇利島～仲尾次
10km

屋我地島

505

58

塩屋～奥 39km

塩屋

久地～宮里

仲尾次

宮里～塩屋 20km

塩屋～平良 9km

宮里

里～許田IC
8km

★名護

平良

田IC

9.2km

世冨慶

二見

331

平良～二見 28km

平良～二見 14km

宜野座IC

惣慶　惣慶～二見 14km

那覇空港～名護市街
78km／約1時間15分
沖縄自動車道利用

那覇IC から許田ICまで
57.3km

那覇IC

2.4km
2分

那覇IC から那覇空港自動
車道へは接続していない

沖縄自動車道

那覇IC からの
普通自動車料金

きょだ 許田IC	1040 円
9.2km／7 分	
ぎのざ 宜野座 IC	900 円
8.2km／7 分	
きん 金武 IC	780 円
5.8km 6 分	
いげい 伊芸 SA	
やか 屋嘉 IC	700 円
2.7km／3 分	
いしかわ 石川 IC	650 円
8.5km／7 分	
おきなわきた 沖縄北 IC	500 円
5.1km／4 分	
おきなわみなみ 沖縄南 IC	420 円
5.8km／5 分	
きたなかぐすく 北中城 IC	320 円
6.4km 5 分	
なかぐすく 中城 PA	
にしはら 西原 IC	210 円
3.2km／3 分	
にしはら 西原 JCT	
1.7km	
はえばるきた 南風原北 IC	
4.2km	
はえばるみなみ 南風原南 IC	
3.5km	
とみぐすく 豊見城 IC	
2.7km	
とみぐすく・なかち 豊見城・名嘉地 IC	

無料区間

那覇空港自動車道

那覇市内の移動は**ゆいレール**が便利

那覇空港から那覇市内を結ぶ公共交通機関

　沖縄県内で唯一の鉄軌道路線が、「ゆいレール」の愛称で親しまれている沖縄都市モノレール線。那覇空港から首里を経て、てだこ浦西までを、市街中心部を貫いて走っている。

　全19駅、約17kmの距離を約40分で結んでいる。初乗りは230円。運行時間は、6時頃～23時30分頃。日中は約10分間隔、ピーク時には5～6分間隔で運行する。一日に何度も乗車するなら、フリー乗車券が便利(P.170)。

計島

城島

浦添前田 34分

経塚 32分

てだこ浦西 37分

おもろまち駅から徒歩10分
沖縄県立博物館・美術館

古島 21分

市立病院前 23分

石嶺 29分

県庁前駅から徒歩15分
波の上ビーチ

美栄橋 14分

牧志 16分

おもろまち 19分

儀保 25分

首里 27分

県庁前 13分

安里 18分

★国際通り
国際通りへは、県庁前、美栄橋、牧志、安里いずれの駅からもアクセスは便利

首里駅から徒歩15分
★首里城公園

旭橋 11分

壺川 9分

那覇空港

奥武山公園 7分

赤嶺
那覇空港から→3分の所要時間

小禄 5分

15

沖縄トラベルカレンダー

訪ねる時期によって、花や恒例行事などさまざま

南国の印象が強い沖縄だが、冷え込むときも。時期ごとの気候を確認し、
服装の準備などに役立てて。イベントやビーチの遊泳期間も、併せて確認を。

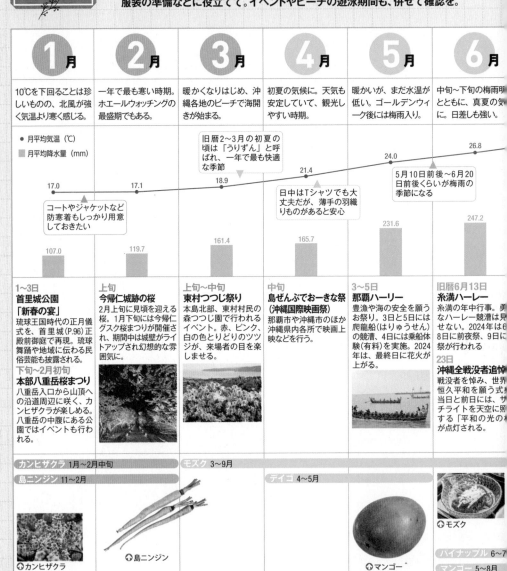

1月	2月	3月	4月	5月	6月
10℃を下回ることは珍しいものの、北風が強く気温より寒く感じる。	一年で最も寒い時期。ホエールウォッチングの最盛期でもある。	暖かくなりはじめ、沖縄各地のビーチで海開きが始まる。	初夏の気候に。天気も安定していて、観光しやすい時期。	暖かいが、まだ水温が低い。ゴールデンウィーク後には梅雨入り。	中旬～下旬の梅雨明とともに、真夏の気に。日差しも強い。

- 月平均気温（℃）
- 月平均降水量（mm）

旧暦2～3月の初夏の頃は「うりずん」と呼ばれ、一年で最も快適な季節

17.0　17.1　18.9　21.4　24.0　26.8

5月10日前後～6月20日前後くらいが梅雨の季節になる

コートやジャケットなど防寒着もしっかり用意しておきたい

日中はTシャツでも大丈夫だが、薄手の羽織りものがあると安心

107.0　119.7　161.4　165.7　231.6　247.2

1～3日
首里城公園「新春の宴」
琉球王国時代の正月儀式を、首里城（P.96）正殿前御庭で再現。琉球舞踊や地域に伝わる民俗芸能も披露される。
下旬～2月初旬
本部八重岳桜まつり
八重岳入り口から山頂への沿道周辺に咲く、カンヒザクラが楽しめる。八重岳の中腹にある公園ではイベントも行われる。

上旬
今帰仁城跡の桜
2月上旬に見頃を迎える桜。1月下旬には今帰仁グスク桜まつりが開催され、期間中は城壁がライトアップされ幻想的な雰囲気に。

上旬～中旬
東村つつじ祭り
本島北部、東村村民の森つつじ園で行われるイベント。赤、ピンク、白の色とりどりのツツジが、来場者の目を楽しませる。

中旬
島ぜんぶでおーきな祭（沖縄国際映画祭）
那覇市や沖縄市のほか沖縄県内各所で映画上映などを行う。

3～5日
那覇ハーリー
豊漁や海の安全を願うお祭り。3日と5日には爬龍船（はりゅうせん）の競漕、4日には乗船体験（有料）を実施。2024年は、最終日に花火が上がる。

旧暦6月13日
糸満ハーレー
糸満の年中行事。豪快なハーレー競漕は見せない。2024年は6月8日に前夜祭、9日に祭が行われる。

23日
沖縄全戦没者追悼
戦没者を悼み、世界恒久平和を願う式。当日と前日には、サチライトを天空に照する「平和の光の柱」が点灯される。

カンヒザクラ 1月～2月中旬		モズク 3～9月			
島ニンジン 11～2月			デイゴ 4～5月		

↑カンヒザクラ

↑島ニンジン

↑マンゴー

↑モズク

パイナップル 6～7

マンゴー 5～8月

↑本部八重岳桜まつり

↑糸満ハーレー

↑沖縄国際カーニバル

↑壺屋陶器まつり

7月	**8**月	**9**月	**10**月	**11**月	**12**月
温は30℃を超え夏真盛り。マリンレジャー満喫したい。	沖縄観光のトップシーズンだが、台風が多い時期でもある。	月の後半になって、やっと気温が下がり始める。大型の台風に注意。	台風も少なく天候が安定している。まだ海水浴も楽しめる。	穏やかな天候。朝晩は冷え込む。ほとんどのビーチは遊泳期間外。	日も短くなり、冬の訪れを感じる。年末前までは旅費が安い。

28.9　　28.7　　27.6　　25.2　　22.1　　18.7

> 半袖短パンでOK。帽子や日焼け止めなど紫外線対策を忘れずに

> 日中は暖かいが、朝晩の冷えに対応できるようパーカーなどを用意

141.4　　240.5　　260.5　　152.9　　110.2　　102.8

旬	下旬	旧暦8月15日	第2月曜を含む3連休	下旬	第1日曜
洋博公園マーフェスティバル	**沖縄全島エイサーまつり**	**糸満大綱引**	**那覇大綱挽まつり**	**沖縄国際カーニバル**	**NAHAマラソン**
縄県最大規模の花火会が行われる(2024の詳細は未定)。	本島各地から選抜された青年会などの団体が沖縄市に集まって、伝統芸能エイサーを披露する。県内最大のエイサーまつり。2024年は8月23〜25日。	沖縄三大綱引き(ほかは那覇、与那原)のひとつ。綱作りとパレードのあと、綱引を行う。2024年は9月17日に開催予定。	2日目の「大綱挽」は、県内最大の文化イベント。大綱は全長200mで「世界一の藁綱」として、ギネス認定。27万人余の観衆で盛大に行われる。	コザゲート通り周辺で開催されるイベント。「ワールドパレード」や、「バイクパレード」が見どころだ。	国内でも最大規模の市民マラソン。コースは、那覇市を含む本島南部の5市町を通り抜ける、42.195km。県外からの参加者も多い。
				下旬 **壺屋陶器まつり** 壺屋陶器事業協同組合主催。那覇の壺屋小学校に、23の窯元が、やちむん(P.156)を特別価格で展示販売。陶工たちの陶器作りレースなども。	

ドラゴンフルーツ 8〜9月

島ニンジン 11〜2月

ウリズン豆 9〜11月

↑パイナップル

←ドラゴンフルーツ

↑ウリズン豆

※イベントは日程は変動することがありますので、事前にHPなどでご確認ください。

プレミアム滞在 モデルプラン
沖縄
おとなの2泊3日

レンタカーを利用すれば、島内の移動も楽々。
人気の観光地はもちろん、独特の自然や歴史に
彩られる沖縄の魅力を存分に満喫しよう。
日数に余裕があれば、座間味島もおすすめ。

⬆赤瓦屋根が木々の緑に映えて美しい、おきなわワールド 文化王国・玉泉洞

1日目

島内南部の人気観光スポットを巡る

空港から近い南部エリアの観光スポットを巡り、西海岸リゾートエリアのホテルへ

8:35 空港到着
約50分
空港到着後、レンタカー
会社の営業所へ。那覇空
港自動車道、国道331号
などを経由

10:30 斎場御嶽
約5分・700m
国道331号などを経由

11:30 知念岬公園
約20分
県道86号を利用して、ニ
ライ橋・カナイ橋を経由

**12:30 おきなわワールド
文化王国・玉泉洞**
約12分
国道331号経由

15:00 平和祈念公園
約1時間30分(豊崎経由)
時間に余裕があれば、豊
崎美らサンビーチなどに
も立ち寄ろう。豊崎から
は那覇空港自動車道、沖
縄自動車道を経由して西
海岸リゾートエリアのホ
テルへ

18:00 ホテルへ

夜はホテルで
リラックス

神々が住む場所
斎場御嶽 を訪れる
斎場御嶽 ➡P.108
せーふぁうたき
世界遺産に登録されている、沖
縄最高峰の聖地。なかでも2枚
の巨石でできた三庫理は見て
おきたい。

知念岬公園 から
太平洋の絶景を望む
知念岬公園 ➡P.113
ちねんみさきこうえん
知念岬の東端に位置する景勝地。沖合に久高
島やコマカ島を望むことができる。公園近く
のニライ橋・カナイ橋も人気絶景スポット。

ニライ橋・カナイ橋
と海を一望する

琉球文化の魅力が揃った
おきなわワールド
文化王国・玉泉洞 へ
おきなわワールド 文化王国・玉泉洞
おきなわワールド ぶんかおうこく・ぎょくせんどう ➡P.114

「琉球王国城下町」
で、昔の沖縄の街並
みを歩き、伝統工芸
を体験。スーパーエイ
サーショーや、国内最
大級の鍾乳洞・玉泉
洞も見逃せない。

プランニングのアドバイス
那覇空港から近い、島内南部を周
遊。レンタカーの予約は、早めに
しておこう。また繁忙期は、営業
所での手続きに時間がかかること
もあるので、時間には余裕をもっ
て。このプランでは、宿泊は西海
岸リゾートエリアを想定。夕食は
ホテルか、那覇市内で済ませてお
こう。

平和祈念公園 で
平和の尊さを改めて実感
平和祈念公園 ➡P.110
へいわきねんこうえん
沖縄戦終焉の地にある公園。ひめ
ゆりの塔へは、ここから車で5分。

18

2日目

本部半島をひと巡りして人気スポットへ

沖縄美ら海水族館など、一度は訪れておきたいスポットが集まる人気エリアへ

| 9:00 | ホテルスタート |

約40分
国道58号を経由し、真喜屋交差点から県道110号へ。奥武島、屋我地島を経て古宇利大橋へ

| 9:40 | 古宇利島 |

約40分
古宇利島一周は15分ほど。その後、国道505号を経由

| 11:40 | 今帰仁城跡 |

約10分
県道115号経由。途中、本部町役場界隈でランチ

| 13:30 | 備瀬のフクギ並木 |

徒歩すぐ

| 14:30 | 沖縄美ら海水族館 |

約50分
国道449号、国道58号などを経由

| 20:30 | ホテルへ |

ランチは
本部そば街道で!

プランニングのアドバイス

沖縄美ら海水族館へは、閉館に近い時間、または開館直後に訪れるようプランニングしたい。ランチは、今帰仁城跡から「本部そば街道」方面に向かい、沖縄そばを満喫。瀬底島に足をのばしてみるものよい。午前中はホテルでくつろいで過ごすのもおすすめ。

恋の島といわれる →P.125
古宇利島 を周遊

古宇利大橋 MAP 付録P.5 F-2
こうりおおおはし
橋の手前にある展望所から、橋と青い海、その先の島を一望することができる。

ハートロック MAP 付録P.5 F-2
古宇利島の北部、ティーヌ浜にあるハート形の岩。

沖縄県内で最大級のグスク
今帰仁城跡 を見る

今帰仁城跡 →P.101
なきじんじょうせき
琉球王国成立以前に築かれた北山王の居城。全長1.5kmにおよぶ城壁は圧巻。周辺はカンヒザクラの名所でもある。

巨木のトンネル
備瀬のフクギ並木 を散策

備瀬のフクギ並木 →P.125
びせのフクギなみき
台風などから周囲の住居を守る防風林として植えられたフクギの並木。なかには樹齢300年以上のものもあるという。

いちばんの人気スポット
沖縄美ら海水族館 へ

**国営沖縄記念公園（海洋博公園）
沖縄美ら海水族館** →P.61
こくえいおきなわきねんこうえん（かいようはくこうえん）
おきなわちゅらうみすいぞくかん
大規模なサンゴの飼育展示や、世界最大級の水槽を泳ぐジンベエザメ、ナンヨウマンタが特に人気。神秘に満ちた海洋生物に出会おう。

水槽の中を悠々と
泳ぐ海の生き物たち

19

3日目

賑わう国際通りや首里城を巡る

沖縄最終日は、おみやげ探しを兼ねて、やちむんの里や国際通り周辺を散策

9:00	ホテルスタート
	約20分 国道58号経由
9:20	万座毛
	約25分 国道58号経由
10:00	やちむんの里
	約40分 国道58号、沖縄自動車道などを経由
12:10	首里城公園
	20分 県道29号を経由
13:20	国際通り
	徒歩すぐ
15:00	那覇市第一牧志公設市場（仮設）
	約15分 国道58号を経由
17:00	空港へ

プランニングのアドバイス

最終日はホテルをチェックアウトしたら、沖縄の焼物の産地「やちむんの里」などに立ち寄り、那覇市内へ。首里城公園を散策したら、最後は国際通りでおみやげ探し。フライトの時間に遅れないようにレンタカーを返却して空港へ向かおう。

万座毛 から望む 紺碧の海に感激

万座毛 ➡ P.117
まんざもう

青い海に突き出した、高さ20mほどの隆起サンゴの断崖は圧巻。断崖の上は平坦で、遊歩道が設けられており散策できる。時間帯によりさまざまな姿を見せてくれる。

やちむんの里 で 沖縄の陶器・陶芸を探す

やちむんの里 ➡ P.154
やちむんのさと

やちむんとは、沖縄の陶器・陶芸のこと。読谷村には数多くの窯が集まるエリアあり、直売もしている。

琉球王国の中枢 首里城公園 を見学

首里城公園 ➡ P.96
しゅりじょうこうえん

琉球王国の中心。2019年の火災で正殿などが焼失したが、2026年の正殿復元に向けて、復興の様子が見学できる。

首里金城町石畳道 ➡ P.99
しゅりきんじょうちょういしだたみみち

16世紀に造られた琉球石灰岩の石畳道。沖縄戦で多くが損壊したが、今も約300mほどが往時の姿をとどめている。

賑わう南国の繁華街 国際通り でおみやげ探し

国際通り ➡ P.90
こくさいどおり

那覇のメインストリートで、周辺は観光客で賑わいをみせる繁華街。おみやげにグルメに楽しめる。

のんびり 繁華街を散策

「那覇の台所」 那覇市第一牧志公設市場

那覇市第一牧志公設市場 ➡ P.40
なはしだいいちまきしこうせついちば

沖縄本土が復帰した1972年に建設された市場は、2023年3月にリニューアルオープン。

+1日
本島北部
への旅

島内北部、やんばるの大自然を巡るコース

沖縄が誇る自然の宝庫へ。本部から本島最北端の辺戸岬へは車で80分ほど

亜熱帯の森を歩き
比地大滝 へ

比地大滝 ➡ P.87
ひじおおたき

ゲートとなる比地大滝キャンプ場から遊歩道を約40分歩くと滝に到着。落差26mは、本島で最大で、見応えがある。

茅打バンタ から眺める絶景
伊平屋島や伊是名島を望む

茅打バンタ ➡ P.126
かやうちバンタ

高さ約80mの断崖絶壁が続く。眼下には宜名真漁港があり、展望台から一望できる。

琉球王朝の神話の舞台
大石林山 でトレッキング

大石林山 ➡ P.88
だいせきりんざん

熱帯のカルスト地形で、周辺には40を超える聖地(拝所)がある。ツアーも催行されている。

| 8:30 | ホテルスタート |

約40分+駐車場から徒歩40分 西海岸リゾートエリアからの場合、国道58号経由を経由

| 10:20 | 比地大滝 |

駐車場まで徒歩40分+約40分 国道58号を経由

| 12:30 | 茅打バンタ |

約3分

| 13:10 | 大石林山 |

約1時間30分
国道58号経由

| 16:00 | ホテルへ |

プランニングのアドバイス

比地大滝へはツアーに参加するのもいい。本島最北端の辺戸岬へ足を延ばすのもおすすめ。

+1日
慶良間諸島
けらま
への旅

慶良間諸島の美しい海を満喫する

高速船で1時間弱の慶良間諸島。美しいサンゴの海を体感しよう

ケラマブルーの海を遊ぶ
シーカヤック&シュノーケル に挑戦

ケラマカヤックセンター ➡ P.73

シーカヤックが初めてでもレクチャーからスタートするので初心者でも参加しやすい。レベルに合わせて対応してくれる。上陸した無人島でのランチなど楽しみがいっぱい。

プランニングのアドバイス

繁忙期は混み合うので、ツアー会社などに早めに予約を入れておきたい。また気象状況により那覇～座間味間の航路が欠航になる場合やツアーが中止になる場合もあるので、事前に情報を収集しておこう。
スケジュールに余裕があれば、座間味諸島に宿泊するのもおすすめ。ホエールウォッチングは1～3月がシーズンだ。

| 9:00 | 那覇泊港 |

約50分
高速船利用

| 9:50 | 座間味港 |

徒歩すぐ

| 10:00 | ケラマカヤックセンター |

ツアー参加

| 16:20 | 座間味港 |

約50分
高速船利用

| 17:10 | 那覇泊港 |

ニュース＆トピックス

沖縄の観光客数が順調に回復し、それに伴い新しい魅力をそなえた新スポットが続々登場している。
次の旅行では最新のトレンドと注目スポットを盛り込んで、「沖縄の今」を存分に楽しんで！

リゾートアイランド・瀬長島 に
新しいリゾートホテルが登場

那覇空港から車で10分、目の前に美しい天然ビーチが広がる瀬長島(P.115)に、東急ホテルズの新ブランドホテル「STORYLINE瀬長島」がオープン。人気観光地としても知られる商業施設「瀬長島ウミカジテラス」のほぼ隣接地に位置し、海辺のアーバンリゾートが楽しめる。

STORYLINE瀬長島
ストーリーラインせながじま

2024年4月オープン

豊見城 **MAP** 付録 P.10 A-3
☎098-988-0109 所豊見城市瀬長155-1 交那覇空港から約4.5km P屋外78台(先着順) in15:00 out11:00 室101室 予料スーペリアルーム1泊朝食付2万7860円〜(2人)

管制塔をモチーフにデザインされた宿泊者専用ラウンジ

最上階のルーフトップにあるインフィニティプールと屋外温泉スパ

客室からは海と飛行機の滑走路が一望でき、リゾート気分が盛り上がる

沖縄県北部に登場予定
話題沸騰のテーマパーク が楽しみ

世界自然遺産「やんばる」がある沖縄県北部。その一角を舞台に、大自然の神秘と生命力を全身で体感できるエンターテインメント施設の建築計画が進行中。バーチャルリアリティとは真逆の「真のリアル」を追求した壮大なスケールで、完成したら国内外で話題になること間違いなし。

JUNGLIA
ジャングリア

2025年オープン

画像提供：ジャパンエンターテイメント

本部半島・名護 **MAP** 付録 P.5 E-3
☎所営休料交予2024年1月現在未定

完成前から世界が注目する「JUNGLIA」俯瞰イメージ

2026年の完成に向けて復元中
首里城公園に 新しい見学エリア

首里城正殿の再建にあたり、正殿を風雨から守るための「素屋根」が完成。2023年8月からは一般公開しており、首里城のリアルな復元工事が見学できるように(要入場料)。獅子瓦など火災時の残存物、復元に使用した木材などの展示コーナーも見ごたえがある。

首里城公園
しゅりじょうこうえん

2023年8月素屋根見学エリアオープン

首里 **MAP** 付録 P.18 B-3

➡ P.96

正殿の復元に使うための木材倉庫・加工場や実物大の図面を描く原寸場が見られる見学エリア

オリオンビールの飲料と公式グッズが並ぶ「Orion Official Store」。2023年12月にオープン

ホテル限定のクラフトビールが味わえる「THE ORION BEER DINING」

沖縄名物「オリオンビール」を満喫できるホテルがオープン

沖縄発、オリオンビール直営のシティホテルが登場。1階の「THE ORION BEER DINING」では、ホテル限定のクラフトビールやビアカクテルのほか、県産牛やアグー豚、海鮮など沖縄の旬をグリル料理で楽しめる。国際通りに立地し、観光、ビジネスともに便利。

オリオンホテル 那覇
オリオンホテル なは

2023年11月オープン

国際通り周辺 **MAP** 付録 P.17 E-2

☎098-866-5533 ㊟那覇市安里1-2-21 ㊢ゆいレール・牧志駅から徒歩3分 ㋙150台(有料) ㏌15:00 ㏂11:00 ㊗205室 ㋫オリオンクラシックツイン1泊素泊まり7800円～

沖縄の街や首里城も再現 ミニチュアテーマパークに注目

18世紀の琉球王朝や有名アニメの作品など、1/80のミニチュアの世界が広がる。最新3Dスキャナで全身のデータを読み込めば、自身のフィギュアやAR(拡張現実)が手軽につくれる。住民権を取得すればフィギュアをミニチュアの中に設置することも可能。

Little Universe OKINAWA
リトル ユニバース オキナワ

2024年2月オープン

豊見城 **MAP** 付録 P.10 A-3

㊁なし ㊟豊見城市豊崎3-35 イーアス沖縄豊崎アクアリウム棟3階 ㊂11～19時(土・日曜、祝日10時～、最終入館18時30分)、変更の場合あり ㊡無休(2024年2月9日～4月28日は火曜) ㋡2800円 ㊢那覇空港から約6km ㋙イーアス沖縄豊崎駐車場利用

アート集団「チームラボ」による新しい常設展から目が離せない

世界のブランド商品が集まる「Tギャラリア沖縄by DFS」の3階に、アートとアトラクションが融合したアミューズメント施設が誕生した。カラフルで変幻自在なデジタルアートの中に入り込んで遊び、学ぶ。自由で創造性豊かな体験が待っている。

チームラボ 学ぶ! 未来の遊園地
チームラボまなぶ! みらいのゆうえんち

2023年12月オープン

那覇 **MAP** 付録 P.19 F-2

☎0120-782-460 ㊟那覇市おもろまち4-1 Tギャラリア 沖縄 by DFS 3階 ㊂10:00～20:00(入館は～19:00) ㊡第3木曜 ㋡2000円 ㊢ゆいレール・おもろまち駅からすぐ ㋙Tギャラリア 沖縄 by DFS 駐車場利用

フルーツやボールが弾み、飛び交う「すべって育てる!フルーツ畑」

描いた魚が生き生きと泳ぎだす「世界とつながったお絵かき水族館」

テニスコート13面分の空間に緻密で精巧なミニチュアの世界が広がる

©チームラボ

亜熱帯の大自然に感動
沖縄の絶景をめぐる

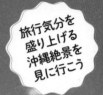

旅行気分を
盛り上げる
沖縄絶景を
見に行こう

コバルトブルーにきらめく海、マングローブ林やフクギ並木…。
雄大な自然が織りなす造形美や暮らしのなかから生まれた景観など、
心揺さぶる南国風景に出会う。

古宇利島北部の
ティーヌ浜にある
ハートロック

いつまでも眺めていたい
美ら海を望む
ちゅらうみ

Okinawa's Beautiful Sea

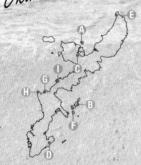

B 「幸せ岬」とも呼ばれる
果報バンタ かふうバンタ

うるま **MAP** 付録P.7D-4

ぬちまーす観光製塩ファクトリー内にある断崖絶壁。眼前にエメラルドグリーンの海原が広がる。

☎098-983-1140 ㊟うるま市与那城宮城2768 ㊰沖縄北ICから約23km ㋐あり

C 海と緑が映える「沖縄の松島」
嵐山展望台 あらしやまてんぼうだい

名護 **MAP** 付録P.5E-3

古宇利島や屋我地島の浮かぶ羽地内海ややんばるの山並みなど、変化に富む絶景が魅力。沖縄八景のひとつ。

☎なし ㊟名護市呉我1460-2 ㊰許田ICから約14km ㋐あり

A クリアなビーチと伝説の島
古宇利島 こうりじま ➡**P.125**

古宇利島 **MAP** 付録P.5F-2

琉球版アダムとイブの伝説が残り、ハート形の岩がある「恋の島」。本島屈指の透明度を誇るビーチが点在。島へは、海のパノラマ風景が楽しめる古宇利島大橋で向かう。

㊰許田ICから約24km

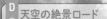

D 天空の絶景ロード

ニライ橋・カナイ橋 ➡P.113

ニライばし・カナイばし

南城 **MAP** 付録P.10 C-3

ニライカナイとは、沖縄の言葉で「海の彼方
の理想郷」。高低差約80mの断崖を、カーブ
を描きながら結ぶ2本の橋は、沖縄本島南部
きってのドライブコース。

❷南風原北ICから約15km

E やんばるのビュースポット

茅打バンタ かやうちバンタ

国頭 **MAP** 付録P.3 E-1 ➡P.126

国頭村宜名真に位置する景勝地。
バンタとは沖縄方言で「崖」を意味
し、高さ約80mの断崖が東シナ海
へ向かって切り立つ。展望台から
絶景が望める。

❷許田ICから約52km

F 伝説と絶景を訪ねて

浜比嘉大橋 はまひがおおはし

うるま **MAP** 付録P.7 D-4

沖縄本島と平安座島を結ぶ海中
道路を経て、そこから浜比嘉大
橋を渡れば、神々が住んでいた
と伝承される浜比嘉島へ。島内
には、昔ながらの集落や拝所が
残る。

❷沖縄北ICから約18km

人気ダイビング
スポットの青の洞窟

G ダイビングも楽しめる
真栄田岬 まえだみさき **➡P.117**

恩納 **MAP** 付録P.8B-3

本島北部の恩納村にあり、展望台から東シナ海を一望できる。遊歩道があり、階段で海岸まで下りることもできる。人気ダイビングスポット「青の洞窟」もすぐ近く。

⊗石川ICから約7km

H 自然がつくり出したダイナミックな景観
残波岬公園 ざんぱみさきこうえん **➡P.116**

読谷 **MAP** 付録P.8A-3

高さ30mもの隆起サンゴの断崖が約2kmにわたって続き、紺碧の海と白い灯台とのコントラストが美しい。岬一帯が、沖縄海岸国定公園に指定されている。

⊗石川ICから約14km

I 沖縄屈指の景勝地
万座毛 まんざもう **➡P.117**

恩納 **MAP** 付録P.9D-2

琉球王朝時代、尚敬王が「万人を座するに足る」と賞賛したといわれる。隆起サンゴの断崖に打ち寄せる白い波と青い海、天然芝が織りなす景観が多くの人を魅了。

⊗屋嘉ICから約7km

美ら海を望む

沖縄の絶景をめぐる

心癒やされる風景に出会う

緑のなかへ

Parks & Nature

撮影に300年までの木々が残るという

A 爽やかで絵になる散歩道

備瀬のフクギ並木
びせのフクギなみき

本部 **MAP** 付録P.4 C-2　**➡ P.125**

台風から家々を守る防風林として
植えられたフクギが集落を囲む。
緑のトンネルが続く並木道は、木
陰が心地よい格好の散策スポット。

🚗 許田ICから約29km

特集●沖縄の絶景をめぐる

B 歴史に彩られる風景

今帰仁城跡
なきじんじょうせき

今帰仁 **MAP** 付録P.5 D-2　**➡ P.101**

琉球統一前に築かれた世界遺産の
城跡。高所から見下ろせば、曲線
を描く石積みの城壁と緑、青い海
の壮大なコントラストを楽しめる。

🚗 許田ICから約26km

C 神聖な空気が流れる聖地
斎場御嶽 せーふぁうたき
➡P.108

南城 **MAP** 付録P.10 C-3

沖縄には聖地である御嶽が数多く点
在するが、そのなかで最高位とされ
るのが斎場御嶽。鬱蒼とした緑の森
と巨岩が、御嶽全体に神秘的な雰囲
気を醸し出している。

※安全と聖域保全のため、
三庫理の中は立ち入り制限
あり

🚗南風原南ICから約16km

D 緑と滝でリフレッシュ
比地大滝 ひじおおたき
➡P.87

国頭 **MAP** 付録P.3 E-3

亜熱帯の森にある落差約26mの滝。
片道約45分の遊歩道が整備されてお
り、最奥部に清涼感満点の巨大な滝
が現れる。初心者でも気軽にジャン
グルトレッキングを楽しめる。

🚗許田ICから約37km

E 本島最大級のマングローブ
慶佐次川のマングローブ げさしがわのマングローブ
➡P.84

東 **MAP** 付録P.3 D-4

ヤエヤマヒルギなど、国の天然記念
物に指定された希少なマングローブ
植物が生息。展望台や遊歩道から見
学できるほか、慶佐次川でのマング
ローブカヌーツアーが行われている。

※各社催行のマングローブツアーに参加

F 地下に広がる幻想世界
玉泉洞 ぎょくせんどう
➡P.114

南城 **MAP** 付録P.10 B-3

100万本以上の鍾乳石を擁する国内
最大級の鍾乳洞。全長5kmのうち
890mを公開。多様な鍾乳石や、洞窟
内を流れる地下河川の水の音など、
非日常の地底空間に癒やされる。

🚗南風原南ICから約6km

抜群の眺望と ほっこり空間にココロ和む 海カフェ&森カフェ

真っ青な海や、豊かに生い茂った緑。
沖縄が誇る自然の風景を心ゆくまで楽しみ、
おいしいごはんやスイーツでのんびりできるカフェへ。

海を望む素敵な時間 海カフェ

浜辺から、高台から、沖縄の海を一望する心地よいカフェ

丘の上で人々を温かく出迎える
感動のパノラマと手作りピザ

ピザ喫茶 花人逢

ピザきっさ かじんほう

本部 MAP 付録P.5 D-2

1998年の創業以来、人気を誇る古民家カフェ。山の小道を抜けた先に待ち受けるのは、伊江島や瀬底島を見渡すパノラマ。どこか懐かしい和みの空間で、名物の焼きたてピザをほおばって。

☎0980-47-5537
所 本部町山里1153-2　営 11:30～19:00
休 火・水曜　交 許田ICから約25km　P 40台

1.やんばるの海と森と風を感じられる場所 2.沖縄らしい古民家を利用 3.ゆったりとした島時間が流れる店内 4.創業当時からのレシピで作られるピザ(中)2600円。もっちりとした生地にチーズがたっぷり。本部産アセロラ生ジュースもおすすめ

心を潤す美しい景色を前に
アジアの中の沖縄を味わう

cafe CAHAYA BULAN

カフェ チャハヤ ブラン

本部 **MAP** 付録P.4 C-2

備瀬のフクギ並木の入口にある隠れ
家カフェ。海に向かって開かれた店
内からは、伊江島が浮かぶワイドな
水平線を一望。アジアの香りが漂う
空間で、至福のひとときをどうぞ。

☎0980-51-7272

所本部町備瀬429-1 営10:00～18:00(LO
17:30) 休無休 交許田ICから約28km
P あり(共用)

1.チョコバナナパンケーキ1300円(税別)
2.海をそばに感じられるテラス席 3.アサイー
ボウル1300円(税別) 4.ポケ丼1500円(税別)

海カフェ

潮風渡るリゾート空間で
気分も上がる鮮やかメニューを

WaGyu-Café KAPUKA

ワギュウカフェ カプカ

北谷 **MAP** 付録P.11 D-2

海を目の前にしたロケーションを贅
沢に満喫できるカフェ。国産牛をは
じめ、野菜やフルーツをふんだんに
用いて目にも鮮やかに仕上げた料理
は、ヘルシー志向の女子にも好評。

☎098-923-5010

所北谷町美浜51-1 マカイリゾート1F
営9:00～22:00(LO21:30) 休無休 交沖
縄南ICから約5km P あり(提携駐車場利用)

1.窓側ハンギングチェアやテラス席が人気
2.美浜アメリカンビレッジ近くの海岸沿い
3.約30種の食材をワンプレートに盛り付け
た KAPUKA アニバーサリープレート 3850円
4.ローストビーフサラダボウル1298円。サラ
ダにクロワッサンやスープなどがセットに

オン・ザ・ビーチの特等席で楽しむ
香り高いネパールカレー

食堂かりか
しょくどうかりか

南城 **MAP** 付録P.10 C-4

天然ビーチ内にあり、客席は砂浜の
上という爽快なロケーション。ネパー
ル人のシェフ自慢のカレーは、注
文を受けてから調理され、スパイス
の豊かな香りが食欲を刺激する。

☎098-988-8178
㊟南城市玉城百名1360 ⏰10:00～20:30(季
節により変動あり) ㊡水曜(夏季はランチの
み営業) ㊋南風原南ICから約12km
Ⓟ15台(食事で90分無料)

1.貝殻で飾られたパーラー風の店 2.海を眺
めながら味わうカレーは格別 3.オープンエア
の客席はどこも特等席 4.インドで修業を積ん
だシェフが腕をふるう 5.おまかせ2種のカレー
が楽しめるかりかスペシャル1500円

眼前に広がる絶景で心をうるおし
島野菜で体に元気を与える

カフェこくう

今帰仁 **MAP** 付録P.5 D-2

遮るものがない高台に建ち、パノラ
マに広がる海を眺めながら食事が楽
しめる。島野菜で作った惣菜8品が
沖縄の器にかわいらしく盛り付けら
れた「こくうプレート」が一番人気。

☎0980-56-1321
㊟今帰仁村諸志2031-138 ⏰11:30～18:
00(LOフード16:30、ドリンク17:00) ㊡日・
月曜 ㊋許田ICから約27km Ⓟ30台

1.まるで水平線の上に建っ
ているかのよう 2.開放的
な店内も眺望抜群 3.潮風
を感じる縁側は特等席 4.こ
くうプレート1700円

高台から海を見下ろし
タイ人シェフの料理を味わう

カフェくるくま

南城 **MAP** 付録P.10 C-3

高台から太平洋を一望できるロケーションのカフェ。自社農場で栽培されたハーブやスパイス、地元で収穫された旬の野菜や果物を使った本場のエスニック料理が食べられる。

☎098-949-1189
所南城市知念字知名1190 営10:00〜16:00(LO)土・日曜、祝日10:00〜17:00(LO)
休無休 交南風原南ICから約15km
P50台

1.季節の花が咲く緑豊かなエントランス 2.人気のテラス席。エメラルドブルーの海を見渡せる 3.3種類のカレーが楽しめるくるくまスペシャル1727円 4.カウンター席に面した大きな窓の向こうには大海原が広がる

波打ち際のロケーション
まさにオーシャンフロント

浜辺の茶屋
はまべのちゃや

南城 **MAP** 付録P.10 C-4

海岸沿いの入口から階段を下りると、大きな窓が開放された店内に。目の前には遠浅の海が広がり、心地よい潮風を感じながら、軽食や手作りのケーキ、コーヒーなどを楽しめる。

☎098-948-2073
所南城市玉城字玉城2-1 営10:00(金曜8:00)〜17:00(LO) 月曜14:00(祝日の場合は10:00)〜17:00(LO) 土・日曜8:00〜18:00(LO) 休無休 交南風原南ICから約12km
P30台

1.コンサートやヨガ教室、隔月でマルシェなど、イベントも随時開催している 2.定番メニューのクロックムッシュ550円。厚切りトーストにハムとチーズがのる 3.カウンター席からは窓越しに海を一望できる 4.天気の良い日はテラスでのんびり海を眺めたい

海カフェ

緑が眩しい癒やし空間
森カフェ
爽やかな風が吹き抜ける緑に包まれたカフェでひと休み

小高い山にある山小屋で
海を望みながら自然食を

山の茶屋 楽水
やまのちゃややらくすい

南城 **MAP** 付録P.10 C-4

石の階段を上り、店内へ。自然の岩肌を利用したダイナミックな空間が広がる。地産地消の沖縄郷土料理を中心に、体にやさしい料理を堪能できる。石窯で焼き上げたピザもおすすめ。

☎098-948-1227
所南城市玉城字玉城19-1 営11:00〜15:00(LO14:00) 休水・木曜
交南風原南ICから約12km P30台

1.森の中のテラス席。マイナスイオンたっぷり 2.自家製小麦を使用した楽水そば1155円 3.2階のカウンター席は海を見下ろす特等席

深緑が共演するテラスで
絶品の手作りピザを堪能

Café Ichara
カフェイチャラ

本部 **MAP** 付録P.5 E-3

熱帯林に囲まれながらいただく手作りピザが自慢。石窯で焼き上げたモッチリ食感の生地の上には地元の新鮮食材をたっぷりトッピング。地元の陶芸家による個性的な器が料理を彩る。

☎0980-47-6372
所本部町伊豆味2416-1 営11:30〜16:00(LO15:15) 休火・水曜
交許田ICから約16km P9台

1.大迫力の原生林が目の前に広がるテラス席 2.ログハウス風の店内 3.ご〜や〜ピザ(小)1300円、海ぶどうサラダ1280円

大人かわいいが詰まった
乙女心をくすぐるカフェ

CALiN cafe ＋ zakka
カランカフェとザッカ

屋我地島 MAP 付録P.5 F-2

人気のドーナツ店「しまドーナッツ」の姉妹店。こちらでもドーナツをはじめ、オリジナルスイーツや野菜たっぷりのランチを楽しむことができる。雑貨コーナーでは県内の作家を中心にクラフト類が販売されている。

☎0980-52-8200
所名護市運天原522 営11:00～16:00
休月曜 交許田ICから20km P6台

1.木のぬくもりあふれる店内。奥の小上がりは靴を脱いでくつろげる 2.いろいろ欲しくなってしまう雑貨がずらり 3.しまドーナツと自家製アイスのドーナツパフェ600円 4.古民家をおしゃれにリノベーション。ピーコックブルーの壁が目印

森の中の食卓に招かれて
非日常のひとときを

森の食堂
smile spoon
もりのしょくどう スマイルスプーン

本部 MAP 付録P5 E-3

山の緑を背にたたずむ白い建物は、まるでおとぎ話の世界に迷い込んだよう。アンティーク調の家具が配された優雅な雰囲気の店内では、手間ひまかけた料理をコース仕立てで楽しめる。

☎0980-47-7646
所本部町伊豆味2795-1
営11:00～17:00(L.O.16:00)
休水曜 交許田ICから約15km
P10台

1.前菜2品、メイン(肉or魚)、デザートの週替わりコース(写真は魚料理2000円) 2.木洩れ日が差し込む居心地のいい店内 3.森の中の一軒家。庭には手作りのブランコもある

森カフェ

35

富士家スタイルで楽しむ
こだわりの沖縄ぜんざい

富士家 泊本店
ふじや とまりほんてん

那覇 **MAP** 付録P.14 C-2

老若男女に愛されるぜんざいは、豆の煮汁を凍らせた氷と、ふっくらツヤツヤに仕上げた大きい豆が特徴。カフェのような広い店内は、ひと休みにぴったり。駐車場完備もうれしい。

☎098-869-4657
所那覇市泊2-10-9 営11:00〜20:00(10〜5月は〜19:00) 休無休 交ゆいレール・美栄橋駅から徒歩11分 P15台

富士家ぜんざい 480円
金時豆の器に氷を少しずつ入れて食べるスタイル。亀せんべいの塩気とも絶妙にマッチ。ミニサイズもあり

サーフボードなどが飾られ、遊び心満点！

南国ならではの「おいしい」がいっぱい
トロピカル・スイーツ

特集●トロピカル・スイーツ

甘く煮た金時豆入りの沖縄流ぜんざいや、果実をたっぷり使ったアイスのパフェなど、おいしくてヘルシーなスイーツが勢揃い。

ひんやり、あま〜い、やさしい味わい
沖縄ぜんざい・かき氷

カラフルな壁の
ペイントアートが目印

観光客にも人気の老舗
メニューは氷ぜんざいのみ！

新垣ぜんざい屋
あらがきぜんざいや

本部 **MAP** 付録P.5 D-3

創業から50年以上変わらぬ味を守り続ける氷ぜんざい店。ふわふわした氷と黒糖蜜を絡めた金時豆のバランスが絶妙。

☎0980-47-4731
所本部町渡久地11-2 営12:00〜18:00(売り切れ次第終了) 休月曜(祝日の場合は翌日) 交許田ICから約24km Pあり

氷ぜんざい 350円
ていねいに作られた金時豆はふっくらとした食感。テイクアウトOK

券売機で食券を買ってみんなでいただこう

氷ぜんざい一筋！
行列のできる人気店

伊江島タッチューを眺めながら
フルーツ満載のスイーツを

fruit cafe 松田商店

フルーツ カフェ まつだしょうてん

本部 MAP 付録P.4 C-3

店主の父親が営む屋我地島の農園で採れたフルーツを贅沢に使ったスイーツが楽しめる。瀬底大橋手前のオレンジの建物が目印。

☎0980-43-6005
所本部町健堅127
営9:00〜16:00(LO 15:30) 休木曜
交許田ICから約22km P4台

島スムージー(マンゴー)680円
フルーツの濃厚なおいしさが味わえる。マンゴー・グァバ・パインの3種類

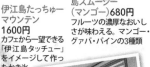

伊江島たっちゅーマウンテン
1600円
カフェから一望できる「伊江島タッチュー」をイメージして作ったかき氷

瀬底大橋や青い海を見渡せる立地も魅了！

おんなの駅で目覚める
果物&野菜のおいしさ

かき氷屋 琉冰

かきごおりや リュウピン

恩納 MAP 付録P.8 C-3

「おんなの駅」にあるパーラー。契約農家から仕入れた果物など、旬の素材をたっぷり取り入れている。ふわふわのかき氷のほか、ぜんざいやジュース、アイスクリームもある。

道の駅にあるかき氷店。メニューが豊富

☎090-5932-4166
所恩納村仲泊1656-9
営10:00〜19:00(LO、11月〜2月は〜18:00LO)
休無休 交石川ICから約4km Pあり(おんなの駅駐車場利用)

フルーツたっぷりアイスマウンテン
1780円
マンゴーやパッションフルーツなど季節の果物たっぷりのハッピーサイズかき氷

創業時から人気のぜんざい
地元での支持率は圧倒的

千日

せんにち

那覇 MAP 付録P.14 B-3

世代を超えて愛されている県民の憩いの場。先代から受け継いだ雪のように仕上げる氷が、日頃の疲れをとかしてくれる。

☎098-868-5387
所那覇市久米1-7-14
営11:30〜19:00
休月曜(祝日の場合は翌日)
交ゆいレール・旭橋駅から徒歩10分 Pなし

ミルク金時 550円
練乳をかけた沖縄ぜんざい。ふっくらやさしい甘さの金時豆がたっぷり

いちごミルク金時
600円
練乳+イチゴシロップがけ。約20cmの高さでも、あっという間にぺろり

昔ながらの懐かしい雰囲気。いつも地元民で賑わう

100%自家製シロップをまとった
やさしい口どけのごちそうかき氷

喫茶ニワトリ

きっさニワトリ

港川 MAP 付録P.13 E-3

かき氷愛が詰まったこだわりの一杯に出会える店。やわらかく削った氷と、県産果物を贅沢に使ったシロップが溶け合う口福を味わって。

☎098-877-6189
所浦添市港川2-16-1
営14:00〜18:00(LO17:30) 休不定休
交那覇空港から約11km Pなし

外国人住宅街の一角。庭がカフェスペースに

ドラゴンフルーツとパッションフルーツ氷980円
鮮やかなビジュアルが印象的。フルーツの果肉感も楽しい

黒糖金時豆ばにらみるくぜんざい 850円
コクのある手作りのミルクシロップと黒糖のやさしい甘さが調和

旬の味覚がギュッと詰まった
果実スイーツ

太陽の恵みで おいしく栄養補給
Vita Smoothies
ビタ スムージーズ

那覇 **MAP** 付録 P.17 D-2

国際通りの観光途中に立ち寄りたい人気店

沖縄県産のマンゴーや紅芋、ゴーヤーなど、こだわりの素材で作るフレッシュスムージー。酵素やビタミンがギュッと詰まった一杯で、体にご褒美を。

☎098-863-3929
所那覇市牧志2-17-17 まきしビル1F
⏰11:30〜18:00 休火・水曜
交ゆいレール・美栄橋駅から徒歩2分
Pなし

トロピカルマンゴー
スムージー890円
マンゴー好きにはたまらない！パインやキウイも入ってさわやか

彩り紅いもバナナ
スムージー780円
県産紅芋を使用。豆乳ベースでヘルシーだけど満足感たっぷり

特集●トロピカル・スイーツ

素材のおいしさを凝縮した 沖縄果実の上質ジェラート
やんばるジェラート 本店
やんばるジェラートほんてん

宜野湾 **MAP** 付録 P.13 F-3

厳選した産地から素材を仕入れ、世界的マエストロが情熱を注いだジェラートは、果実そのままで食べるよりフルーティ！沖縄果実の芳醇な香りや味を存分に楽しんで。

☎098-943-5434(代表)
所宜野湾市嘉数3-19-1
⏰11:00〜19:00 休第1火曜
交那覇空港から約13km P4台

ジェラートダブル
（マンゴー、チョコ）
600円
沖縄マンゴーの濃厚な味わいと、カカオの風味がしっかり堪能できるチョコフレーバーの組み合わせ

ジェラートシングル
（スイカ）
500円
「今帰仁スイカ」の果汁のみで仕上げている

世界大会で受賞したフレーバーも並ぶ

本店をはじめ、県内に7店舗を展開

個性豊かな島素材で作る 天然色のカラフルジェラート
ISOLA GELATO & DONUT
イゾラ ジェラートアンドドーナッツ

北谷 **MAP** 付録 P.11 D-2

2023年10月に美浜アメリカンビレッジ（P.120）に移転オープン

県産食材の味や香り、彩りを生かした手作りジェラートが人気。天然素材にこだわり、着色料・保存料を使っていない。季節ごとに10種類以上のフレーバーが並ぶ。独自の風味と、もっちり食感が自慢のドーナツと一緒に買いたい。

☎なし
所北谷町美浜9-21 デポアイランドシーサイド1F ISOLA ⏰10:00〜20:00
休無休 交沖縄南ICから約5km
P町営駐車場利用

ドーナツ250〜420円。ブリオッシュ生地で、揚げたての生ドーナツ

ジェラートダブル 650円
沖縄の食材と、シェフの知恵と経験で洗練されたオリジナルジェラートを用意。シングルは500円

沖縄ならではのフレーバーで
トロピカル気分を満喫！

ブルーシール 国際通り店
ブルーシールこくさいどおりてん

那覇 **MAP** 付録 P.16 C-3

アメリカ生まれ、沖縄育ちのブルー
シール。多くのフレーバーを取り揃
えるアイスをはじめ、クレープやサ
ンデーなどが味わえる。国際通りの
ほぼ中央にあるので、観光のひと休
みに立ち寄りたい。

☎098-867-1450
所那覇市牧志1-2-32 営10:00〜22:30
休無休 交ゆいレール・県庁前駅から徒歩
10分 Pなし

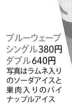

青い看板が
目印。北谷
などにも店
舗がある

ブルーシールサンデー
640円
好きなアイスとソフトク
リームが一度に楽しめる

ブルーウェーブ
シングル380円
ダブル640円
写真はラムネ入り
のソーダアイスと
果肉入りのパイ
ナップルアイス

ソフトクリーム
380円
なめらかな口当たりを
楽しみたい

農家さん応援！
ハイセンスパフェ&みやげ

田中果実店
たなかかじつてん

恩納 **MAP** 付録 P.9 D-2

周囲の農家さんの採れたてマンゴーといっ
た南国フルーツを、ムダなくおいしく使い
たいとパフェやジャムを完成させた。店内
はハワイの日系雑貨店をイメージ。

☎070-5279-7785
所恩納村瀬良垣2503 営11:00〜18:00(LO17:30)
休火・水曜 交屋嘉ICから約6km P8台

名物マウンテン
マンゴーパフェ
2500円
フレッシュマンゴー
1個に、マンゴーア
イス、マンゴー生ク
リームをアソート

➲ 完熟王様マ
ンゴーやパイン
など上質な果物
と無添加無着色
にこだわった沖
縄特濃ジャム。
1000円〜

おしゃれな店
内で、ゆっく
り味わって

果実スイーツ

ずらりと並ぶ食材を見ているだけでも楽しい

賑わう街の台所

まちぐゎ〜で沖縄の素顔に出会う

色も形も味も個性派揃いの食材が集まる"まちぐゎー（市場）"。
元気なお店の人との会話を楽しみながら、沖縄の食文化を堪能しよう。

那覇市第一牧志公設市場

なはしだいいちまきしこうせついちば

●おみやげに人気のコーレーグース

アジアの熱気を感じながら
"おいしい沖縄"を満喫！

国際通り周辺 **MAP** 付録P.17 D-3

☎098-867-6560
所那覇市松尾2-10-1
時8:00〜22:00（店舗により異なる）
休12月を除く毎月第4日曜（店舗により異なる）、旧暦1月1・2日、旧盆明け2日間
交ゆいレール・牧志駅から徒歩10分
Pなし

沖縄のあらゆる食材が一堂に集まる県内最大規模の市場。1950年の開設以来、「那覇の台所」と呼ばれ、県民に親しまれてきた。1・2階合わせて100以上の店舗が軒を連ね、沖縄の食文化を体感できるスポットとしても人気を集めている。老朽化による建て替えで、2023年3月にリニューアルオープンされた。

ノスタルジックな雰囲気も楽しい

沖縄の「まちぐゎー」ってどんな場所？

まちぐゎーは、規模の小さな店が集まってできた市場のこと。生鮮野菜、魚、肉などの食料から、生活雑貨など多彩な品揃えだ。

新鮮食材を味わう

|名物| 「持ち上げ」にトライ!

1階で購入した鮮魚や肉を2階の食堂で調理してもらい、その場で食べられるシステム。調理代は1品330円〜3品550円(しゃぶしゃぶは1人550円)。

購入前に食材が「持ち上げ」可能か確認を

魚が食べたい!

地元で水揚げされた南国色の海の幸がずらり

与那嶺鮮魚

よなみねせんぎょ

毎朝近海で獲れた新鮮な魚介類を提供する鮮魚店。インパクト大の色とりどりの魚をはじめ、アバサーやオニダルマオコゼなど、沖縄でしかお目見えできない珍しいものばかり。

☎098-867-4241 🕐8:00〜20:00 休日曜

↑まずは、予算を伝えて魚を選ぼう。魚の豆知識、味や調理法なども親切に教えてくれる。値段は大きさや時期により変動

イラブチャーの刺身
半身は皮を湯引きして刺身に。身は淡白でコリコリとした歯ごたえが楽しめる

イラブチャーのマース煮
調味料は沖縄の塩のみというシンプルな料理。新鮮なので煮ると身がふわふわに

とてもカラフルな南国沖縄の魚たち

肉が食べたい!

県産ブランド肉から手作りの加工品まで

上原精肉店

うえはらせいにくてん

あぐー豚や石垣牛などバラエティ豊かな品揃え。沖縄の食文化の中心ともいえる豚肉は、顔から足・内臓まであらゆる部位を扱う。自家製のラフテーや肉みそは、おみやげに人気。

☎098-867-6024 🕐10:00〜19:00
休第4日曜(12月は営業)

精肉店に並ぶ珍しい部位に釘付け!

↑調理法に合わせて店頭でスライス。琉球あぐーは、沖縄在来アグー豚と交配した特別なブランド豚で、肉質に優れているとか

沖縄の食卓に欠かせないポーク缶

あぐー肩ロースのステーキ
塩・胡椒のみの味付けで、あぐーの旨みを堪能できる一品。しゃぶしゃぶもおすすめ

41

手軽に
沖縄体験

おみやげ&テイクアウト

地元の人が愛するおやつからレアな一品まで、公設市場は沖縄の食の宝庫。あれこれ買い食いを楽しみながら、ローカルみやげをゲットしよう。

沖縄各地から取り寄せた
おいしいモノが勢揃い

いちゃりばどぅしぐゎー
いちゃりばどぅしぐゎー

新鮮な海ぶどうからサーターアンダギー、加工品、雑貨まで、こだわりの沖縄特産品を取り扱ううみやげ物店。宮古島産のカツオの塩辛など、手に入りにくい商品も並ぶ。
☎090-3075-7729 ⏰10:00～20:00
休第4日曜(12月は営業)

海ぶどう
南城市の奥武島から仕入れた大粒の海ぶどう。店舗の水槽から取り分けるので鮮度抜群！40g350円

塩もずく
沖縄県産の天然もずくは、ぬめりと歯ごたえが特徴。日持ちのする塩漬けなのでおみやげにぴったり。500円

⬆食品を中心とした多彩な商品がずらり

鮫ジャーキー
沖縄近海で獲れる深海鮫を使用した珍しいジャーキー。パッケージもインパクト大！全3種類・1袋400円

スモーク島どうふ
沖縄の豆腐を麹の力で熟成し、さらに燻製することで、スモークチーズのような味わいに。常温OK。650円

果肉たっぷりの生ジェラート
本誌持参でサービスあり！

H&B ジェラ沖縄
エイチ&ビー じぇらおきなわ

生のフルーツとジェラートを陶器の上で混ぜ合わせて作る生ジェラート。マンゴー、ドラゴンフルーツ、パインなど、県産フルーツそのもののおいしさを満喫できる。
☎090-8708-9047 ⏰10:00～18:00
休第4日曜(12月は営業)、水曜

生ジェラート
写真映えする人気の5段。上からイチゴ、パイン、ドラゴンフルーツ、マンゴー、ゴーヤー。800円

地元の人にも愛される
素朴でやさしい伝統の味

歩 サーターアンダギー
あゆみ サーターアンダギー

ひとつひとつ心を込めて、丸めて揚げたサーターアンダギーが、地元客にも観光客にも人気。卵は黄身のみを贅沢に使用し、しっとりとコクのある味に仕上げている。
☎098-863-1171
⏰10:00～売切れ次第
終了 休日・水曜

サーターアンダギー
福を呼ぶ縁起物として親しまれている伝統菓子。やさしい甘さに癒やされる。5個入り600円

⬅確実に手に入れたいなら電話予約が◎

特集●まちぐゎ～で沖縄の素顔に出会う

うちなーグルメ

美味 沖縄料理

市場2階には約10軒の食堂が集まる。新鮮な地元食材を使った名物料理を、心ゆくまで食べ尽くそう。

沖縄食材のおいしさを
多彩な料理で堪能しよう

きらく

台湾のホテルで料理人をしていた先代の味を受け継ぎ、地元食材を用いた中華料理と沖縄料理を提供。持ち上げた食材は、さまざまな調理法で楽しませてくれる。

○広々とした店内なので団体もOK
☎098-868-8564
⊙10:00〜21:00(LO20:00)
㉻第4日曜(12月は営業)

たーんむ団子(5個)500円
リピーターが多い人気メニュー。外はカリッと、中はもっちりとした食感がクセになる

市場からひと足延ばして泡盛の専門店へ

とっておきの秘蔵古酒が
手に入る泡盛専門店

泡盛之店 琉夏 サンライズ店
あわもりのみせ りゅうか サンライズてん

MAP 付録P.17 D-3

観光客向けの泡盛を扱わず、小さな蔵の隠れた銘酒など、良質な泡盛を販売する泡盛専門店。

☎090-4033-9262 ㊟那覇市牧志3-4-14 ⊙9:00〜21:00(変動あり) ㉻不定休 ⊗ゆいレール・牧志駅から徒歩12分 ㋺なし

松藤2005年 秘蔵古酒
崎山酒造廠の秘蔵古酒を月24本限定で販売。冷やしてストレートで飲むのがおすすめ。25度600㎖4400円

萬虎
泡盛づくりの原点に戻り、昔懐かしい島酒の味を再現した一本。恩納酒造所44度600㎖2650円

こいしぐれ
年間400本の手々製造される熟成用の原酒。通を唸らせる濃厚な味。識名酒造43度720㎖3300円

○蔵元おすすめ泡盛の量り売りも

もっとまちぐゎーを楽しむ!!

栄町市場 さかえまちいちば

国際通り周辺 **MAP** 付録P.17 F-2

昭和の色と香りのなかに新たな風が吹く

戦後復興時の1955年に誕生した市場。迷路のような路地に肉屋や魚屋、惣菜屋など、120もの店がひしめき合い、地元の生活を肌で感じることができる。最近は飲食店やバーも増えている。

☎098-886-3979(栄町市場商店街振興組合) ㊟那覇市安里388-1 ⊙店舗により異なる ⊗ゆいレール・安里駅からすぐ ㋺なし

貝専門店で珍しい逸品を

ひいき家 ひいきや

店主の目利きで日本各地より仕入れた旬の貝が堪能できる。貝豆腐や貝酒などココだけの自家製メニューもぜひ。

☎080-6491-0437 ㊟那覇市安里379 ⊙17:00〜23:00 ㉻不定休

○ホンビノス貝の酒蒸し、しゃこ貝刺身、ながらみ塩茹で、マテ貝焼きなど、貝の味を生かした料理を提供

60年以上愛される惣菜店

かのう家 かのうや

お客さんの健康を思って作る家庭の味を求めて、市場で働く人や買い物客が訪れる。ジーマミー豆腐はおみやげに。

☎098-885-2805 ㊟那覇市安里385 ⊙10:00〜19:00 ㉻土・日曜、祝日

○惣菜は約20種類。1品100円〜と手ごろなのもうれしい

○(左から)島ニンジンや大根などの野菜がたっぷり入ったボロボロジューシー200円、やさしい味付けのクーブイリチー100円、5〜6種類の豆を使った豆の煮込み200円

糸満市場いとま〜る いちまんまちぐゎいとま〜る

糸満 **MAP** 付録P.19 E-4

歴史ある市場が再生

1955年から人々の暮らしを支えてきた糸満市の公設市場がリニューアル。旧市場から移転した精肉店や鮮魚店に加え、雑貨店や飲食店などがある。

○老朽化で取り壊された糸満公設市場の跡地に誕生

☎098-987-1037 ㊟糸満市糸満989-83 ⊙9:00〜18:30(店舗により異なる) ㉻無休(店舗により異なる) ㊟那覇空港ターミナルから約9km ㋺53台

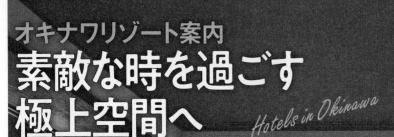

オキナワリゾート案内
素敵な時を過ごす
極上空間へ

Hotels in Okinawa

ゆったりと流れる沖縄時間、目の前に広がる青い空と大海原。
都会の喧騒を忘れてのんびりと南国バカンスが楽しめる
居心地抜群のリゾートホテル＆ヴィラをご紹介。

贅沢なバカンスを楽しむ
とっておきリゾート
客室からの美しい眺めやプールが
自慢の高級リゾートで、優雅な休日を。

沖縄ラグジュアリーの最高峰
自分時間で暮らすように過ごす

星のや沖縄

ほしのやおきなわ

圧倒的な非日常を提供する「星のや」が沖縄本島にラグジュアリーリゾートをオープン。畑や庭が広がる敷地には、海岸に沿うようにして低層の客室棟が立つ。部屋でディナーを楽しめる土間ダイニングや波音が間近に聞こえるテラスリビングで、ゆったりとした時間を過ごせる。

無垢材の大きなテーブルが配された客室の「土間ダイニング」

HOTEL DATA

☎050-3134-8091(星のや総合予約)

読谷 MAP 付録P.8 A-4

所 読谷村儀間474 交 石川ICから約15km／那覇空港から沖縄自動車道利用で、車で1時間 P 100台 in 15:00 out 12:00 室 100室 予算 1泊室料13万6000円〜(食事別)

FACILITY

プール 通年利用可能なインフィニティプールがある
その他 スパ、レストラン

BEACH & ACTIVITY

ビーチ リゾートの前には自然海岸が広がる
アクティビティ 乗馬、歌三線、琉球舞踊、琉球空手、などの各種体験、酒造見学などができる。海では体験ダイビングやシュノーケリングなども

1. 紅型の壁紙がリゾート気分を盛り上げてくれるハルの寝室　2. インフィニティプール。美しいサンセットも堪能できる　3. 床座リビングを備えた客室「フウシ」はグループでの滞在にぴったり　4. スパではオイルトリートメントや指圧・マッサージを受けることができる

ホテルグルメ PICK UP

メインダイニングでは
独創的なコース料理を満喫

メインダイニング（予約制）での夕食には、沖縄ならではの食材にシチリア料理のエッセンスを生かした「琉球シチリアーナ」を提供。また客室では、好きな時間にできたてが味わえるユニークな「ギャザリングサービス」も楽しめる。

※宿泊料金は、「1泊2食付」「1泊朝食付」「素泊まり」については、特記のない場合、1室2名で宿泊したときの1名分の料金です。

とっておきリゾート

ワイキキの憧れのホテル
「ハレクラニ」を堪能

ハレクラニ沖縄
ハレクラニおきなわ

ハワイ／ワイキキの名門ホテル「ハレクラニ」が沖縄へ。大自然が広がる恩納村の沖縄海岸国定公園内に建ち、全室がオーシャンビュー。ハワイの言葉で「天国にふさわしい館」の意味にふさわしい美しい環境と最上級のサービス、充実したアクティビティと施設でゲストを迎えてくれる。

HOTEL DATA

☎098-953-8600
恩納 MAP 付録P.9 F-1
所恩納村名嘉真1967-1 ／許田ICから6km／那覇空港から沖縄自動車道利用で、車で1時間15分 P312台
in15:00 out12:00 室360室
予1泊室料7万7165円〜（朝食付）

FACILITY

プール 屋内・屋外プール
その他 レストラン、バー、ブティック、スパなど

BEACH & ACTIVITY

ビーチ ホテル前に白砂のビーチが広がる
アクティビティ 各種マリンアクティビティ、各種クルーズなど。テニスコートもある

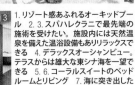

1. リゾート感あふれるオーキッドプール　2.3.スパハレクラニで最先端の施術を受けたい。施設内には天然温泉を備えた温浴設備もありリラックスできる　4.デラックスオーシャンビュー。テラスからは雄大な東シナ海を一望できる　5.6.コーラルスイートのベッドルームとリビング　7.海に突き出した絶好のロケーションにあるリゾート

ホテルグルメ PICK UP

**充実のダイニング
4つのレストランとサンセットバー**

イノベーティブ「SHIROUX（シルー）」では、ミシュラン2ツ星シェフ・川手寛康氏が考案するコース料理が楽しめる。

特集●素敵な時を過ごす極上空間へ

ラグジュアリーな空間で
グラマラスな沖縄ステイ

グランディスタイル
沖縄 読谷 ホテル＆リゾート
グランディスタイル おきなわ よみたん ホテル ＆ リゾート

ナチュラルでシックな空間が広がる新しい
大人のリゾート。部屋のカウンターで飲む
お酒、のんびりくつろげるバルコニーのデ
イベッド、通年入れる加温式プール、フリ
ーフローのドリンク・フードなど、多彩で
優雅な沖縄ライフを楽しめる。

HOTEL DATA

☎098-987-8300
読谷 **MAP** 付録 P.8 A-4
🏠読谷村瀬名波571-1 🚉石川ICから12km／那
覇空港から沖縄自動車道利用で、車で1時間
🅿35台 🕒15:00 🕚11:00 🛏54室
🈯1泊朝食付2万2050円〜

FACILITY
プール 加温式インフィニティプール
その他 レストラン、カフェラウンジ、ラウン
ジ、バー

BEACH & ACTIVITY
ビーチ ホテルは読谷の市街地に位置する。最
寄りのビーチは瀬名波ビーチ
アクティビティ ホテル内フロントデスクで、各
種マリンアクティビティやランドアクティビティ
に申し込める。レンタサイクルやリゾートウェ
ア、美容アイテムなど館内外で、無料貸し出し
を行っている。

ホテルグルメ PICK UP

沖縄産の食材をふんだんに用いた
贅沢な味わいを好きな場所で満喫

7〜14時まで楽しめるブランチは、テイクア
ウトすれば、好きな場所で食事ができる。

1.客室は全部で4タイプ。写真はプレミアムセン
トラルスイート　2.3.街の喧騒から離れホテル
へ。洗練された雰囲気のロビーに到着すると、
リゾート気分も一気に高まる　4.2つのラウンジ
では、ワインやビール、カクテルのほか、県内
にある40の酒造場から取り寄せた泡盛などのフ
リーフローを満喫できる　5.読谷の街を一望す
るプール。夜はライトアップされ幻想的な雰囲
気になる

とっておきリゾート

47

信頼の世界ブランドホテル
気軽に上等な離島ライフ

ヒルトン沖縄瀬底リゾート
ヒルトンおきなわせそこリゾート

透明度抜群の天然ロングビーチが魅力の瀬底島に、ヒルトンが日本初のビーチリゾートホテルをオープンさせた。隣接する瀬底ビーチでのマリンアクティビティのほか、ホテル施設やレストランも充実している。

HOTEL DATA

☎0570-02-0701
瀬底島 **MAP** 付録P.4 C-3
🏠本部町瀬底5750　🚌許田ICから27km／那覇空港から沖縄自動車道利用で、車で1時間30分
🅿あり（宿泊者・施設利用者は無料）
in15:00　out11:00　🛏298室
予算スタンダードツイン1泊朝食付1万4400円～

FACILITY
プール｜屋内・屋外プール
その他｜フィットネス、スパ・エステ施設など

BEACH & ACTIVITY
ビーチ｜ホテルの前が瀬底ビーチ
アクティビティ｜マリンアクティビティなど

1. 瀬底ビーチを一望する絶好のロケーション　2. スタンダードの客室　3. 夕日を一望できるラウンジ＆バー　4. 眺望が素晴らしいレストランも備わる　5. ジャクジー付きの室内プール

緑の集落にある閑静なヴィラ
海とつながるプールで過ごす

シークレット
プールヴィラ・セジ

備瀬のフクギ並木に囲まれた海辺の集落に建つ高級ヴィラ。2階のオープンテラスにあるインフィニティプールで至極の時間を過ごしたい。食事などの各種サービスはコンシェルジュが対応してくれる。

1. 地元沖縄や東南アジアの作家らの作品を客室インテリアに　2.3. キングサイズベッドを配した2階寝室　4. インフィニティプールから望むサンセット。正面には伊江島が浮かぶ

HOTEL DATA

☎098-923-2915
本部 **MAP** 付録P.4 C-2
🏠本部町T628　🚌許田ICから29km／那覇空港から沖縄自動車道利用で、車で1時間40分　🅿あり（有料）　in15:00　out11:00　🛏1室
予算コンシェルジュプラン（1泊2日）8万2500円～

FACILITY
プール｜屋外プール（冬季温水プール）
その他｜バドラーサービス

BEACH & ACTIVITY
ビーチ｜最寄りはエメラルドビーチ
アクティビティ｜各種体験プログラム

特集●素敵な時を過ごす極上空間へ

美しいビーチとイルカたち
家族で楽しめるリゾート

ルネッサンスリゾート
オキナワ

イルカとふれあえるラグーンや天然温泉、
プライベートビーチなど、子どもから大人
まで楽しめる施設やアクティビティが充実
のリゾートホテル。客室やフロント、エン
トランスなどの改装をし、沖縄の自然をテー
マにしたモダンなデザインに生まれ変わ
った。

ホテルグルメ PICK UP

フレンチ、琉球料理…など、
7つのレストランからお好みに合わせて

カジュアルから高級までさまざまなジャンルの
レストランがある。沖縄料理なら海風（うみか
じ、写真右）がおすすめ。

1. 開放感あふれるプールもある　2. タラソテラピー
など、スパ・エステも充実　3. ホテル内には天然
温泉「山田温泉」もある（利用制限あり）　4. 青
のグラデーションが美しいルネッサンスビーチに面
している　5. 最上階のジュニアスイート。客室は全
室オーシャンビューでテラス付き。洋室のほか和室
もある

HOTEL DATA

☎098-965-0707
恩納 MAP 付録P.8 B-3
所恩納村山田3425-2　交石川ICから5km／那覇
空港から沖縄自動車道利用で、車で1時間　P200
台　in14:00　out11:00　室377室
予算1泊朝食付（2名1室）1万7000円～

FACILITY

プール 屋内・屋外プール　その他 温泉（利用
制限あり）、サウナ、エステ、ジム

BEACH & ACTIVITY

ビーチ ホテルの目の前がルネッサンスビーチ
アクティビティ 各種マリンアクティビティ、ク
ルーズ、イルカとふれあえるドルフィンプログ
ラム、キッズ向けプログラムなど

1

雄大な沖縄の海と自然に
癒される大人のリゾート

ザ・ブセナテラス

美しい海に囲まれた部瀬名岬の約16.5万㎡
という広大な敷地内に、ホテル棟と18室の
クラブコテージが建つ。自然との調和を大
切に、オープンエアの開放感と落ち着いた
デザインが大人のリゾートを演出してい
る。バトラーサービスなどのきめ細やかな
もてなしにも定評がある。

HOTEL DATA

☎ 0980-51-1333　　名護 **MAP** 付録 P.9 F-1
🏠名護市喜瀬1808　⊗許田ICから約4km／那
覇空港から沖縄自動車道利用で、車で1時間15分
🅿350台(有料)　**in**14:00　**out**11:00
🛏408室(全室禁煙)
💴デラックスナチュラルオーシャンビュー1泊朝
食付2万5200円〜

ホテルグルメ **PICK UP**

朝食は、テラスが
人気のラ・ティーダへ

青い海を眺めながら食
事が楽しめるカフェテラ
ス「ラ・ティーダ」で
は朝食ブッフェも。

FACILITY

プール　上段と下段の2つのプールがあり、ウ
ォータースライダーや滝なども備わる。オール
シーズン使える屋内プールも

その他　ライブラリー、エステルーム、サウナ、
ジム、テニスコート、パターゴルフ場など

BEACH & ACTIVITY

ビーチ　ホテルの目の前はブセナビーチ。真
っ白な砂浜が約760mにわたって続く

アクティビティ　マリンスポーツのほか、ヨガ、
沖縄の自然にふれるエコツアーなども

2

1.リゾート感あふれるプール　2.客室はベー
ジュとホワイトを基調としたナチュラルなイン
テリア　3.館内からの景色はすべてが絵画の
よう　4.「テラス スパ」では海由来のプロダク
ト「タルゴ」を使用　5.クラブヴィラではクラ
ブサービスが受けられる。プライベートプール
付きもあり、優雅な休日が過ごせる

3

4

5

西海岸の夕陽を見ながら
リゾート感あふれるステイを

ヒルトン
沖縄北谷リゾート

ヒルトンおきなわちゃたんリゾート

県内最大級の567㎡の広さを誇るラグーンプールをはじめ、スパ、レストランなど館内の設備も充実。近隣には美浜アメリカンビレッジなどの商業施設もあり、大人から子どもまで幅広い年代で楽しめる。

HOTEL DATA

☎ 098-901-1111

北谷 MAP 付録 P.11 D-2

🏠北谷町美浜40-1／🚗沖縄南ICから約5km／那覇空港から沖縄西海岸道路利用で、車で40分／🅿200台／🕒in15:00 out12:00／🛏346室（全室禁煙）／予算シティビュールーム（ツイン）1泊2食付1万7402円〜、オーシャンビュールーム（ツイン）1泊2食付2万510円〜

1. 沖縄テイストが基調のシンプルで機能的な客室。オーシャンビュールームにはプライベートテラスを完備　2. アマミスパでは沖縄の天然素材を生かした伝統療法など多彩なメニューを用意　3. 広々としたラグーンプール。スライダーやバーがあり、子どもから大人まで楽しめる

西海岸の海を望む
オーシャンビューで始まる沖縄の朝

大きな窓の向こうに西海岸の海が広がる開放的な空間で、定番の沖縄グルメを含む約50種類におよぶ豊富なメニューをビュッフェ形式で楽しめる。

FACILITY

プール｜隣接するダブルツリー byヒルトン沖縄北谷リゾート内の2つの屋外プール含め、計5つの屋内外プールが利用可

その他｜スパ、フィットネスセンター、レストラン、ラウンジ

BEACH & ACTIVITY

ビーチ｜周辺のサンセットビーチ、アラハビーチ(P.71)は徒歩圏内

アクティビティ｜マリンアクティビティのほか、ホテル館内でもできるウェルネスアクティビティもある

バラエティに富んだ
マリンレジャーでアクティブに

ANAインターコンチネンタル
万座ビーチリゾート

エーエヌエーインターコンチネンタルまんざビーチリゾート

万座の美しい海に囲まれた岬に建つリゾート。プール、ビーチのほか、海中展望船や海上アスレチック、サンセットクルーズなど多彩なマリンアクティビティが自慢。レストランや大浴場など設備も充実している。

HOTEL DATA

☎ 098-966-1211　　恩納 MAP 付録 P.9 D-1

🏠恩納村瀬良垣2260／🚗屋嘉ICから約7km／那覇空港から沖縄自動車道利用で、車で50分／🅿620台／🕒in15:00 out11:00／🛏400室（全室禁煙）／予算クラシックツイン1泊朝食付2万2000円〜

1. クラシックツイン。砂浜の白と海の青を基調とした爽やかなカラーリング　2. 宿泊者専用のガーデンプール。冬季は温水になるので、一年中楽しめる　3. 透明度の高いビーチでは、マリンスポーツが充実。スタッフのサポートも万全

FACILITY

プール｜ガーデンプールとビーチサイドプールの2つの屋外プール

その他｜7つのレストラン、バーのほか、大浴場やスパ、リラクゼーション施設がある

BEACH & ACTIVITY

ビーチ｜環境省選定の快水浴場百選・特選にも選ばれたエメラルド色の万座ビーチ(P.70)

アクティビティ｜マリンスポーツのほか、屋内キッズプレイランド、ヨガ

会話も弾む
多国籍グルメ

万座毛を望む美しい景観と多彩なインターナショナル料理を楽しめる「アクアベル」でエキゾチックな味わいを。

盛り付けの美しい
和食の真髄を味わう

白木を基調とした明るい店内の「雲海」では、伝統的な和の技法を取り入れていねいに仕上げた日本料理が味わえる。

とっておきリゾート

沖縄初、ルレ・エ・シャトー加盟 全室プール付きのヴィラリゾート

ジ・ウザテラス ビーチクラブヴィラズ

読谷村宇座海岸を望む全室ヴィラタイプのホテル。ビーチサイドの開放感に包まれる一方で、48室すべての客室には専用プールが付いており、プライベート感が確保された空間。カップルでもファミリーでも、それぞれのスタイルに合わせた滞在が楽しめる。

HOTEL DATA

☎ 098-921-6111 読谷 MAP 付録 P8 A-3
🏠 読谷村宇座630-1 🚗 石川ICから約13km／那覇空港から車で1時間10分 🅿 44台(有料)
🕒 15:00 OUT 11:00 🛏 48室(全室禁煙) ※クラブプールヴィラ1ベッドルーム(〜3名)37棟、クラブプールヴィラ2ベッドルーム／プレミアムヴィラ2ベッドルーム(〜5名)10棟、プレジデンシャルヴィラ(〜8名)1棟 🈯クラブプールヴィラ1ベッドルーム1泊朝食付7万5000円〜

FACILITY

プール アウトドアプール
その他 ファインダイニング、バー&ラウンジ、ショップ&カフェ、エステルーム、ジム、オープンスクエア(多目的ホール)、自家農園

BEACH & ACTIVITY

ビーチ ホテルのすぐ前に広がる

1. 美しい自然が目の前に広がる立地　2. すべての客室に専用のプライベートプールが付いている　3. 全ヴィラにダイニング、キッチン、リビングを完備。暮らすような滞在ができる

亜熱帯の森に溶け込んだ 究極のプライベート空間

ジ・アッタテラス クラブタワーズ

恩納の森に建つスモールラグジュアリーホテル。開放感に満ちた客室でプライベート感が満喫できる。プールを眺めながら食事ができるダイニングや、ライブラリー機能を備えたラウンジ&バー、ウォーターフロースタイルの屋外プールなど設備も充実している。

HOTEL DATA

☎ 098-983-3333
恩納 MAP 付録 P9 E-2
🏠 恩納村安富祖1079 🚗 屋嘉ICから約11km／那覇空港から沖縄自動車道利用で、車で1時間 🅿 70台(有料) 🕒 14:00
OUT 11:00 🛏 タワー74室、フォレスト・ヴィラ4室(禁煙・喫煙両方あり) 🈯クラブデラックス1泊朝食付3万1100円〜、クラブラグジュアリー1泊朝食付3万5100円〜
※宿泊を除く施設利用は13歳以上

1. 客室は開放的な窓やテラスを完備した全室スイートクラスで、広さは52㎡以上　2. 森から海へと開かれた屋外プール

FACILITY

プール 開放感ある、ウォーターフロースタイルの屋外プール
その他 ファインダイニング、ライブラリーラウンジ&バー、クラブ・スパ、南国の果樹や花々が生い茂るザ・ガーデン、自家菜園、ゴルフ場

BEACH & ACTIVITY

ビーチ ホテルから車で約5分。季節営業、ビーチクラブあり
アクティビティ 毎朝のモーニングヨガのほか、各種ツアーをアレンジ。曜日ごとにブクブクー茶やガーデンセミナーも催行

自然豊かなビーチを有する南欧風のリゾート

ホテル日航アリビラ
ホテルにっこうアリビラ

スペイン語で「くつろぎ」と「別荘」を組み合わせたアリビラの名のとおり、プライベート感覚を重視した南欧風のリゾートホテル。目の前の自然豊かなニライビーチには、ウミガメが産卵に訪れることもある。

HOTEL DATA

☎ 098-982-9111　読谷 **MAP** 付録 P.8 A-4
所 読谷村儀間600　交 沖縄南ICから約18km／那覇空港から国道58号利用で、車で1時間10分　P 250台(有料)　in 15:00　out 12:00　客 397室(全室禁煙)　予算 スーペリアツイン1泊朝食込2万4200円～、プレミアツイン1泊朝食込2万8600円～

1. 西海岸の夕日に照らされ、ひとときわ美しいスペイン風の建物　2. スーペリアツインは、海や花など自然の色彩を取り入れたデザイン(一例)　3. 沖縄の豊かな自然に囲まれたホテル

FACILITY

プール　屋外にあるガーデンプールのほか、屋内には通年利用可のリラクゼーションプールを備えている

その他　6つのレストラン・ラウンジ(季節営業含む)、エステサロン、テニスコートなど

BEACH & ACTIVITY

ビーチ　目の前のニライビーチはできるだけ自然の岩を生かした遠浅のビーチ

アクティビティ　マリンスポーツやフィールドスポーツが揃うほか、「エデュテイメントプログラム」では、クラフトメニューや、沖縄の自然にふれられる体験メニューもある

豊かな自然と美しい白砂ビーチに包まれたリゾート

オクマ プライベート ビーチ & リゾート

沖縄北部の大自然のなかにあるリゾート。10万m²の敷地内には、コテージ&ヴィラタイプの部屋が点在。アクティビティや施設が充実しているのでカップルからファミリーまで、楽しみ方は多様。ペットと泊まれるヴィラも人気。

FACILITY

プール　子ども用プール・流水プール・メインプール、アクティビティプールの4タイプ(すべて屋外)※11～3月はクローズ

その他　6つのレストラン、展望浴場、エステ、体育館、ドッグランなど

BEACH & ACTIVITY

ビーチ　エメラルドグリーンの海と天然白砂のオクマビーチ(P.69)が1kmにわたって続く

アクティビティ　グラスボートやクルージング、シュノーケリングなどのマリンアクティビティ、やんばるの森での自然体験エコツアーなど、海と森を存分に楽しめるラインナップ

HOTEL DATA

☎ 0980-41-2222　国頭 **MAP** 付録 P.3 D-2
所 国頭村奥間913　交 許田ICから約35km／那覇空港から沖縄自動車道・名護東道路利用で、車で1時間30分　P 150台　in 14:00　out 11:00　客 184室(全室禁煙)　予算 グランドコテージ(ラウンジアクセス付)1泊朝食込2万5000円～

1. 緑の芝生が広がる広大な敷地内で、南国リゾートの雰囲気を満喫　2. オクマの碧い海と白砂のビーチを表現した明るく開放的なグランドコテージ　3. 白砂のビーチに面した専用ラウンジで、アルコールとアペタイザーを堪能しながらのサンセットタイムは格別　4. やんばるの豊かな自然とエメラルドグリーンの海に包まれた美しいロケーション

とっておきリゾート

眺望抜群の空間で過ごす
プレミアムなひととき

オリエンタルヒルズ沖縄

オリエンタルヒルズおきなわ

広大な丘約2万㎡の敷地に、14棟のラグジュアリースイートが立ち並ぶ。全室に完備されたプライベートプールから、沖縄本島が誇るコバルトブルーの海が望める。水面に浮かぶダイニングや、幻想的な光に包まれたバーカウンターなども魅力的。

HOTEL DATA

☎ 0120-162-078
恩納 MAP 付録P.9 E-2
⊕恩納村瀬良垣79-1 ⊗屋嘉ICから約9km／那覇空港から沖縄自動車道利用で、車で50分 ℗20台 in14:00 out11:00 ㊟14室(全室禁煙 ※テラスは喫煙可) 子料エグゼクティブスイート1泊2食付7万7000円～

1. なだらかな丘に建つ最高のロケーション 2. シルキータッチの高品質なパーケルシーツが心地よい眠りを誘う 3. プールと直結した開放的なリビングにやさしい光が降り注ぐ 4. 見渡す限り一面の海が望める日本最大級のプライベートプール

FACILITY

プール プライベートプール(各客室)
その他 レストラン、バー、エステ&スパ、ブライダルなど

BEACH & ACTIVITY

ビーチ 徒歩30分の位置に万座ビーチや恩納村海浜公園ナビービーチ

アクティビティ 乗馬、星空観察、スタンドアップパドルボード(SUP)、クルージングなど(いずれも別途有料)

オーシャンビューと
天然温泉で至福の滞在を

オリオンホテル
モトブ リゾート&スパ

備瀬のフクギ並木のなか、南国の花の香りに包まれたリゾートは、全室50㎡以上のバルコニー付きオーシャンビュー。地下約1500mから湧き出る天然温泉(加温)を、伊江島や海の景観と堪能できる「ジュラ紀温泉 美ら海の湯」で体を癒やすのもおすすめ。

HOTEL DATA

☎ 0980-51-7300
本部 MAP 付録P.4 C-2
⊕本部町備瀬148-1 ⊗許田ICから約29km／那覇空港から沖縄自動車道利用で、車で1時間40分 ℗200台 in14:00 out11:00 ㊟238室(全室禁煙) 子料オーシャンツイン1泊2食付1万2800円～

1. 伊江島を望むパノラマオーシャンビューが魅力のオーシャンツイン 2. 約2億年以上前の地層から汲み上げる天然温泉(加温)を利用した「ジュラ紀温泉 美ら海の湯」

FACILITY

プール タイプの異なる3つのプール
その他 ジュラ紀温泉、5つのレストラン、ラウンジ、宴会場、ショップ、琉球庭園・イベント広場など

BEACH & ACTIVITY

ビーチ 目の前に国営沖縄記念公園エメラルドビーチ

アクティビティ マリンスポーツ、ゴルフ、伊江島ツアー、釣り・クルーズほか、手作り工房など館内体験も充実している

やんばるの入口に位置する
自然に囲まれたリゾートホテル

オリエンタルホテル 沖縄
リゾート&スパ

オリエンタルホテル おきなわリゾートアンドスパ

県内最大級の広さを誇るガーデンプールと、全室オーシャンビューの開放的な客室で、南国ステイを満喫できる。フィットネス、5種類のバスが楽しめるスパなど、心身ともに癒やされるサービスが充実。2024年春に288室のリノベーションが完了。

HOTEL DATA

☎ 0980-51-1000　名護 **MAP** 付録 P.9 F-1

㊟名護市喜瀬1490-1　🚗許田ICから約6km／那覇空港から沖縄自動車道利用で、車で1時間10分
🅿298台(有料)　in 15:00　out 11:00　🛏361室(全室禁煙)　💰スーペリアルーム1泊2食付2万1900円〜

FACILITY

| プール | 屋外プール、屋内プール |
| その他 | スパ、フィットネス、3つのレストラン、ラウンジなど |

BEACH & ACTIVITY

| ビーチ | 徒歩7分の位置にかりゆしビーチ |
| アクティビティ | マリンアクティビティ、ハンモックヨガなど |

1. ビーチではジェットスキーなどアクティビティも楽しめる　2. 血行を促進するアロマオイルを使った爽快なバス　3. ロビーには豊富な種類のアメニティが揃う「アメニティベース」を設置　4. ゆとりあるレイアウトのスーペリアルーム　5. 全長170mのガーデンプールは県内最大級

多種多様な料理が揃う
Buffet&Grill
「QWACHI(クワッチー)」

「クワッチー」とは沖縄の方言で「ごちそう」を意味。沖縄料理や洋食をはじめ、中国料理、和食まで幅広いラインナップ。地元の食材もふんだんに使っている。

とっておきリゾート

55

ホテルはスパで選ぶ

心と体の疲れを癒やし、美を提供してくれる
女性に人気のエステ＆スパリゾート。

1

バルコニー付きの個室サロンと
美景ダイニングを満喫

ココ ガーデンリゾート
オキナワ

亜熱帯の自然に包まれたプライベートリゾート。木のぬくもりを感じるシックで落ち着いた客室は、コテージタイプやキッチン付きなど多彩。スパサロンでは、沖縄素材を使ったハンドマッサージを主体にしたメニューを用意している。

HOTEL DATA

☎ 098-965-1000　うるま MAP 付録 P.8 C-4
所うるま市石川伊波501　交石川ICから約3km／那覇空港から沖縄自動車道利用で、車で50分
P40台 in 14:00 out 11:00 室96室
予算ガーデンデラックスツイン1泊朝食付1万4000円〜

FACILITY

屋外プール、ライブラリー、テニスコート、エステ、レストラン、バー、ショップなど

RELAXATION
主なスパメニュー

●コンビネーショントリートメントコース
ハイビスカスやウコンなど天然素材のスクラブパックで、肌に活力を与える全身のトータルケアのコース
1万3200円(90分)／1万6500円(120分)
●ガーデンヒーリング(夏季限定)
専用カバナで行うリラクゼーションマッサージ、フットトリートメント6600円(30分)

ココスパ ☎ 098-964-4457
12:00〜23:00(受付は〜21:00)

1. ココスパでのトリートメントでは、自然との一体感が感じられるテラスバスでリラックスできる
2. ピラティスやガーデンヨガなど、スローエクササイズでリラックス　3. オーダーメイドの家具や調度品がおしゃれなガーデンデラックスツイン

健やかなライフスタイルを
提案するウェルネスリゾート

ザ・テラスクラブ アット ブセナ

沖縄の豊かな自然に包まれたくつろぎの
空間で、日常から離れてリラックス。タラ
ソテラピープログラムを中心に、心身とも
に健やかで美しい状態を取り戻すための
さまざまなプログラムを用意している。タ
ラソテラピーに基づいたトリートメント
やタラソ粧材を用いたメニューも豊富だ。

HOTEL DATA

☎ 0980-51-1113
名護 MAP 付録P.9 F-1
㊟名護市喜瀬1750　㊞許田ICから約4km／那
覇空港から沖縄自動車道利用で、車で1時間15分
㊟60台(有料)　㊙14:00　㊚11:00
㊟68室(全室禁煙)
㊟クラブデラックス1泊朝食付3万3000円〜

FACILITY

ウェルネスタラソ、タラソプール、屋外プール、
トレーニングジム、ドライサウナ、タラソカフェ、
ファインダイニング、ライブラリーラウンジ＆
バー、プールサイドバー

1. タラソプールは、海水を用いた開放的な多機能温水プー
ル。体に温熱の刺激を与え、新陳代謝を促進　2. ウェルネ
スタラソを初めて利用する人や、健康に気をつけている人
におすすめの「Wellness Experience Stay」プログラムなど
を提案　3.「ファインダイニング」では、新陳代謝、体内
浄化を促す野菜やスパイスを使った料理を提供　4. 海まで
続くような屋外プール。プールサイドのデッキチェアでくつろ
ぎたい

最高のホスピタリティで
心身ともに癒やされる

沖縄かりゆしリゾート EXES恩納
おきなわかりゆしリゾート エグゼスおんな

広々とした客室は落ち着いた雰囲気にまと
められたモダンスタイル。ディナーとホテ
ルスパがセットになったプランなど、多彩
な宿泊プランが非日常を演出してくれる。
最上階にあるロイヤルエグゼススイートに
は専用プールも設置されている。

HOTEL DATA

☎ 098-967-7500
恩納 MAP 付録P.9 F-1
㊟恩納村名嘉真ヤーシ原2592-40
㊞許田ICから約5km／那覇空港から沖縄自動車
道利用で、車で1時間10分　㊟400台
㊙14:00　㊚11:00　㊟90室(全室禁煙)
㊟プレミアツイン1泊2食付2万8700円〜、プレ
ミアグランスイート1泊2食付3万7800円〜

FACILITY

屋外・屋内プール、ビーチ、エステ、コンシェルジュ、
レストラン、ジム、バー、ショップ、ランドリー、
マリンショップ

1. 1.18m×12m、水深1.6mのガーデンプール（4〜10月のみ）
2. 約60㎡のエグゼスフロア。安らぎを感じる和のテイス
トを取り入れている　3. ジャクジーやサウナを完備するア
クアスペース　4. 世界中で愛されるフランスのプロフェッ
ショナル・スパブランド「ソティス」のトリートメントで
癒やしのひとときを　5. 一人一人の肌質に合った最適なス
キンケアメニューを用意

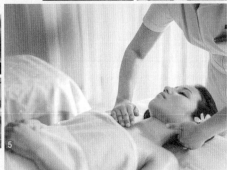

特集●素敵な時を過ごす極上空間へ

高台の立地を生かした、海につながっているかのようなプールから望む絶景は感動必至！

静かな隠れ家ヴィラで
絶景プールにたゆたう休日

KAYATSUMA OKINAWA HOTEL & RESORT

カヤツマ オキナワ ホテル アンドリゾート

全4室のプチホテルで、オーシャンビューの客室はすべて52㎡以上と広々。美しいビーチが数多いことで知られる今帰仁村の高台に位置し、視界いっぱいに広がる海との一体感が素晴らしいインフィニティプールが評判だ。

☎0980-56-5661
今帰仁 MAP 付録P.5 F-2
所今帰仁村運天506-1
交許田ICから約25km／那覇空港から沖縄自動車道利用で、車で1時間30分 P8台
in15:00 out11:00 室4室（全室禁煙）
予算1泊素泊まり1室8万8000円～

1.沖縄の自然に溶け込むアースカラーの建物は南欧のリゾートを思わせる　2.デッキでのんびりする時間が最高のリフレッシュになる　3.バスルームからも東シナ海の絶景を眺められる　4.リビング、キッチンも備えているので、長期滞在やグループでの利用にも　5.東シナ海に溶け込むようなインフィニティプールが自慢

波音に癒やされながら
絶景ルーフテラスで過ごす

WASSA WASSA
ワッサ ワッサ

大宜味の美しい海とやんばるの
森に囲まれた小さな宿。2024年6
月には新たに独立型ヴィラタイ
プの部屋も登場予定。ファミリー
には畳を用意してくれるなど、温
かくきめ細かいホスピタリティ
がうれしい。各部屋はプライベー
トガーデンとパティオ付き。

☎0980-50-2500
大宜味 **MAP** 付録P.3 D-3
🏠大宜味村根路銘97 ❎許田ICから
約28km／那覇空港から沖縄自動車道
利用で、車で1時間45分 🅿3台
🕐16:00 out10:00 室2室(全室禁
煙) 予約オーシャンフロントスーペリ
アツインルーム1泊朝食付1万2500円〜

1. 遠く古宇利島まで望めるオーシャン
ビューのテラス。水着で楽しめる陶製
露天風呂が2つある　2. 3.3mの高い天
井、34㎡の広々した客室　3. 調理師の
オーナー夫妻が作る「大宜味でしか食
べられないもの」「できるだけとれたて
のもの」「体に良いもの」をコンセプト
にした食事も評判だ

広いルーフテラス
では、絶景を眺め
ながら食事や露天
風呂が楽しめる。
夜は満天の星空も

ビーチフロントに建つ
コンドミニアムタイプのヴィラ

コルディオ
プール&ヴィラズ済井出
コルディオ プール&ヴィラズ すみでぃ

沖縄本島北部の車で行ける離島・屋我
地島のビーチフロントに建つプール
付きのヴィラ。各棟にリビングやキッ
チン、浴室、冷蔵庫などを完備。暮ら
すようにリゾートライフを楽しむこ
とができる。

☎098-960-0056
屋我地島 **MAP** 付録P.5 F-2
🏠名護市済井出218-14 ❎許田ICから約
21km／那覇空港から沖縄自動車道利用で、
車で1時間20分 🅿あり(各棟2台まで) in
15:00〜19:00 out10:00 室21棟 予約
1棟1泊4万7300円〜

1. どの棟も100㎡を超
えるゆったりとした
造り　2. 海までは徒
歩2分の距離　3. 寝室
はセミダブルのベッ
ドが置かれた洋室2室
と和室がある　4. す
べての棟にプライ
ベートプールが備え
られている

パラソルやデッキ
チェアが置かれた
プライベートプー
ルでゆったりと贅
沢なひとときを過
こしたい

世界最大級の水槽で
沖縄の海の神秘を体感

スケール満点
国内屈指の
人気水族館

国営沖縄記念公園（海洋博公園）
沖縄美ら海水族館

こくえいおきなわきねんこうえん（かいようはくこうえん）おきなわちゅらうみすいぞくかん

沖縄の豊かで美しい海中世界をスケール満点に紹介する水族館。
巨大水槽を悠々と泳ぐジンベエザメやマンタ。「美ら海」の魅力を知る。

アクアルームでは、頭上をマンタやジンベエザメが悠々と泳いでいくさまが眺められる

大スケールの展示水槽と
工夫された展示内容が見事

　約710種の海の生き物を飼育する世界有数の水族館。浅瀬や黒潮の海、深海と、エリアごとに分かれた水槽で、沖縄周辺の海を自然に近い状態で再現。カラフルな熱帯魚が泳ぐサンゴの水槽や、巨大な回遊魚が遊泳する大水槽で、ダイナミックな沖縄の海をまること体感できる。
　ジンベエザメの長期飼育やナンヨウマンタの繁殖など、多くの世界一・世界初記録でも知られる。

見学information

アクセス

那覇空港	
⊕ 6km・15分	⊕ 那覇空港からやんばる急行バス117番（急行）、空港リムジンバスが利用できる 約2時間30分〜3時間

豊見城・名嘉地IC	
⊕ 那覇空港自動車道・沖縄自動車道 67km・1時間	

許田IC	記念公園前バス停
⊕ 28km・50分	⊕ 徒歩5分

沖縄美ら海水族館

車で約2時間

★ 沖縄美ら海水族館

沖縄本島

バスで約2時間30分〜

⊕ 那覇空港

沖縄美ら海水族館
おきなわちゅらうみすいぞくかん
本部 **MAP** 付録 P.4 C-2

☎0980-48-3748　㊑本部町石川424 国営沖縄記念公園（海洋博公園）内　㊐8：30〜18：30（入館締切17：30、繁忙期は公式HPで要確認）　㊡公式HPで要確認　㊟大人2180円、高校生1440円、小・中学生710円、6歳未満無料　㊠許田ICから約28km／那覇空港からやんばる急行バス、高速バス117番（急行）、空港リムジンバスで2時間30分〜3時間、記念公園前バス停から徒歩5分　㋿あり（海洋博公園駐車場利用）

「黒潮の海」はここに注目!!

世界一! ジンベエザメの飼育最長記録
1995年に水族館にやってきたオスのジンタは、今も最長飼育記録を更新中。

ジンベエザメのジンタは世界最大
ジンタは全長8.8m、体重6t（2024年1月現在）。飼育されている動物のなかで最大。

世界初! ナンヨウマンタの出産に成功
2007年に世界初出産に成功。その後も繁殖に成功している。

日本初! ブラックマンタの展示
2015年12月から、ナンヨウマンタの黒化個体「ブラックマンタ」を展示。

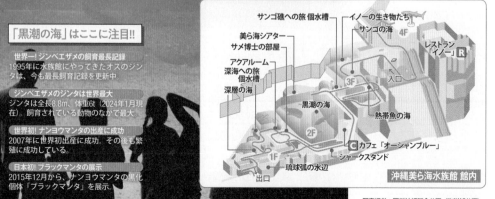

サンゴ礁への旅 個水槽　イノーの生き物たち
美ら海シアター　サンゴの海
サメ博士の部屋　4F
アクアルーム　レストラン「イノー」R
深海への旅 個水槽
深層の海　入口
黒潮の海　3F
熱帯魚の海
2F
C カフェ「オーシャンブルー」
1F　シャークスタンド
琉球弧の水辺
出口

沖縄美ら海水族館 館内

写真提供：国営沖縄記念公園（海洋博公園）・沖縄美ら海水族館

見学インフォメーション

（3階から1階へ ▶ 浅瀬から深海へ）
沖縄の海に潜るように巡る

きらめく海の旅

海人門を抜け、入口へ。サンゴ礁の浅瀬から始まり館内を進むごとに、より深い海の世界が広がる。

↑最初にあるのは海人門（ウミンチュゲート）

サンゴ礁への旅　3F-2F

サンゴ礁域に暮らす生き物を紹介。自然光の差し込む明るい水槽内には、多種多様なサンゴが育ち、色とりどりの熱帯魚たちが群れをなして泳いでいる。

生き物を間近で観察
3F イノーの生き物たち

サンゴ礁に囲まれた浅い海（イノー）に棲む生き物を間近で見られる。さまざまな角度から観察してみたい。

アオヒトデ
体色は青色だけでなく、オレンジ色をした個体もいる。

マンジュウヒトデ
名前のとおり、五角形や円盤状にふくれている形

太陽光を浴びるサンゴ
サンゴの海

約80種460群体の造礁サンゴが大きな水槽で飼育されている。サンゴの周りには、そこを棲み処やエサ場とする魚たちの姿も見られる。

ミズタマサンゴ
奄美大島以南に分布し、ブドウの房のような姿をしている

カブトサンゴ
沖縄以南に分布する。ドームのような、ヘルメットのような姿

注目 生きたサンゴの大規模飼育展示は世界初
自然光と新鮮な海水を使ったシステムでサンゴの大規模飼育に成功した。

カラフルな熱帯魚たち
熱帯魚の海

浅い岩場や砂地、暗い洞窟など、沖縄周辺の海中を再現した水槽。鮮やかな熱帯魚をはじめ、約180種の生き物を飼育。

給餌
13:00／15:30

ハマクマノミ
目の後ろの一本線が特徴。おもにサンゴやイソギンチャクと共生する

ツノダシ
長く伸びた背びれが美しい。突き出た口でエサをついばんで食べる

季節ごとにレアな生き物も登場
2F サンゴ礁への旅 個水槽

普段は見つけにくい、サンゴ礁に暮らす生き物を大小30の個水槽で紹介。

ニシキアナゴ
砂地に穴を掘って生息し、頭と体の上部が飛び出している愛らしい姿で人気

サメの本当の姿を知っておこう
2F サメ博士の部屋

水槽にサメが泳ぐ。サメのアゴの標本など、豊富な資料でサメについて詳しく学べる。

特集●沖縄美ら海水族館

写真提供：国営沖縄記念公園（海洋博公園）・沖縄美ら海水族館

黒潮への旅 2F-1F

ジンベエザメやマンタが貫禄たっぷりに泳ぐ大水槽「黒潮の海」は、水族館のいちばんの人気スポット。ジンベエザメやマンタの食事シーンもぜひ見ておこう。

2F
1F

巨大回遊魚の迫力に圧倒

黒潮の海

幅35mの巨大水槽には、回遊魚など約70種の海の生き物を飼育。ジンベエザメやナンヨウマンタが泳ぐ姿は世界でも珍しい。

ナンヨウマンタ
体幅最大4m。オキアミ類など小さなプランクトンを食べる

トラフザメ
全長は2mほどになる。大人と子どもで模様が異なる

ブラックマンタ
ナンヨウマンタは、通常背面が黒く腹面は白いが、腹面も真っ黒な個体は珍しい

給餌
9:30/15:00
/17:00

ジンベエザメ
全長約14mにも成長する。魚類最大で、白の斑点模様が特徴。小さなプランクトンを食べる温厚なサメだ

ジンベエザメの食事シーンは必見。大きな体を垂直に立て、立ち泳ぎで食べる姿はダイナミック。1日2回(15:00/17:00)給餌が見られる

きらめく海の旅

黒潮の海 はココから見る

アクアルーム 1F
半ドーム状のアクリルパネルの上を、大きなマンタが悠々と泳ぐ姿が眺められる。

カフェ「オーシャンブルー」 1F
軽食を楽しみながら、のんびり大水槽が眺められるスポット。 ○P.65

シャークスタンド 2F
大水槽正面奥上段に席が設けられたシャークスタンドは、絶好の撮影ポイント。

黒潮探検(水上観覧コース) 1F
大水槽を水上デッキから自由に見学できる。

観覧
8:30〜11:00
(最終入場10:45)
17:30〜閉館
(最終入場は閉館の15分前)

深海への旅 1F

光が届かない深海に暮らす生き物たちはユニークな姿の仲間が多い。まだまだ多くの謎が残された深海魚の棲む、神秘に包まれた水深200〜700mの世界をのぞいてみよう。

不思議な姿の生き物たち
1F 深海への旅 個水槽

色鮮やかなシマハタやリュウグウノゴテンなど、深海に棲む個性的な生き物たちをじっくりと観察できる。

シマハタ
水深200m付近に生息している。派手な姿から漁師のあいだでは、インディアン・ミーバイとよばれる

マダラハナダイ
ピンクの地色に金のまだらという華やかな色彩

光の届かない静かな世界
深層の海

ノコギリザメやハマダイなど、深海の仲間が暮らす水槽。暗くて静かな神秘的な深海世界は独特の空気感がある。

オニキホウボウ
深海への旅・個水槽に展示されている。2019年に世界で初めて展示された

ハマダイ
赤色が特徴。食用としても有名な高級魚

ノコギリザメ
2014年に世界で初めてノコギリザメの繁殖に成功。長く突き出た吻（ふん）には、ノコギリ状に歯が並ぶ。

海のプラネタリウム

マツカサウオ
鎧を着ているような鱗。下あごの一部が発光する

発光バクテリアを共生させることで、光を放つ魚などを展示。暗闇に光またたく様子は、まるで夜空に輝く星のようだ。

(縦書き) 特集●沖縄美ら海水族館

お役立ち information

混雑する時間は？
公式HPや美ら海アプリで、現在の混雑状況が確認できる。

見学所要時間
館内をひととおり見学してまわるには、1時間30分は必要。館外で行われるイルカショーも見学するなら3時間は欲しい。屋外の周辺施設や観光スポットを巡るなら、半日〜1日がかりのスケジュールを確保しておきたい。

チケット
入館券は、入口ロビーにある自動券売機で購入できる。20名以上の団体にも割引が適用される。団体入館券は券売所窓口で購入する。

入館時間	8:30〜入館締切
大人	2180 円
高校生	1440 円
小・中学生	710 円
6歳未満	無料

再入館
当日に限り可能。再入館を希望の場合は、水族館入館時のチケットが必要となるので、なくさないようにしよう。

雨の日でも楽しめる？
充実した屋内展示が揃っているので、天候を気にせず楽しむことができる。

沖縄美ら海水族館
おみやげ＆
グルメ

海や巨大水槽を眺めながらランチを食べたり、
家族や友だちにオリジナルグッズを買ったり。
見学の合間や見学あとに。

ねむたん ジンベエ
もふもふふわふわのぬい
ぐるみ。女性やお子様へ
のプレゼントにおすすめ。
各2640円

ブック型ふせん
薄さとコンパクトなサイズ感は持ち運び
にもぴったり。オフィスにもプライベー
トにも活躍。550円

珪藻土コースター（大）
多孔質な珪藻土なので
吸収力抜群！自然乾燥
で繰り返し使用できる。
各1320円

絆創膏
海の人気者たちが
プリントされたかわ
いい絆創膏。備えて
憂いなし！のひとつ。
6枚入り200円

**ドーム型
ランチボックス500**
オムライスやパスタ、丼
ものにも！ふわっと盛れ
るドーム型のランチボッ
クス。水色のほか、ピン
ク色もある。1980円

**シークヮーサー
フィナンシェ10個入り**
本部町産シー
クヮーサーを
使用したフィ
ナンシェ。
1620円

国産爪切り紅型黒潮
紅型風のデザインがかわ
いい。色はピンクとブル
ーの2色、各1100円

軽計マグ
軽くて持ちやすいマグカップ。内側は50ml
ごとにラインが入っている。各1430円

キャンバスポーチ
小物類をまとめて入れてカバンの
中を整理するのにぴったり。880円

ショップ「ブルーマンタ」
美ら海プラザ
限定フィギュアもある
ぬいぐるみや文房具など、海の生き
物たちをモチーフにした多種多様な
オリジナルグッズ、お菓子などの沖
縄みやげも手に入る。

レストラン「イノー」
4F
海を見ながらランチ
東シナ海を望む絶好のロケーション。
ランチタイムには、沖縄の食材を生
かした食事が楽しめる。水族館に入
館しなくても利用可能。

カフェ「オーシャンブルー」
1F
マンタを見ながら小休止
黒潮の海の巨大水槽を眺めながらひ
と休みできるスポット。軽食やアイ
スなどのスイーツ、ドリンクが楽し
める。

きらめく海の旅／おみやげ＆グルメ

海洋博公園×沖縄美ら海水族館アプリ
沖縄美ら海水族
館滞在中、GPS
をONにして「案
内モード」にす
ると、水槽の説
明やタイムリー
な話題をキャッ
チできる。最新
情報や音声ガイ
ド、混雑状況な
どもわかるので
便利。

かざす AI 図鑑
美ら海アプリ内の画面から「かざ
すAI図鑑」を起動し、スマートフォ
ンなど端末のカ
メラを水槽の生
物にかざすと、
瞬時に生物名と
解説が表示され
る。スタッフに
よるオリジナル
解説が表示され
ることも！

プログラム
公式HPでプログラムの実施時
間を調べ、あらかじめ見学スケ
ジュールを立てておきたい。屋外
施設の見学を上手に組み合わせ
るのがコツ。

レストラン＆カフェ
軽食も用意したカフェやオーシャ
ンビューのレストランがある。水
族館がある海洋博公園内には、
ほかにも軽食が食べられる複数
の飲食店がある。

館内設備
カフェやレストランのほかにも、
入口ロビーにはコインロッカー（有
料）を設置。授乳室は館内2カ所
にあり、給湯器付きの流し台やソ
ファも用意している。ベビーシー
ト付きのトイレも多い。館内は段
差を避けたバリアフリー対応な
ので、移動もスムーズ。
※ベビーカー、車いすはP7駐車
場1階に貸し出し所あり。（台数に
限りがあります。予約不可）

（水族館の周りでも海の生き物たちのサプライズが楽しめる）

国営沖縄記念公園（海洋博公園）
こくえいおきなわきねんこうえん（かいようはくこうえん）

MAP 付録 P.4 C-2

水族館周辺には、海の生き物展示施設が集中。イルカやウミガメ、マナティーなどの愛らしい生き物たちに会える。

沖縄美ら海水族館周辺

マナティー館
ウミガメ館
ショップ「ブルーマンタ」
総合休憩所（美ら海プラザ）
沖縄美ら海水族館
イルカラグーン
北ゲート駐車場(P7)
総合案内所（ハイサイプラザ）
オキちゃん劇場
※2024年2月現在閉鎖中
海洋文化館
中央ゲート南駐車場(P3)
熱帯ドリームセンター
熱帯・亜熱帯都市緑化植物園
Ｗ トイレ　Ｐ 駐車場

イルカショー

SCHEDULE
10:30／11:30
／13:00／
15:00／17:00
（約15分）

オキゴンドウやバンドウイルカたちが華麗な大ジャンプやユニークなダンスを披露。

海を背景にイルカショー
オキちゃん劇場
MAP 付録 P.4 C-2

イルカたちの運動能力を生かしたユニークなショーを無料で楽しめる。水中を観察できるプールもあり、イルカの生態についての解説が聞ける。🅟無料

※2024年2月現在、施設修繕のため閉鎖中。イルカショーはイルカラグーンで開催

●イルカ体験学習

イルカタッチやエサやり体験、飼育施設のバックヤード見学ができる。土・日曜、祝日のみ開催で、1カ月前からの事前予約制（公式HPで要確認）。
🅟1グループ1万円
（1グループ最大5人、小学生未満は不可）

SCHEDULE
9:15／16:00
各時間1組限定
（45分）

イルカを間近で観察
イルカラグーン
MAP 付録 P.4 C-2

イルカが間近で見られる。有料でエサやりもできる。🅟無料

●イルカ給餌体験

ラグーン上のデッキから、イルカのエサやりを体験。予約不要。
🅟エサ（1セット）500円。エサの販売は公式HPから購入可能

SCHEDULE
9:30／11:00／
13:30／15:30

●ウミガメ給餌体験

ウミガメ館のプール脇からウミガメにエサを与えることができる。
🅟500円。エサの販売は、ウミガメ館メインプール1階（屋外）

SCHEDULE
11:00／14:00
各回売り切れまで

産卵用の砂場もある
ウミガメ館
MAP 付録 P.4 C-2

ウミガメの泳ぐ姿を水上や地階の観覧室からじっくり観察できる。
🅟無料

➡ウミガメ5種を飼育

写真提供：国営沖縄記念公園（海洋博公園）・沖縄美ら海水族館

ACTIVITY

Okinawa

遊ぶ

息をのむほどに青く透き通った海、
神秘的な山々や森。
眺めているだけではもったいない。
自然のなかへ分け入って、
澄んだ水や空気に触れ、
そこに棲む生き物たちとの
遭遇を楽しみたい。

美しく雄大な
自然を
全身で感じる

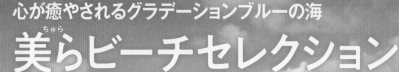

心が癒やされるグラデーションブルーの海
美らビーチセレクション

青い海と真っ白な砂浜、
そんな楽園のような景色を眺めながらゆったりと過ごしたい。
アクティブ派にはマリンスポーツもおすすめ。

サラサラの砂浜をの
んびり散歩するのも
おすすめ

本島北部
ほんとうほくぶ

沖縄美ら海水族館周辺の
とっておきビーチへ

Ⓔ 水納ビーチ
みんなビーチ

透明度抜群のきれいな海

水納島 **MAP** 付録P.4 B-3

周囲4kmほどの小さな水納島にある。
海は透き通るような美しさで、小さ
なビーチながら夏には観光客が多く
訪れる。アクティビティもあり。

☎0980-47-5572 所本部町瀬底
交本部の渡久地港から船で15分 P なし
遊泳期間 4〜10月 休期間中無休（荒天時
は遊泳不可の場合あり）
遊泳時間 9:00〜17:30（船の運航時間により
異なる）施設使用料 無料 設備 トイレ、
シャワー、更衣室、コインロッカー、売店、ビー
チパラソル（要予約）

➡真っ白な砂と透明度の高い海が魅力

Ⓑ 古宇利ビーチ
こうりビーチ

橋のたもとにある人気スポット

古宇利島 **MAP** 付録P.5 F-2

「恋の島」古宇利島の入口、古宇利大橋の
たもとに広がる人気ビーチ。海水浴を楽
しむ観光客や白浜を散策するカップルで
賑わう。夕日の眺めも美しい。

☎なし 所今帰仁村古宇利
交許田ICから約24km P100台（無料）
遊泳期間 4月下旬〜10月中旬 休期間中無休
遊泳時間 9:00〜18:00 施設使用料 無料
設備 トイレ、シャワー、更衣室、コインロッカー、売
店、ビーチパラソル

※設備利用には、別途料金がかかる場合があります。

沖縄ビーチの基本を知る

ビーチの種類

沖縄のビーチは、自然の浜をそのまま生かした天然ビーチ、砂を入れて整備した人工ビーチがある。ビーチの種類は、市町村が管理するパブリックビーチ、リゾートホテルが管理するプライベートビーチ、設備などがない自然のままの「いちゃんだ(無料)ビーチ」があるので、目的に合わせて選びたい。

ホテルビーチの利用法

ホテルが管理するプライベートビーチも、施設利用料を支払えばビジターも利用OK。整備が行き届き、監視員が常駐するなど安全面でも安心。ホテルならではのリゾート感あふれる雰囲気が満喫でき、最新のマリンアクティビティをはじめレストランやエステなどプラスアルファの楽しみも満載だ。

海水浴の期間は4〜10月

温暖な気候の沖縄だから一年中泳げると思われがちだが、管理されたビーチのほとんどは、海開きが行なわれる4月頃から10月頃までに遊泳期間が定められている。海開き直後は水温も低く、肌寒い日があるので要注意。梅雨が明けて夏本番に入る6月下旬〜9月上旬までが、海水浴のベストシーズン。

ビーチハウスの使い方

市町村が管理するパブリックビーチには、本土のビーチのように「海の家」がないが、シャワー、更衣室、トイレ、ロッカー、売店などが完備されたビーチハウスのような施設がビーチのほとんどにあるので、手軽に快適に海水浴が楽しめる。管理者によって利用条件や料金が異なるので、事前に調べておこう。

アクティビティを楽しむ

沖縄の美しい自然をとことん満喫するなら、リゾートアイランドならではのさまざまなアクティビティにチャレンジしてみよう! バナナボートやパドルボート、ダイビング、シュノーケル、パラセイリングなど、海上・海中・空の上から楽しめるプログラムが勢揃い。申込は、パブリックビーチやリゾートホテルのマリンカウンターほか、県内のマリンショップにて行う。事前予約が必要な場合が多いので、各ビーチやショップなどに問い合わせてみよう。

ビーチでパーティ?

沖縄の夏の恒例行事といえば「ビーチパーティ」。海辺で昼間からビール片手にバーベキューを楽しみ、泳ぎたい人だけ泳ぐというのが地元流。事前に予約すれば食材の準備から器材の貸し出しまでしてもらえ、手ぶらでバーベキューが楽しめるというビーチも多いので、沖縄スタイルで海を楽しんでみては?

`ホテルで受付`

Ⓐ オクマビーチ

オクマ プライベートビーチ & リゾート

⬆紺碧の海と大空が目の前一面に広がる

ACTIVITY

バナナボートでGO!
シュノーケリングツアー

海上で爽快感と海中の神秘的な世界を一度に楽しめる人気アクティビティ。約45分、1日5回催行。🈯大人(13〜60歳)4500円、子供(6〜12歳)3500円

エメラルドグリーンの海と白砂

`国頭` `MAP` 付録P.3 D-2

真っ白な天然の砂浜が約1kmも続く、ホテルのプライベートビーチ。周囲の自然を生かしたスケールの大きいリゾートが楽しめる。

☎0980-41-2222 🈁国頭村奥間913 🚗許田ICから約35km 🅿150台
`遊泳期間` 通年 `休`無休 `遊泳時間` 9:00〜18:00(季節により変動あり)
`施設使用料` 大人(13歳以上)1500円、子供(3〜12歳)1000円、宿泊客は無料
`設備` トイレ、シャワー、更衣室、コインロッカー、売店、ビーチパラソル

Ⓒ エメラルドビーチ

国営沖縄記念公園(海洋博公園)

絶景のなかで海水浴

`本部` `MAP` 付録P.4 C-2

伊江島を望む開放感たっぷりのロケーションと広さが魅力。

☎0980-48-2741(海洋博公園管理センター)
🈁本部町石川 🚗許田ICから約28km
🅿あり(海洋博公園駐車場利用)
`遊泳期` 4〜10月 `休`期間中無休
`遊泳時間` 海洋博公園HPで確認
`施設使用料` 無料 `設備`トイレ、シャワー、更衣室、コインロッカー(有料)、売店、ビーチパラソル(有料)

⬆沖縄美ら海水族館のある公園内に位置する

⬆海の透明度は沖縄県でも有数

Ⓓ 瀬底ビーチ
せそこビーチ

車で行ける離島ビーチ

`瀬底島` `MAP` 付録P.4 C-3

瀬底島の西側にあり、海の透明度の高さは離島ならでは。熱帯魚も多くシュノーケリングに最適。

☎0980-47-2368(管理事務所)
🈁本部町瀬底 🚗許田ICから約25km
🅿約250台(有料) `遊泳期間` 4月下旬〜10月下旬 `休`期間中無休
`遊泳時間` 9:00〜17:00 `施設使用料`無料
`設備` トイレ、シャワー、更衣室、コインロッカー、売店、ビーチパラソル

本島中・南部

ほんとうちゅう・なんぶ

那覇中心部からアクセス良好。
個性豊かなビーチ

遊ぶ ● 美らビーチセレクション

ホテルで受付
B 万座ビーチ

まんざビーチ

ANAインターコンチネンタル
万座ビーチリゾート

沖縄を代表するマリン王国

恩納 MAP 付録P.9 D-2

万座毛に臨み、ダイナミックな自然を
海中・海上から楽しめる。

☎098-966-1211　所恩納村瀬良垣
交屋嘉ICから約7km　P500台(有料)
遊泳期間 通年　休無休
遊泳時間 9:00～17:00(季節により変動あり)
施設使用料 500円(駐車料金に含まれる)
設備 トイレ、シャワー、更衣室、コインロッカー、
売店、ビーチパラソル

↑設備が整った、リゾートホテルのビーチ

ACTIVITY

サブマリン Jr. II

海中展望船に乗り、
色鮮やかなサンゴ
礁、熱帯魚を見る。
料3000円、12歳以
下2500円

ホテルで受付
D ルネッサンスビーチ

ルネッサンス リゾート オキナワ

エメラルドのプライベートビーチ

恩納 MAP 付録P.8 B-3

環境省の「快水浴場百選」特選ビー
チ。子どもから大人まで楽しめるメ
ニューが充実し、ファミリーに人気。

☎098-965-0707　所恩納村山田3425-2
交石川ICから約5km　P200台
遊泳期間 通年　休無休
遊泳時間 8:00～18:00(季節により変動あり)
施設使用料 3500円(宿泊客は無料)
設備 トイレ、シャワー、更衣室、コインロッカー、
売店、ビーチパラソル

ACTIVITY

ドルフィンプログラム

人懐っこいイルカたちとふれあえるプロ
グラム。浅瀬で遊ん
だり、一緒に泳いだ
り、癒やし度満点の
体験ができる。料
3000～9万3000円

↑30種以上のさまざまなマリンメニューを用意

↑こぢんまりとした天然の穴場ビーチ

A ミッションビーチ

外国のような雰囲気の空間

恩納 MAP 付録P.9 E-1

アメリカンスタイルのビーチで、プライベ
ート感たっぷり。

☎098-967-8802　所恩納村安富祖
交屋嘉ICから約12km　P100台(300円)
遊泳期間 4月下旬～10月　休期間中無休
遊泳時間 9:00～18:00　施設使用料 300円
設備 トイレ、シャワー、更衣室、売店、ビーチパラソル

ホテルで受付
C ムーンビーチ

ザ・ムーンビーチ ミュージアムリゾート

三日月形の天然ビーチ

恩納 MAP 付録P.8 C-3

南国の花や亜熱帯植物に囲まれたホテ
ルのビーチで、トロピカルムード満点。
マリンメニューも多彩。

☎098-965-1020　所恩納村前兼久
交石川ICから約4km　P350台(有料)
遊泳期間 通年　休無休
遊泳時間 8:30～18:00(時期により変動あり)
施設使用料 2000円　設備 トイレ、シャワー、更
衣室、コインロッカー、売店、ビーチパラソル

↑椰子の木や花々が南国ムード満点

　※設備利用には、別途料金がかかる場合があります。

F トロピカルビーチ

☝手ぶらでビーチパーティが可能

ぎのわん海浜公園

ビーチパーティのメッカ

宜野湾 MAP 付録P.13 E-1

宜野湾市の西海岸に位置し、気軽に立ち寄れる都市型ビーチ。

☎098-897-2759 🅟宜野湾市真志喜 🚊西原ICから約6km 🅿180台
遊泳期間 4月下旬〜10月 休期間中無休
遊泳時間 9:00〜19:00（変動あり）
施設使用料 無料
設備 トイレ、シャワー、更衣室、コインロッカー、売店、ビーチパラソル

E アラハビーチ

安良波公園

アメリカンなタウンビーチ

北谷 MAP 付録P.11 D-2

北谷町の安良波公園内。ビーチ周辺にはおしゃれな飲食店が集まる。

☝公園とひと続きの人工ビーチ

☎098-926-2680／11月〜4月上旬は098-936-0077(北谷地域振興センター)
🅟北谷町北谷 🚊北中城ICから約5km 🅿386台
遊泳期間 4月中旬〜10月 休期間中無休
遊泳時間 9:00〜18:00（季節により異なる） 施設使用料 無料
設備 トイレ、シャワー、更衣室、コインロッカー、売店、ビーチパラソル

H 美々ビーチいとまん

びびーちいとまん

一年中BBQが楽しめる

糸満 MAP 付録P.10 A-4

糸満市にあり、那覇から20〜30分の好アクセス。BBQのほか話題のマリンアクティビティも楽しめる。

☎098-840-3451 🅟糸満市西崎町 🚊豊見城・名嘉地ICから約7km 🅿620台（有料） 休期間中無休
遊泳期間 4月上旬〜10月
遊泳時間 9:00〜18:00(7・8月は〜19:00)
施設使用料 無料
設備 トイレ、シャワー、更衣室、コインロッカー、売店、ビーチパラソル

☝海を眺めながらバーベキューを

I あざまサンサンビーチ

南部屈指の大型ユニバーサルデザインビーチ

南城 MAP 付録P.10 C-3

知念半島の安座真港に隣接し、久高島などを望む。あずま屋や設備も整っていて、子ども連れも安心。

☎098-948-3521 🅟南城市知念安座真 🚊南風原北ICから約16km 🅿350台（有料）
🔆遊泳エリアが広く、アクティビティも充実
遊泳期間 4〜10月 休期間中無休
遊泳時間 10:00〜17:00(7・8月は〜18:00) 施設使用料 要相談
設備 トイレ、シャワー、更衣室、コインロッカー、売店、食堂、ビーチパラソル、水陸両用車椅子モビマット

G 豊崎美らSUNビーチ

とよさきちゅらサンビーチ

豊崎海浜公園

空港からいちばん近い

豊見城 MAP 付録P.10A-3

アウトレットモールなどがある豊崎に立地。那覇空港まで車で約15分なので、帰る前のひと泳ぎに◎。

☎098-850-1139 🅟豊見城市豊崎 🚊豊見城・名嘉地ICから約4km 🅿800台（有料）
遊泳期間 4〜10月 休期間中無休
遊泳時間 9:00〜18:00(7・8月は〜19:00) 施設使用料 無料
設備 トイレ、シャワー、更衣室、コインロッカー、売店、ビーチパラソル

☝展望台から水平線を一望。夕日も素晴らしい

世界屈指の透明度を誇る海を遊び尽くそう

ケラマブルーの海へ

慶良間シーカヤック&シュノーケリング
(けらま)

那覇から日帰りもできる、慶良間諸島。「ケラマブルー」と呼ばれる青い海が広がる。
カヤックの上から、海の中から美しい海を堪能しよう。

　世界中のダイバーが憧れる、透明度の高い海で知られる慶良間諸島。日本のサンゴの約6割がここに生息しているともいわれ、サンゴ礁が育む豊かな生態系が見られる。シュノーケリングはもちろん、夏は白いビーチでの海水浴、冬はホエールウォッチングも楽しめ、那覇から日帰りできる離島として、観光客の人気も高い。

　2014年には日本で31番目の国立公園として「慶良間諸島国立公園」にも指定され、注目を集めている。

SCHEDULE　所要5時間30分

10:00 ショップに集合。日によって開催時間が変わることもある。当日、那覇から参加する場合も、あらかじめ水着を着ておこう。

➡ショップは温水シャワー完備

10:20 まずはビーチでカヤックの講習を受ける。漕ぎ方や安全講習をしっかりレクチャーしてくれるので、初めてでも安心。

➡シュノーケルセットも無料レンタルできる

11:00 いよいよ阿真ビーチからカヤックで漕ぎ出し、無人島へ向けて出発！体力やレベルに合わせてガイドがコースを調整してくれる。

➡パドリングのコツをつかめば、すいすいと進む

↑すぐ近くで泳ぐ色とりどりの魚に感激

↑数十ｍ先まで見通せる透明度

↑潮が合えばウミガメに出会えることも

まるで浮いているような感覚に！

↑水族館で見るような風景が目の前に

慶良間シーカヤック＆シュノーケリング 1DAY ツアー

シーカヤックとシュノーケリングで座間味島の海が満喫できる人気の1日コース。無人島に上陸してたっぷり海遊び。運が良ければウミガメに会えることもある。

【料】1万3750円 【催行】通年 【所要】5時間30分（10:00～）
【予約】前日17時までに電話／メール／Webで要予約
【参加条件】4歳以上（12歳以下は大人の同伴が必要、65歳以上は要相談）
●ツアーに含まれるもの　シーカヤックとシュノーケル装備、ライフジャケット、防水バッグ、ランチ、ドリンク、ガイド、保険（冬はシュノーケルは選択制）

ケラマカヤックセンター

☎070-6488-7013
【所】座間味村座間味125-2　【営】9:00～18:00（冬季は～17:30）
【休】不定休　【交】座間味港から徒歩5分。那覇からのアクセスは、泊港からフェリーと高速船が運航。座間味島へのフェリーは1日1便、所要2時間。高速船は1日2～3便、所要50分

座間味島 MAP 本書 P.2 A-2

↑砂浜が美しい無人島に到着

ツアー参加の Q&A

Q 参加するときの服装・持ち物は？

A 水着、ラッシュガード・サーフパンツ、ビーチサンダルやマリンシューズなどの濡れてもいい服装で。日焼け止め・帽子などで日焼け対策も忘れずに。飲み物、タオル、帰りの着替え、また念のために保険証のコピーも持参しておくとよい。

Q 悪天候の場合は？

A 雨天・強風などでやむなく中止することも。中止の場合、前日の夕方か、当日朝8:20頃までに連絡がある。

Q 那覇から日帰りの場合、行き帰りはどうする？

A 船舶は、必ず始発の高速船、最終の高速船を予約しよう。満席になることもあるので早めに手配を。

11:30 透明度の高い海でシュノーケリングを楽しむ。慶良間の海を熟知したガイドがサンゴ礁や海の生き物に出会えるスポットをご案内。

↑シュノーケリングに最適な遠浅のビーチ

12:30 ランチは無人島でスタッフが作ってくれる。温かい沖縄そばが、遊び疲れた体にうれしい。

↑参加者に大好評の沖縄そば。午後に向けて、エネルギーチャージ！

13:00 出発まで島でのんびりしたり、もう1回潜ったり、たっぷり遊んで。ビーチまでの復路もカヤックで。ショップ到着は15:30～16:00頃。

↑カヤックの上からもサンゴや魚が見えることも

慶良間シーカヤック＆シュノーケリング

73

洞窟に入ると広がる幻想的な青の世界に感動!

神秘的に輝く青の美ら海

青の洞窟シュノーケル

**大人気のシュノーケル&体験ダイビングスポット。
自然の偶然が重なり合って生まれた魅惑のブルー
を見ずに美ら海は語れない。**

　その色を見たら誰でもとりこになってしまう「青の洞窟」。洞窟には太陽光線が海底に反射しながら差し込むため、まるで海底が光ってるかのような神秘的な雰囲気に包まれている。海を泳いで約15分で洞窟に行ける手軽さや、洞窟までの間にカラフルなサンゴや熱帯魚と遊べることで、年間通してシュノーケルと体験ダイビングを楽しむ人が絶えない。洞窟がある真栄田岬は本島のちょうど中間地点にあるため、旅の計画にも組み込みやすい。

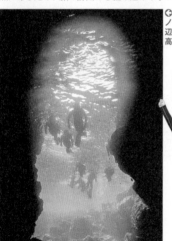

↻洞窟に向かうシュノーケル体験者。周辺の海域は透明度が高いことでも有名

水着以外は貸してもらえるので、気軽に参加できます!

▶ SCHEDULE　所要2時間30分

10:00 ショップに集合。申込書に記入後、マスクやフィンのサイズを合わせる。シュノーケルの注意点など安全講座もこのときに受ける。

↻各道具の使い方をしっかりレクチャーしてくれる

10:15 ショップから5分ほど歩いて青の洞窟がある真栄田岬へ。階段を下りると海はもう目の前。夏場は混みあうので譲り合って。

↻青の洞窟の入口は階段を下りてから右方向にある

10:30 サンゴや熱帯魚を眺めながら青の洞窟へ。洞窟の奥に岩場があり、疲れた人はここで休憩を。ここから見える海の色もきれい。

↻岩場は暗いうえにゴツゴツしているので細心の注意を払って

海底がライトアップされたかのような不思議な洞窟内は半径約5mと広くはない

ツアー参加のQ&A

Q 参加するときの服装・持ち物は？

A 水着は着用で。マリンブーツ、マスク、フィン、ライフジャケットなど軽器材一式とバスタオルは無料で貸し出し。ウェットスーツも年中貸してくれる。夏は日焼けなどから肌を守るため長袖のラッシュガード着用がおすすめ。帰りの着替えを忘れずに。

Q 悪天候の場合は？

A 基本的には雨天決行。海洋状況が悪い場合はツアー内容に変更も。変更の場合、参加時間の2時間前までに連絡あり。

Q 那覇から日帰りの場合、行き帰りはどうする？

A 送迎は周辺エリア限定なので、那覇から行く場合はレンタカーが便利。高速道路を利用して約1時間とそれほど遠くない。

↷洞窟内の海水のブルーは、天気や時間帯によってさまざまに変化する

青の洞窟シュノーケル

青の洞窟を手軽にたっぷり満喫できる初心者向けコース。泳ぎに自信がない人でも、ガイドがサポートしながら案内してくれるので安心して楽しめる。

料 4800円　**催行** 通年（雨天決行）
所要 2時間30分（8:00／10:00／13:00／15:00）　**予約** 当日予約は電話受付／事前予約はWebからも可能　**参加条件** 6歳以上64歳未満（60歳以上は医師の診断書が必要）
● ツアーに含まれるもの　軽器材一式、バスタオル、飲み物、保険、施設利用料、水中デジタルカメラ

マリンクラブ ナギ

☎ 098-963-0038
恩納 **MAP** 付録P.8 B-3
所 恩納村山田501-3　**営** 7:30〜17:00　**休** 無休　**交** 石川ICから約7km　**P** あり（20台）

10:45 神秘的なブルーに輝く洞窟内でのシュノーケルは感動間違いなし。海底を泳ぐダイバーから出される泡も光にキラキラ輝いて素敵。

↷早朝は訪れる人が少なく、水質がクリア

11:00 約10分間、洞窟内を楽しんだら帰路へ。洞窟の外の海ではたくさんの熱帯魚が再び出迎えてくれて、最後まで海遊びを満喫。

↷人慣れした熱帯魚が、すぐ近くまで寄ってくることもある

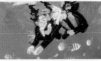

青の洞窟シュノーケル

75

コバルトブルーの海に浮かぶ、手つかずの楽園に癒やされる

無人島に渡る

数ある離島のなかでも、
ありのままの大自然が満喫できることで
人気なのが無人島。
海と空がどこまでも広がる
秘境リゾートへ。

ナガンヌ島

ナガンヌとう

慶良間諸島 **MAP** 本書P.3 F-2

那覇から船でわずか20分、
慶良間諸島の最も東側に、
美しい白い砂浜に囲まれ
た島がある。

那覇市から西に15km、慶良間諸島
入口に浮かぶ小さな島。島全体がコ
ーラルサンドと呼ばれる純白の砂浜
に覆われ、青く澄んだ海に美しく映
える。各種マリンスポーツに加え、
シャワーやダイニングなどの設備が
揃い、滞在中の快適さは抜群。

←←↑世界でも有数の
透明度の高さを誇り、
魚の姿もはっきりと
見られる。ぜひとも
ボートシュノーケリ
ングなどに参加したい

日帰り（海水浴）プラン

半日滞在できるスタンダードなプ
ラン。より長く滞在したい人には
宿泊できるプランもおすすめ。

料日帰り5800〜7400円（シーズンにより変
動あり）、別途環境協力金100円（バーベ
キュー、マリンアクティビティは別料金）
催行4〜11月（雨天決行）所要6時間
予約前日までに電話（予約専用：098-860-
5811）、またはナガンヌ島のHP（www.
nagannu.com）で受付（満員になり次第締
切）参加条件特になし ●ツアーに含ま
れるもの 昼食（GW、7〜9月のみ）

とかしき

☎098-860-5860
那覇 **MAP** 付録P.14 C-2
所那覇市泊3-14-2 営8:00〜17:00
休無休 交ゆいレール・美栄橋駅から徒
歩15分 Pなし

↑沖に出て楽しむボートシュノーケ
リングツアー。6歳から参加できる

"ナガンヌ"は通称で、沖縄方言で「細長いもの」という意味。正式には慶伊瀬(けいせ)島という

コマカ島

コマカじま

南城 **MAP** 本書P.3F-3

本島南部の沖合2kmに位置する島。その美しさとアクセスの気軽さから、夏には多くの人で賑わう。

知念岬と久高島の間に位置するコマカ島は、周囲800mほどの小さな無人島。ビーチからサンゴ礁が見られるほど透明度の高い海と、白く細かい砂浜で知られ、その美しさに魅了されてリピーターになる人も多い。ビーチの近くでは多くの熱帯魚が泳ぎ、シュノーケリングで珍しい魚たちとふれあうのも楽しい。

SCHEDULE

所要6時間

8:50 出航の30分前にはツアーの集合場所へ。20分ほどでナガンヌ島へ到着。

9:20 滞在中フリータイムは海水浴のほか、オプションでシュノーケリングやパラセーリングに参加して、美しい海を大満喫!

⤴パラセーリングで空中散歩へ

ダイニングテラスで海を眺めながらバーベキュー(3500円〜)! ランチのあとはまたフリータイム。

14:50 帰る前にパームハウス内のシャワールームを利用しよう。さっぱりしたら、帰りのフェリーに乗船し泊港へ。

⤴ゆっくり歩いても15分ほどで一周できる小島

SCHEDULE

所要6時間

9:15 知念海洋レジャーセンターから定期船で15分。島に到着したら、まずはフリータイムの海水浴を楽しむ。

11:00 1時間のシュノーケリング教室に参加。スタッフがていねいに教えてくれるので、初心者でも安心。

⤴魚たちに餌付けしながら泳いでいく

13:00 10人乗りのバナナボートにチャレンジ! スピードが乗ってきたら、振り落とされないように気をつけて!

15:15 帰りの定期船で港へ。レジャーセンター近くには海の家が2軒あり、有料でシャワーと更衣室が利用できる。

⤴⤴梅雨頃から秋にかけて渡り鳥のアジサシが産卵に来ることでも知られる(上)。レジャーセンター内の売店で、マリングッズもレンタル可(右)

コマカ無人島 送迎コース

上陸の際に足元が海に浸かるので、濡れてもよい服装で訪れよう。また、島にはトイレしかなく、飲み物や昼食など必要なものは持参していく(パラソルはレンタルも可)。

🎫送迎船往復3000円(7・8月は3500円、変更の可能性あり) ※マリンアクティビティは別料金。事前にアクティビティと送迎船がセットになったコースに申し込むことも可能 🕐運行通年(海況により中止の場合あり) ⏱所要15分(片道) 📅予約不要 📋参加条件特になし

知念海洋レジャーセンター

☎098-948-3355 南城 **MAP** 付録P.10C-3
📍南城市知念久手堅676
🕐9:00〜17:30(10〜3月は〜17:00) 休無休
🚗南風原南ICから約16km 🅿70台

無人島に渡る

ブリーチと呼ばれるクジラの大ジャンプ。ホエールウォッチングで最大の見せ場

冬の美ら海を訪れる巨大クジラに会いに行く

クジラが跳ぶ海へ

ホエールウォッチング

冬の慶良間諸島近海に、出産・子育てのためにザトウクジラが集結。
全長12m前後、体重25tからなる巨体が繰り出す迫力満点のパフォーマンスに大興奮!

毎年1～3月になると沖縄はホエールウォッチングのシーズンが到来。本島と慶良間諸島の間の海峡を中心に、出産・子育てのためにザトウクジラが何千kmも離れた北の寒い海域から暖かい沖縄周辺の海域に帰ってくる。ツアーでは回遊するクジラを見学。運が良ければ、クジラは遊泳の合間に巨大な尾びれや胸びれを見せてくれたり、水面を豪快にジャンプするなど、ダイナミックなパフォーマンスでツアー客を楽しませれくれる。

ブロウと呼ばれるクジラの呼吸。いわゆる潮吹き。虹がかかって見えることも

SCHEDULE 　所要2時間

10:00 当日、那覇から参加する場合は船で座間味島へ。座間味港のターミナル内で乗船前にツアー中の諸注意などを教えてもらう。

↑クジラの生態などについての説明もここで

10:30 座間味港を出発。事前情報でクジラが出現した位置へ向かう。クジラはつねに移動するため、発見まで時間を要することも。

12:30 たっぷりクジラの観賞を楽しんだら再び座間味港へ戻る。

↑クジラを発見したら他の船と譲り合いながらそばへ

78

↑尾びれを高く持ち上げて水面に激しく叩きつけるテイルスラップ

那覇から日帰り可

ボートウォッチング

ホエールウォッチング協会の人たちが、島の山頂にある展望台から事前にクジラの位置を確認するため、高い確率でクジラに遭遇できるのがうれしい。船は世界有数の透明度を持つ座間味島の港から出発。島周辺の海の美しさも要チェック。

料6600円 催行1月上旬～3月 所要2時間(10:30/13:00)
予約前日17時までに電話／メール／FAXで要予約
参加条件妊婦不可、乳児は海の状況によっては参加不可
●ツアーに含まれるもの　乗船料、保険、ライフジャケット

座間味村ホエールウォッチング協会

☎080-8370-1084　座間味島 MAP 本書P.2 A-2
所座間味村座間味地先1　営8:00～17:00(催行期間のみ)
休不定休 交座間味港から徒歩5分。那覇からのアクセスは、泊港からフェリーと高速船が運航。座間味島へのフェリーは1日1～2便、所要1時間30分。高速船は1日2～3便、所要50分

ツアー参加のQ&A

Q 参加するときの服装・持ち物は？

A 水しぶきがかかることがあるのでレインコートなどを用意。防寒着も準備しておきたい。ライフジャケットは安全のため着用義務があるので必ず着けること。波があると船酔いしやすいため、自信がない人は事前にエチケット袋をもらおう。

Q 悪天候の場合は？

A 波が高い日や極端に悪天候の日は中止することも。催行するかどうか、当日朝8:30頃までに電話で確認を。

Q 那覇から日帰りの場合、行き帰りはどうする？

A 船舶は、必ず始発の高速船を予約しよう。帰りはフェリーか高速船を選択。満席になることもあるので早めに手配しておこう。

サンセットや朝日を眺めながらウォッチング

朝日が昇る早朝や夕日が沈むタイミングに合わせて出航。日中のホエールウォッチングと異なり、朝日や夕日でオレンジ色に輝く海でクジラを観賞。催行人数2名以上。

↑朝日や夕日をバックにクジラがジャンプする姿は感動的

サンセットウォッチング

所要2時間(16:30～18:30)　料7700円

早朝ウォッチング

所要2時間(7:30～9:30)　料7700円

すぐ目の前に現れるクジラ。スケールの大きい音や水しぶきに興奮しっぱなし

ホエールウォッチング

79

巨大な海上生け簀を回遊する
ジンベエザメの迫力に大興奮!

日本でも珍しい
海上生け簀で
ジンベエザメを見
られるのは沖縄
ではここだけ

船底にガラス
窓がついたグラ
スボート。泳げな
くても楽しめる

神秘の巨大ザメを見る!

ジンベエザメ シュノーケル

読谷村の沖合にある海上生け簀の中で、巨体を揺らしながら
泳ぐ雄大な姿を約2mの近さから観察できる。

魚としては世界最大の大きさを誇るジン
ベエザメを間近で見られることで人気のツア
ー。主に熱帯や温帯に生息するジンベエザメ
は動きがゆるやかで性格も非常に温厚。人を
襲うこともなく、安心してシュノーケルが楽
しめる。シュノーケルに自信がない人にはグ
ラスボートがおすすめだ。

❤手の届きそうな位置にいる憧れのジンベエザメ

● SCHEDULE ●

所要2時間30分

10:30 ショップに集合。申込書に
記入後、シュノーケルのや
り方をスタッフがていねい
に教えてくれるので安心。

11:00 ショップのある都屋漁港を
出発。専用の船で海上生け
簀のあるポイントまで約
5〜10分の船旅を楽しもう。

11:15 ポイントに着いたらスタッフ
の指示に従いながら海へ。
ついにジンベエザメとご対
面。潜水は約30〜40分間。

12:15 都屋漁港に戻る。ショップ
に併設されたシャワーで海
水をしっかり流そう。着替
えが終わったら解散。

ジンベエザメ
シュノーケル

ジンベエザメをシュノーケルでたっぷり
満喫する人気ツアー。想像を超えるダ
イナミックな姿に興奮が止まらない。
料9300円 催行通年(雨天決行) 所要2時間30
分(8:30／10:30／13:00／15:30) 予約前日
18時までにメール／FAXで、もしくは3日前ま
でにWebで要予約 参加条件6歳以上、小学生
以下は保護者同伴。中学〜未成年は親権者承諾
書、60歳以上75歳未満は医師の診断書が必要
●ツアーに含まれるもの 体験料、講習料、必
要器材一式、乗船料、保険料

トップマリン残波店

☎098-956-0070
読谷 MAP 付録P.8 A-4
所読谷村都屋33 読谷村漁業協同組合内B1
営8:00〜18:00 休無休 交沖縄南ICから
約15km P100台

遊ぶ●アクティビティ

80

イルカと遊ぶ、イルカと泳ぐ。海のアイドルが最高の旅をつくってくれる!

思いがけない感動を味わうひととき

愛くるしい表情と人懐っこい性格のイルカがプレゼントしてくれる幸せなひととき。人との会話を楽しむかのように言葉や動きに多様な反応をするイルカにたっぷり甘えちゃおう。

もとぶ元気村のドルフィンプログラム

イルカとふれあえる6種類のドルフィンプログラムを用意。そのほか、バナナボートやカヌーなどの海遊びを満喫できるマリンプログラムや、三線や紅型など沖縄の伝統文化を体験できる文化体験施設など、充実の体験メニューが揃う。

もとぶ元気村 もとぶげんきむら

☎0980-51-7878 本部 MAP 付録P.4 C-2

所 本部町浜元410 開 8:00～18:00 休 無休 交 許田ICから約27km P 60台

ドルフィンエンカウンターS(スイムプラス)

イルカと遊び、泳げるプログラム。レクチャーのあとにイルカと海の中でふれあえる。

料 1万6000円 催行 通年 所要 50分(10:00/13:00) 予約 30分前までに要受付(事前予約制) 参加条件 0歳以上で足のつかない場所で泳げる(未就学児は保護者同伴、有料)

身長110cm以上なら、背びれにつかまり泳げる

ドルフィンエンカウンター

ゲームをしながらイルカの生態を学んだり、膝まで水に入ってイルカとのふれあったりできる。

料 8000円 催行 通年 所要 50分(11:00/14:00/15:00) 予約 20分前までに要受付(事前予約制) 参加条件 0歳以上(未就学児は保護者同伴、有料)

泳がなくてもイルカとふれあえるのが好評

もぐもぐピクニック

リクガメ、ウミガメ、イルカにごはんがあげられるプログラム。食べ方の違いなどを観察。

料 4000円 催行 通年 所要 40分(9:30/13:00/15:30) 予約 20分前までに要受付(事前予約制) 参加条件 0歳以上(未就学児は保護者同伴、有料)

動物によって食べ方が違うのが興味深い

おはようドルフィン

毎朝行われているイルカたちの健康チェックの様子を間近で見学できるプログラム。

料 1000円 催行 通年 所要 20分(8:30) 予約 10分前までに要受付(事前予約制) 参加条件 0歳以上(未就学児は保護者同伴、有料)

ドルフィンウォーキングツアー

イルカたちの部屋へ行き、自由時間を間近で観察できる見学プログラム。

料 1500円 催行 通年 所要 20分(10:30/16:00) 予約 15分前までに要受付(事前予約制) 参加条件 0歳以上(未就学児は保護者同伴、有料)

水面に近づくとイルカが顔を出してくれる

スマイルドルフィン

イルカについて学んだあと、海に入らずにイルカとふれあえる。

料 5500円 催行 4～6月、9～3月 所要 30分(12:00) 予約 20分前までに要受付(事前予約制) 参加条件 0歳以上(未就学児は保護者同伴、有料)

イルカのかわいい表情を間近で見られる

マリンアクティビティ
ホテルビーチの快楽

ホテルのマリンメニューを利用すれば、手軽にさまざまな
アクティビティが楽しめる。ホテルの宿泊客でなくても体験可能。

フライングジェットボード
水上に跳び上がる瞬間はドキドキ

水上バイクから水を噴射
し、その水圧で海上に跳
び立つ。近年開発された
新感覚のスポーツとして
人気が高い。

難易度 ★★★★★

写真提供
ザ・ムーンビーチ
ミュージアムリゾート

パドルボード
ゆったりのんびり海上散歩

ボードの上に立ち、パ
ドルを漕いで海上を進
んでいく。海をはるか
に見渡しながら、マイ
ペースに楽しみたい。

難易度 ★★★★★

写真提供
ANAインターコン
チネンタル万座ビ
ーチリゾート

バナナボート
激しい水しぶきとスピードが魅力

チューブ型のボートに
乗り、水上バイクなど
に引っ張られて猛スピ
ードで滑走。海に落ち
そうで、スリル満点！

難易度 ★★★★★

写真提供
ルネッサンス リゾート
オキナワ

マリンアクティビティ料金表

施設		連絡先・アクセス	遊泳情報
ANAインターコンチネンタル 万座ビーチリゾート 恩納 MAP 付録P.9 D-1		☎098-966-1211 所恩納村瀬良垣2260 交屋嘉ICから 約7km P500台(有料)	遊泳時間 9:00～17:00(変動あり) 遊泳期間 通年 休無休 施設使用料 500円 (駐車料金に含まれる)
ルネッサンス リゾート オキナワ 恩納 MAP 付録P.8 B-3		☎098-965-0707 所恩納村山田3425-2 交石川ICから 約5km P200台	遊泳時間 8:00～18:00(変動あり) 遊泳期間 通年 休無休 施設使用料 3500円(宿泊客は無料)
ザ・ムーンビーチ ミュージアムリゾート 恩納 MAP 付録P.8 C-3		☎098-965-1020 所恩納村前兼久1203 交石川ICから 約4km P350台(有料)	遊泳時間 8:30～18:00(変動あり) 遊泳期間 通年 休無休 施設使用料 1000円(宿泊客は無料)
オクマ プライベートビーチ＆リゾート 国頭 MAP 付録P.3 D-2		☎0980-41-2222 所国頭村奥間913 交許田ICから約 35km P150台	遊泳時間 9:00～18:00(変動あり) 遊泳期間 通年 休無休 施設使用料 大人(13歳以上)1500円・ 子ども(3～12歳)1000円、宿泊者は無料
カヌチャリゾート 名護 MAP 付録P.7 E-1		☎0570-018880 所名護市安部156-2 交宜野座ICか ら20km P300台	遊泳時間 9:00～18:00 遊泳期間 4～10月 休期間中無休 施設使用料 1650円(宿泊客は無料)
ホテル日航アリビラ 読谷 MAP 付録P.8 A-4		☎098-982-9622 (ニライビーチ管理組合) 所読谷村儀間600 交沖縄南ICから約 18km P250台(有料)	遊泳時間 9:00～18:00(変動あり) 遊泳期間 通年 休無休 施設使用料 一部有料

※各アクティビティの名称は、ホテルによって異なる場合があります。　※料金は宿泊者とビジターで異なる場合があります。
※アクティビティの実施期間・時間は、ビーチの遊泳期間・時間と異なる場合があります。事前にホテルにご確認ください。

パラセイリング

大空に浮かび、青い海面を望む

船でポイントまで行き、パラシュートを開いて船上から空に舞い上がる。上空から眺める海と空は息をのむほどの絶景だ。

難易度 ★★★★★

写真提供
ルネッサンス リゾート
オキナワ

マリンウォーカー

気軽に楽しむ水中散歩

化粧をしたまま、めがねをかけたままで楽しめる水中散歩。カラフルなたくさんの熱帯魚と戯れよう。

難易度 ★★★★★

写真提供
オクマ プライベートビーチ
＆リゾート

水中を泳ぐ魚が
見えることも

水中観光船／グラスボート

手軽に海中をのぞける

ボートの底などがガラスになっていて、乗っているだけで海中が眺められる。

難易度 ★★★★★

写真提供
カヌチャリゾート

シーカヤック／カヌー

シンプルな装備で、大海原を漕ぎ進む。水面からの距離が近いので、海中をじっくりと眺めることができる。

難易度 ★★★★★
写真提供 オクマ プライベートビーチ＆リゾート

マリンウォーカー	フライングジェットボード	シーカヤックカヌー	パラセイリング	バナナボート	パドルボード	水中観光船グラスボート
なし	なし	60分 6500円〜（時期・実施場所により異なる）	なし	10分 2500円〜（時期により異なる）	60分 6500円〜（時期により異なる）	30分 3000円
なし	なし	30分 1100円（2名1艘の料金）	60分 8800円	10分 1000円	60分 4400円（5〜9月）	40分 3000円
なし	30分 7700円（2回目以降は20分 5500円）	60分 7700円（2名1艘の料金）	なし	10分 2420円	なし	20分 2200円
60分 8800円	なし	30分 2500円	なし	5分 1800円（子ども3〜12歳は1500円）	30分 2500円	40分 3000円（子ども6〜12歳は2000円）
なし	20分 7700円〜	90分1万1000円（子どもは5500円、ピクニックツアーでの実施）	60分 7700円（乗船のみの場合は2200円）	10分 2200円	なし	30分 3080円〜（子どもは2530円〜）
なし	なし	30分 1500円（1名1艘の料金。2名1艘は2000円）	なし	10分 1800円	30分 3000円〜	20分 2000円〜

やんばるの大自然がまるっと凝縮

亜熱帯の森を冒険する旅

慶佐次川マングローブカヌー

国の天然記念物にも指定されている慶佐次川河口に広がる
マングローブの中を、カヌーを使ってかき分けながらゆっくり体感。

遊ぶ●アクティビティ

⬆️海水と真水が混じり合う河口汽水域に分布するマングローブは独特の根が特徴

SCHEDULE 所要2時間 ※10時スタートの場合

9:30 ショップに集合。潮の高低差によって時間が変わる。当日、スタート時間が早い場合は、濡れてもよい服装で行こう。

10:00 ショップで申込が終わったら、カヌーの漕ぎ方や進行方向の変え方などの講習。ガイドがていねいにレクチャーしてくれる。

➡️事故防止のためライフジャケットは必ず着用する

10:15 最初はゆっくりと漕ぎながらパドリングの練習。コツをつかんできたらスピードを上げて片道約45分の冒険ツアーへGO！

➡️カヌーのすぐそばを魚が横切ることも

ツアー参加のQ&A

Q 参加するときの服装・持ち物は？

A カヌーに乗るときや漕いでいるときに水しぶきが飛ぶので濡れてもよい服装で。着替えとタオルを忘れずに。サンダルでもOK。ツアー中、水面から反射する日差しが強烈なときがあるため日焼け止めと帽子も用意を。女性は薄手の長袖着用が望ましい。

Q 悪天候の場合は？

A 水深の浅い河口付近でのツアーのため潮の満ち引きによって開始時間が日々異なるので注意。申込時に必ず確認しよう。

Q 那覇から日帰りの場合、行き帰りはどうする？

A 那覇から高速道路を利用して2時間、許田ICから1時間かかる。曲線の多い山道を走るので時間にゆとりをもって出かけたい。

沖縄本島最大規模のマングローブが生育する慶佐次川河口をリバーカヌーに乗って遡るプチ冒険ツアー。カヌーは安定感抜群なので初心者でも簡単に操作できるのが魅力。また海と違って波がないため、穏やかな水面をのんびり漕ぎ進めながら亜熱帯の自然を堪能できる。不思議な形状の呼吸根が密集したマングローブの根元には、ミナミトビハゼやシオマネキなどここならではの生物も豊富なので見逃さずに観察しよう。

↑上流に行くにつれ徐々に川幅が狭くなる慶佐次川。マングローブとの距離も近くなる

↑自分のペースでのんびりパドルを漕ごう

うちのショップは地元出身のガイドが多いのが自慢です。地元ならではの小話を交えながらご案内いたします。

東村出身のガイド、宮城さん。やんばるの自然に対する造詣が深く、地元愛に満ちた姿勢は爽やかで気持ちがいい

↑カヌーは乗り降りするときがいちばん不安定になりやすいのでゆっくりと確実に

慶佐次川マングローブカヌー

亜熱帯特有のマングローブをカヌーで体験できる2時間コース。時間がなくても気軽に楽しめると好評。パドルが水をかく音と野鳥の声だけが響く癒やしのひととき。

(料)5500円、子供4500円、幼児3000円 ※1名で参加の場合、追加料金3000円 (催行)通年(雨天催行) (所要)2時間(満潮時のみ催行) (予約)前日17時までに電話／Webで要予約 (参加条件)3歳以上

(有)ツアーに含まれるもの ライフジャケット、パドル、カヌー、保険

やんばる自然塾

☎0980-43-2571 東 **MAP** 付録P.3 D-4
(所)東村慶佐次82 (受)8:30〜17:00(電話受付)
(休)無休 (交)許田ICから約27km (P)15台

⊕往路は、途中の遊歩道まで渓流を歩いていくこともできる（選択可能）

生命の鼓動に満ちた亜熱帯の原風景

森の奥の滝を目指して

ひじおおたき
比地大滝渓流トレッキングツアー

落差約26m、本島最大の落差を持つ比地大滝と
その清流がつくり出す深緑の世界に溶け込む。

遊ぶ●アクティビティ

　本土では見慣れない亜熱帯の動植物たちとの出会いを
楽しみながら、いちばん奥にある比地大滝を目指すネイチ
ャーツアー。遊歩道が整備されていて歩きやすく、片道約
45分の道のりは快適。滝の周辺はマイナスイオンが漂い、
心地よい疲労感を癒やしてくれる清涼感に包まれている。

こんな生き物たちに出会いました

キノボリトカゲ
道中の木で見かけるトカゲ。幹でじっとしている

ハナサキガエル
清流周辺に生息し、生体数が減っている貴重なカエル

オオカサマイマイ
横から見ると平べったい殻を持つカタツムリの一種

⊕途中に吊り橋や岩場など、やんばるの自然を楽しめる見せ場がたくさん

比地大滝渓流トレッキングツアー

清流と並行する遊歩道を歩きながら滝を目指す初心者向けの
ジャングル散策コース。周辺には23種の天然記念物が生息。
（料）6000円 （催行）通年（軽い雨天なら決行）（所要）3時間 （予約）前日18時
までに電話／メール／Webで要予約 （参加条件）小学生以上
●ツアーに含まれるもの　ガイド料、保険料、環境協力金
（集合場所）比地大滝キャンプ場入口（国頭 MAP 付録P.3 E-3）

やんばるエコツーリズム研究所

☎0980-41-7966
（所）国頭村安田248-1 （営）9:00〜18:00（電話受付）
（休）無休 （交）許田ICから約37km

ツアー参加のQ&A

Q 参加するときの
服装・持ち物は？

A 滝までは雨などで濡れている
ことも多いので、歩きやすい
履き慣れた運動靴で。渓流に入る人
はウォーターシューズ。ともにサン
ダルはNG。夏は蚊が多いので薄手
の長袖があると便利。熱帯林の中は
蒸し暑く、汗をかきやすい。飲み物
を必ず持参したい。

Q 悪天候の場合は？

A 雨天・強風などでやむなく
中止することもある。中止
の場合は、前日の夕方18時まで
に連絡してくれる。

Q 那覇から日帰りの場合、
行き帰りはどうする？

A 集合場所の比地大滝キャン
プ場入口までは、那覇から
高速道路を利用して車で2時間、
許田ICから1時間かかる。

太古から変わらぬ姿で流れる
やんばるが誇る美しい滝

比地大滝
ひじおおたき

国頭 **MAP** 付録P.3 E-3

週末は観光客以外に県民や外国人で
も賑わう人気スポット。歩きやすさ
と滝までの適度な距離がうれしい。

☎0980-41-3636 🏠国頭村比地781-1
🕐9:00～18:00（入場は～16:00）11～3月
9:00～17:30（入場は～15:00）🈺無休
💴500円、子供300円 🚗許田ICから約
37km 🅿120台

比地大滝渓流トレッキングツアー

↑轟音を立てて、ダイナミックに
水が流れ落ちる様子は圧巻の迫力

SCHEDULE 所要3時間

9:00
比地大滝キャンプ場入口に集合。
亜熱帯の森をトレッキングするう
えでの注意点を教えてもらう。
13時からのコースもある。

9:15
いざ出発。往路はやんばる特有の
生態の説明を聞きながらゆっくり
散策するため、通常片道約45分
の道を2時間近くかけて歩く。

10:00
途中で比地川の渓流に入って、水
遊びしながら川を遡る。夏場はひ
んやりとした清流の水がほてった
体に気持ちいい。

➡歩きなが
らけがをし
ないように
注意

11:00
念願の比地大滝に到着。滝を眺
めながら約15分間の休憩。深呼
吸してマイナスイオンをいっぱい
吸い込もう。復路は約45分。

➡吹き抜け
るそよ風が
心地よい

美ら海展望台ステージからの絶景。先端に辺戸岬、遠くに鹿児島県の与論島が一望できる

琉球王朝時代から伝わる神々に守られた森
本島最北端のパワスポ巡り

遊ぶ●アクティビティ

大石林山ガイドウォーク
だいせきりんざん

多くの聖地が残る沖縄本島最北端の地で、熱帯カルスト地形がつくり出す奇岩巡り。

　沖縄本島最北端にある辺戸岬を見守るようにそびえ立つ安須杜の山々。2億5000万年の歳月をかけて形成された熱帯カルスト地形には40を超える聖地（拝所）があり、沖縄でも屈指の神聖な場所。園内は安須杜内にあり、奇岩や熱帯林、海の眺望を楽しめる自由散策コースが設定されている。

ツアー参加のQ&A

Q 参加するときの服装・持ち物は？

A バリアフリーコースを除くと未舗装の道が多いので、歩きやすい靴を履いていこう。

Q 那覇から日帰りの場合、行き帰りはどうする？

A 那覇から高速道路を利用して車で2時間30分、許田ICから1時間30分かかる。長時間ドライブになるので注意。

↑女性特有の病気にご利益があるといわれる骨盤石

↑専門ガイドが聖地をひとつひとつ詳しく説明してくれて、初心者でも楽しめる

↑石林の壁。天上界と地上界の神が交わる場所。パワーストーンが開運と成功繁盛をもたらすといわれている

北部の自然に宿るパワーを堪能できるテーマパーク

大石林山
だいせきりんざん

国頭 **MAP** 付録P.3 E-1

園内はパワースポットに興味がなくても楽しめる自然の魅力がいっぱい。点在する奇岩群は一見の価値あり。

☎0980-41-8117　所国頭村宜名真1241
時9:30～16:30(17:30閉園)
休無休　料1200円
交許田ICから約55km　P85台

↑生まれ変わりの石。3回くぐると生まれ変わると伝えられる

スピリチュアルツアー

美ら海展望台コースの不思議体験ポイントやパワースポットを専門ガイドが同行しながら散策。

料4500円　催行通年　所要約2時間30分(13:00)
予約前日17時までに電話で要予約（予約連絡先は、上記「大石林山」）
参加条件特になし　●ツアーに含まれるもの　入山料、ツアーガイド料

大石林山散策コース

生まれ変わりの石
骨盤石
守り猫
石林の壁
美ら海展望台ステージ
烏帽子岩
悟空岩
御願ガジュマル
夫婦岩
立神の大岩
鍋池
猪垣
精気小屋
ソテツ群落
アガリメー
縁結びの岩
家畜小屋跡
沖縄石の文化博物館
チケット売り場

A.奇岩・巨石コース
B.美ら海展望台コース
C.バリアフリーコース
D.ガジュマル・森林コース

歩く・観る

亜熱帯の森や、
橋を渡り継いで行く小さな島々。
琉球王国の面影が残る城や聖地、
戦争にまつわる史跡。
北から南まで、点在する名所を訪ねて
見えてくるのは、独特の地理や
歴史とともに歩んできた沖縄の姿。

南国の風に
吹かれながら、
島の名所巡り

県下随一の繁華街や、歴史薫る城下町

那覇・首里
なは・しゅり

那覇空港のある、沖縄県の玄関口・那覇市。
ショップや飲食店がひしめく国際通りや
首里城公園など、訪れたいスポットが満載。

歩く・観る●那覇・首里

↑「国際通り」の名は、第二次世界大戦後に開館した映画館「アーニーパイル国際劇場」に由来する

那覇のメインストリート

街歩きは国際通りから。

沖縄みやげを買うなら、まずはここをチェック。
通り沿いには沖縄らしいグッズが買えるショップや
食事やお茶が楽しめる飲食店がずらりと並ぶ。

沖縄観光に欠かせない繁華街
賑やかな通りでショッピング

「奇跡の1マイル」とも呼ばれる約1.6kmの通り。第二次世界大戦で焼け野原となったが、戦後めざましい発展を遂げ、復興の象徴としてそう呼ばれている。現在は沖縄みやげを販売する商店が軒を連ね、沖縄に来たらまずは立ち寄りたいスポット。最近では免税対応店も増えたことから、外国人観光客にも人気。

食べてよし、使ってよしの
マルチな雪塩アイテム

雪塩さんど 国際通り本店 Ⓐ
ゆきしおさんどこくさいどおりほんてん

MAP 付録P.16 B-3
宮古島の自然の恵みが詰まった「雪塩」を使ったお菓子が揃うアンテナショップ。雪塩さんどをはじめ、雪塩ふわわや雪塩ぱりんが特に人気を集めている。
☎0120-408-385(お客様センター)
🏠那覇市久茂地3-1-1 日本生命ビル1F
🕐11:00〜20:00 🈳無休
🚃ゆいレール・県庁前駅から徒歩3分 🅿なし

ゆいレール
県庁前駅

★パレットくもじ

Ⓐ

↑雪塩ソフトクリーム350円(カップ)

県庁北口

↑「雪塩ふわわ」ココナッツ300円

90

人気の水族館グッズを
ゲットするならここ!
沖縄美ら海水族館アンテナショップ
うみちゅらら 国際通り店

おきなわちゅらうみすいぞくかんアンテナショップ
うみちゅららこくさいどおりてん

MAP 付録P.16 B-3

沖縄美ら海水族館で販売されている人気のおみやげを購入することができる。水族館ほどは混み合ってないので、ゆっくり商品選びができるのもうれしい。

☎098-917-1500 🏠那覇市久茂地3-2-22 JAドリーム館2F ⏰10:00〜20:30 🈺無休 🚃ゆいレール・県庁前駅から徒歩5分 🅿なし

↑風月堂のゴーフル。バニラ、ストロベリー、チョコの3つの味。3缶入り1550円

↑水族館限定アニバーサリーストラップ。月がかかれたジンベエザメと、日がかかれた浮き輪を組み合わせる

華やかな店で、
紅芋づくしのスイーツを
御菓子御殿 国際通り松尾店

おかしごてん こくさいどおりまつおてん

MAP 付録P.16 B-3

首里城を思わせる店舗で、沖縄県産紅芋を使った菓子をはじめ、沖縄にこだわった菓子や特産品を販売。

☎098-862-0334 🏠那覇市松尾1-2-5 ⏰9:00〜22:00 🈺無休 🚃ゆいレール・県庁前駅から徒歩5分 🅿なし

↑サツマイモ餡を紅芋餡で包むように焼き上げたスイートポテト。紅包756円(6個入り)

↪imoimo CRISPY WAFFLE928円(10枚入り)は、紅芋と茜芋のハードワッフル

↑県産の紅芋と読谷あかね芋を100%使用した元祖紅いもタルトの姉妹品。いもいもタルト972円(6個入り)

おいしい幸せの輪が
広がるバウムクーヘン
ふくぎや 国際通り店

ふくぎやこくさいどおりてん

MAP 付録P.16 C-3

沖縄産の黒糖や塩、ハチミツ、卵をふんだんに使用したバウムクーヘンを味わうことができる。店頭で焼いている様子が見られるのも楽しい。

☎098-863-8006 🏠那覇市久茂地3-29-67 ⏰10:00〜20:00 🈺無休 🚃ゆいレール・県庁前駅から徒歩8分 🅿あり(有料駐車場利用)

↑紅芋の上品な香りがするしっとりタイプ。紅の木(S)1650円

↑外側がサクッとしたガジュマル(S)1540円

国際通りで
手作りのちんすこうを販売
新垣ちんすこう本舗 牧志店

あらがきちんすこうほんぽまきしてん

MAP 付録P.17 D-3

ちんすこうをはじめとする琉球菓子を販売する。製造は、1908年誕生の老舗・新垣菓子店。店内には沖縄で活躍する作家の作品も取り扱う。

☎098-867-2949 🏠那覇市牧志1-3-68 ⏰10:30〜14:00 17:00〜20:30 🈺火・水曜 🚃ゆいレール・県庁前駅から徒歩10分 🅿なし

↑月桃茶700円。沖縄でサンニンと呼ばれる月桃。沖縄県産で無農薬。やわらかな香りが特徴

↪花型のちんすこう。味はプレーン、月桃、紅芋の3種類。バラ売り(1袋8個入り)324円)、詰め合わせ1350円がある

街歩きは国際通りから。

旅のお供にもぴったりの
お手軽スナック
カルビープラス **F**

MAP 付録P.17 D-2
「じゃがりこ」などでおなじみの「カルビー」のアンテナショップ。限定商品や揚げたてのホットスナックなど、ここでしか味わえないものも多い。
☎098-867-6254 ㊟那覇市牧志3-2-2
㊐10:00〜21:00(LO20:30) ㊡無休
㊞ゆいレール・牧志駅から徒歩5分 Ｐなし

⬆ 揚げたて"サクッホクッ"スイートポテリこ 340円

⬆ 沖縄国際通り店一番の人気商品「海ぼて」998円。香り豊かな「あおさ」とシママース(沖縄の塩)でシンプルな味わいに

⬆ 松田共司さんのやちむん、皿3300円(7寸)〜8800円(9寸)

➡ 手作りの泡にこだわった稲嶺盛一郎さんの茶泡花器 1万4300円

人気の水族館グッズを
ゲットするならここ!
久髙民藝店 **G**
くだかみんげいてん

MAP 付録P.17 D-2
創業は1968年。沖縄が本土に復帰する前から国際通りを見続けてきた老舗。店内には沖縄の焼物やガラス製品を中心に、世界中の雑貨が並ぶ。
☎098-861-6690 ㊟那覇市牧志2-3-1 K2ビル1F ㊐10:00〜22:00 ㊡無休 ㊞ゆいレール・牧志駅から徒歩5分 Ｐなし

⬆ みんさー織トートバッグ(上)1万780円、芭蕉布ポーチ(下)5500円

歩く・観る ●那覇・首里

[地図 MAP]
RC ちゅら島 琉球珈琲館 ファミリーマート 琉球銀行 シティ那覇 **E** JAL **S** 古酒家 P.141 シーサー・イン那覇 御菓子御殿 **HS** キッドハウス **R H** 山の内 P.142 むつみ橋かどや **C** スターバックス 沖映通り ファミリーマート **G H** **S** BlueCoco **I**

松尾 むつみ橋 国際通り

H コレクティブ 泡盛蔵 民謡居酒屋 地酒横丁 沖縄限定本舗 **S** ドン・キホーテ 市場本通り むつみ橋通り ステーキハウス88国際通り店 P.146 御菓子御殿 **F** 那覇市ぶんかテンブス館 P.107 那覇市伝統工芸館 P.107 琉球銀行 グランドオリオン通り **J** **K**

⬆ カラフルな南国の鳥が印象的なオープンカラーシャツ、5万2800円

⬆ ゴルフウェア(モックネックシャツ2万5300円、ハーフパンツ3万3000円)

上質のアロハシャツを
身にまとって沖縄ステイ **H**
ALOHASHOP PAIKAJI
アロハショップ パイカジ

MAP 付録P.17 D-2
アロハ好きなら一度は訪れたい知る人ぞ知るアロハシャツブランド。沖縄や世界の自然をモチーフにした柄と、着心地の良さで人気を集めている。
☎098-863-5670 ㊟那覇市牧志2-3-1 ㊐11:00〜20:00 ㊡木曜 ㊞ゆいレール・牧志駅から徒歩5分 Ｐなし

沖縄の魅力が詰まった
キュートな雑貨に一目惚れ
沖縄の風 **I**
おきなわのかぜ

MAP 付録P.17 E-2
オリジナルの看板商品「琉球帆布」をはじめ、沖縄のアーティストたちによる雑貨がずらり。どれも手になじむ商品で、自分用に購入していく人も多い。
☎098-943-0244 ㊟那覇市牧志2-5-2 ㊐11:00〜19:00 ㊡無休 ㊞ゆいレール・牧志駅から徒歩5分 Ｐなし

⬆ 新垣優香さんの紅型デザインが華やかなラウンドトートとバッグインバッグ
➡ イラストレーターpokke104とコラボしたおさんぽバッグ水鳥柄8800円

沖縄音楽にふれたい ユニークな老舗楽器店

高良レコード店 楽器部 Ⓙ

たからレコードてん がっきぶ

↑これを使って食べてもOK!?「沖縄スティック」1100円

MAP 付録P.17 E-2

1949年創業、沖縄バンドマンの登竜門とも呼ばれる老舗楽器店。お手頃価格の三線、や沖縄限定CDのほか、楽器屋案のユニークなオリジナルみやげに注目!

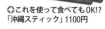

☎098-861-6394　所那覇市牧志3-11-2　営11:00〜19:00　休無休　交ゆいレール・牧志駅から徒歩3分　Pなし

↑伝統的な民謡から沖縄発のJ-POPカバーまで、沖縄限定CDも豊富

↑沖縄県産アーサを使用した大人のおつまみ＆おやつ。アクアチーズ410円

↑おうち時間のお供にオススメのMIREIさん図案のビーズバッジブック880円。デザインも豊富

沖縄の作家さんのグッズを扱うセレクトショップ

RENEMIA Ⓛ

レネミア

MAP 付録P.17 E-2

沖縄出身のイラストレーター MIREIさんとデザイナーのご主人が営むアート＆クラフトショップ。自身が手がけた作品や思いを共感した県内作家の作品などを扱う。

☎098-866-2501　所那覇市牧志2-7-15　営13:00〜17:30　休不定休　交ゆいレール・牧志駅から徒歩2分　Pなし

↑宮古島ハーブティーのレモングラス（左）とスペアミント（右）、各660円

↓国道や楽器をもったシーサーなど、デザインも多彩なオリジナルピック

街歩きは国際通りから。

多彩なメニューを堪能しながら沖縄を感じる

国際通り屋台村 Ⓚ

こくさいどおりやたいむら

MAP 付録P.17 E-2

沖縄食材を使った店が軒を並べる話題のグルメスポット。沖縄の離島情報を扱う「離島マルシェ」も併設。全店ノーチャージなので、気軽にハシゴが楽しめる。

☎店舗により異なる　所那覇市牧志3-11-16・17　営11:00〜翌2:00 ※店舗により異なる　休店舗により異なる　交ゆいレール・牧志駅から徒歩4分　Pなし

↓料理とお酒を楽しめて、人々の交流も盛ん。楽しい沖縄の夜を過ごして

琉球鮨 築地男前鮨屋台村店

りゅうきゅうすしつきじおとこまえずしやたいむらてん

グルクンやイラブチャー、県産アグーなど沖縄の食材を取り入れた琉球鮨、男前8貫2800円。

☎070-5690-9333　営11:00〜23:00（LO22:30）

いちおしショップが並ぶ、個性的な通り

おしゃれな2つの小路散策

国際通りから脇道を入ったところにある2つのストリート。
洗練された雑貨店やカフェ、映画館などが並んでいる。
気になるお店をのぞけば、素敵な人やモノに出会えるはず。

沖縄のトレンドを発信
600mほどのストリート

浮島通り
うきしまどおり

神原大通りから国際通りへ
続く道。戦後から続く古い
商店と、新たな流行を発信
するおしゃれなショップが
入り交じっている。

↑「島サバタトゥー」2420
円。プラス330円(片足)で
名入れも

琉球ぴらす 浮島通り店
りゅうきゅうぴらす うきしまどおりてん

MAP 付録P.16 C-3

沖縄の紅型作家、イラストレーター、カ
メラマンなどとのコラボで"沖縄的"に
こだわった商品を制作販売。人気のT
シャツは、デザインによって型や生地を
変えている。

☎098-863-6050 ㊟那覇市松尾2-2-
14 ㊟11:00〜19:30 ㊡無休
㊩ゆいレール・県庁前駅から徒歩10分
㊅なし

↑Tシャツや
雑貨が充実

↑和洋に合い
そうなブーゲン
ビリアと蝶の柄
の紅型プリン
ト。「底付き巾
着」1650円

↑香月舎さんデザインの
Tシャツ「てみやげ」3960
円。沖縄の名物を持った
動物たちが「てみやげ」
を届けに

MIMURI
ミムリ

MAP 付録P.17 D-3

沖縄のシーンを色鮮やかに
描くテキスタイルデザイナ
ーMIMURIの直営店。自然を
モチーフにした柄は、海、
フルーツ、お花、マチネコな
ど。バッグやポーチ、財布
などアイテム豊富な雑貨を
扱うセレクトショップ。

☎050-1122-4516
㊟那覇市松尾2-7-8
㊟11:00〜19:00
㊡SNSで要確認
㊩ゆいレール・牧志駅から
徒歩13分 ㊅なし

↑カラフルなグッズ
がずらりと並び、見て
いるだけでも楽しい

↓お野菜柄「ショ
ルダーバッグ」
1万2320円

↓お庭柄「がま
口」。ふっくら
がま口3520円、
ちょこっとがま
口2970円

歩く・観る ●那覇・首里

94

↑伝統的な琉球張り子の代表、ちんちん馬2200円

↑そばに置きたくなる愛おしさ！鳥彦2200円

昔ながらの雰囲気が漂う異色の街並み

桜坂通り
さくらざかどおり

平和通り商店街に隣接する歓楽街。1960年代の全盛期の面影を残しつつ、最近はカフェやクラブなどが増え、若者たちも集う。

玩具ロードワークス
がんぐロードワークス

MAP 付録P.17 D-3

かつて沖縄で作られていた琉球張り子を今に復元する豊永盛人氏の店。伝統的な温かさと独自の世界観が溶け合った玩具は、思わず笑顔になるものばかり。

☎098-988-1439 ㊟那覇市牧志3-6-2
🕙10:00～17:00 ㊡日・水曜 🚇ゆいレール・牧志駅から徒歩8分 🅿なし

↑見るだけでも楽しい店内。沖縄カルタなども

桜坂劇場
さくらざかげきじょう

MAP 付録P.17 E-3

「桜坂シネコン琉映」閉館後、映画監督の中江裕司氏らによって復活。映画館のほか、カフェや本屋、雑貨コーナーもあり、さまざまな楽しみに出会える。

☎098-860-9555 ㊟那覇市牧志3-6-10
🕙上映時間により異なる ㊡無休
🚇ゆいレール・牧志駅から徒歩8分 🅿なし

↑地元に根付き、地元に愛される劇場

ふくら舎
ふくらしゃ

MAP 付録P.17 E-3

桜坂劇場内。独自の目線で選んだ沖縄の工芸品が並ぶ。現代の陶工たちとともに琉球古陶の復刻に挑んだ「温故知新」をはじめ、アーティストとコラボした作品にも注目。

↑30近くの工房からさまざまな作品を取り寄せている

↑薪窯で焼き上げた赤絵の急須（「温故知新」上江州茂生 作）

↑沖縄の酒器・カラカラ（「温故知新」陶藝 玉城 作）

↑六寸花弁皿（「温故知新」陶藝 玉城 作）

琉球王国の首府として栄えた
首里城 世界遺産
しゅりじょう

日没〜24時まで首里城はライトアップを実施。写真は歓会門

琉球の歴史と文化が育んだ
稀代の古城施設

　首里城は1429年から約450年間、沖縄を治めた琉球王国の政治・文化の中心地とされ、華々しい歴史の舞台となった。中国と日本の建築様式を取り入れた朱塗りの華麗な建物が琉球独特の歴史文化を伝え、2000年には首里城跡が世界遺産に登録された。

　城壁に守られた城内には、御庭を囲むように正殿や北殿などの重要施設が立ち並び、正殿奥には王の私的空間である御内原があった。1945年の沖縄戦で城内は全焼したが、1992年、沖縄の本土復帰20周年を記念して国営公園として復元された。その後も書院・鎖之間、黄金御殿などの建物やエリアが復元された。2019年10月の火災で正殿などを失うも、復元工事が進められている。

首里 MAP 付録P.18 B-3
首里城公園
☎098-886-2020(首里城公園管理センター)
㊟那覇市首里金城町1-2 ㊐無料区域8:00〜18:30 有料区域8:30〜18:00 (最終入場17:30)
㊡7月第1水曜とその翌日 ㊎有料区域入場料400円
㊍ゆいレール・首里駅から徒歩15分 ㊐116台(有料)
※最新情報はHPで要確認

首里城をめぐる王道ベストコース

琉球王国の中枢へ

城内には王宮の機能や王族の暮らしぶりを伝える多くの
建物が並ぶ。主要な建物をまわる定番のコースを紹介。

所要 ◆ 約1時間

↑朱塗りの門が出迎える

1 守礼門
しゅれいもん
琉球独特の華麗な門は人気スポット

MAP 付録P.18 B-2

首里城の代表的な門。琉球王国の尚清王
時代(1527〜55)に創建された。2000円
札の絵柄としても有名。別名は上の綾門
といい、「上方にある美しい門」の意。

注目ポイント

「守禮之邦」
扁額に書かれた
「守禮之邦」とは、
「琉球は礼節を重
んずる国である」
の意。門の名前の
由来でもある。

2 歓会門
かんかいもん
首里城第一の正門

正門に名付けられた歓会と
は、来訪者を歓迎するとい
う意味。「あまへ御門」とも
呼ばれ、「あまへ」は「喜ば
しい」の意。アーチ状の門
の上に木造の櫓を備える。

↑ここから城郭の内部へ

3 瑞泉門
ずいせんもん
櫓がのる頑健な門

首里城第二の門。瑞泉とは
「立派なめでたい泉」を意味
し、「龍樋」という湧水が名
の由来。別名を「ひかわ御
門」という。

↑龍は国王の象徴とされた

↑創建は16世紀初頭以前といわれる

4 奉神門
ほうしんもん
御庭への最後の門

「神を敬う門」の意味を持つ。
向かって右の部屋は儀式な
どに使われていた。

5 木材倉庫・原寸場・素屋根
もくざいそうこ・げんすんば・すやね
再建に向けての様子を見学

正殿の復元に使用される木材や、復元を支える職
人たちの伝統の技が見られる。2023年8月に素屋
根見学エリアがオープン(P.22)。

← 「見せる復興」をテーマに復元を進めている

8 西のアザナ
いりのアザナ
海や街の眺望を楽しむ

城郭の西側に設置された物見台(ア
ザナ)。那覇市街や慶良間諸島まで
見晴らせる眺望スポット。

6 東のアザナ
あがりのアザナ
首里城公園一帯を一望できる

守礼門と真逆の方
向に位置する物見
台。首里城公園一
帯が一望できる。

⟳ 標高約140mあり、
漏刻門同様、時刻を一
帯に知らせる役割を
担った場所でもある

7 京の内
きょうのうち
城内最大の信仰儀式の場

城内で最も広い信
仰儀式の場。かつ
て神女たちが王家
繁栄などを祈って
いた。

⟳ 木々が生い茂り、
神々しい雰囲気に包
まれている

↑標高130mから街を一望

石畳の坂道をぶらり歩く。
首里街並みさんぽ

しゅり

歩く・観る●那覇・首里

王宮の荘厳な世界を
楽しんだあとは、
かつての城下町を散策。
王国時代の歴史を感じながら
古都の風情に浸れる。

首里城周辺に点在する
王国時代の史跡を巡る

　首里城周辺には国王墓の玉陵をはじめ、王国時代の遺跡が点在している。水辺が心地よい龍潭や赤瓦の家が並ぶ石畳の道など、風情あるのどかな街並みを散歩して、随所に残された古都の面影をたどってみたい。

たまうどぅん

↑道の途中にある無料休憩所の金城村屋でひと休みしよう

さんぽの目安◆約1時間

さんぽコース

石畳入口バス停	→	1 首里金城町石畳道	→	2 首里金城の大アカギ	→	3 金城大樋川	→	4 玉陵	→	5 龍潭	→	ゆいレール首里駅
	徒歩1分		徒歩1分		徒歩1分		徒歩10分		徒歩8分		徒歩15分	

↑石畳道の分岐点にある石碑「石敢當(いしがんとう)」は魔除け石

1 城下町に残る風情ある道
首里金城町石畳道
しゅりきんじょうちょういしだたみみち

MAP 付録P.18 A-3

16世紀の琉球王国時代に生まれた琉球石灰岩の石畳。首里城から那覇港へ至る主要道だったが沖縄戦でほとんど損壊し、約300mのみ残された。道端の石垣や赤瓦の家々も趣があり、「日本の道百選」に選ばれている。

☎098-917-3501(那覇市文化財課)
📍那覇市首里金城町
🚌バス・石畳入口下車、徒歩1分 Ｐなし

2 国の天然記念物の大木
首里金城の大アカギ
しゅりきんじょうのおおアカギ

MAP 付録P.18 B-3

↑石畳道から小径に入ったところにたたずむ神木

内金城嶽のそばに、5本のアカギの大木がそびえる。推定樹齢は200年以上で高さ約20m。
☎098-917-3501(那覇市文化財課) 📍那覇市首里金城町 🚌バス・石畳入口下車、徒歩2分 Ｐなし

3 王国時代の生活用水
金城大樋川
かなぐすくうふぃーじゃー

MAP 付録P.18 A-3

琉球王国時代に使われていた伝統的な共同井戸。岩盤奥の水脈から、樋を通して水を引き込んでいた。
☎098-917-3501(那覇市文化財課)
📍那覇市首里金城町 🚌バス・石畳入口下車、徒歩3分 Ｐなし

↑石畳道を通る人も利用した

4 宮殿風の巨大陵墓
玉陵
たまうどぅん

MAP 付録P.18 A-2

1501年に尚真王が父のために築いて以来、歴代国王の陵墓となった。墓室は3室あり、王と王妃や限られた親族が眠る。
☎098-885-2861 📍那覇市首里金城町1-3
🕘9:00～18:00(入場は～17:30) 💰300円
🚃ゆいレール・首里駅から徒歩15分 Ｐなし

↑入口では獅子像が墓を守る

↑券売所の地下に資料館を併設する

5 池周辺の遊歩道を散策
龍潭
りゅうたん

MAP 付録P.18 B-2

城の北西にある人工池。中国の使者を舟遊びや宴で接待した。
☎098-886-2020(首里城公園管理センター)
📍那覇市首里真和志町
🚃ゆいレール・首里駅から徒歩15分
Ｐあり(首里城公園駐車場利用)

↑緑の向こうに首里城を望む
※正殿は2026年に復元予定

休憩スポット

古都首里 ぶくぶく茶専門店 嘉例
ことしゅり ぶくぶくちゃせんもんてん かりー

MAP 付録P.18 B-2

▶首里の散策途中のひと休みに最適

"ぶくぶく茶"は、福を招く縁起物として琉球王国時代に育まれたとされる沖縄独自の茶道。ぶくぶく泡立てたお茶をたしなみながら、ゆったりと島時間を満喫したい。

☎098-885-5017 📍那覇市首里池端町9
🕘10:00～18:00(LO17:30)
🈂火・水曜(祝日の場合は営業) 🚃ゆいレール・儀保駅から徒歩10分 Ｐあり(5台)

↑沖縄菓子付きで1300円。飲むと思わず笑顔に

歴史

首里の丘から、遥かな時の移ろいに思いをめぐらせる

琉球王国への時間旅行

沖縄本島に勢力を三分した三山時代を経て、15世紀初頭に尚巴志により全島が統一され、琉球王国が成立する。近世になると沖縄は薩摩藩島津氏の支配下に置かれ、その体制は明治維新まで続いた。

11世紀末～15世紀頃

グスク(城)を拠点にした3つの国
三山時代の琉球

グスク(城)を拠点に有力按司が勢力を伸ばし、中山、北山、南山の三山時代を形づくっていった

9～11世紀、農耕を基盤とした社会が形づくられるようになると、各地域には按司と呼ばれる首長が現れる。13世紀には有力按司がそれぞれグスクを築き、各地の支配を始めた。

史実としての王統が現れるのは12世紀後半、舜天王統、英祖王統だが、その後国が乱れ、三山と呼ばれる3つの勢力圏に分かれた。中山、北山(山北)、南山(山南)で、それぞれが明国との朝貢・冊封体制を結んでいた。

15世紀初頭～後半

統一された南の島の王統を知る
琉球王国の誕生

三山を統一した尚巴志は、首里を拠点に海外交易を積極的に繰り広げていった

中山王・察度の跡を継いだ武寧のとき、佐敷按司だった尚巴志がこれを滅ぼし、父の思紹を中山王にして、自らを世子とする。その後、北山、南山を相次いで滅ぼし併合、1429年琉球王国を建てた。第一尚氏と呼ばれる時代だ。三山を統一した尚巴志は、首里城の整備を進め、また海外との交易も盛んに行なった。

浦添ようどれ　浦添 **MAP** 付録P.13 F-4
うらそえようどれ
13世紀に英祖王が築いたとされる王陵。17世紀に尚寧王が改修し、自身もここに葬られている。
☎098-874-9345(浦添グスク・ようどれ館) 所浦添市仲間 時9:00～18:00 休無休 料無料 交西原ICから約1.5km／バス・仲間下車、徒歩5分 P25台
浦添グスク・ようどれ館
時9:00～17:00 休月曜(祝日の場合は開館) 料100円

●右が英祖王の墓といわれる。左が第二尚氏の尚寧王の墓。ようどれとは「夕凪」という意味

三山の勢力と主要なグスク(城)

今帰仁城 🏯
【築城年】13世紀頃
北山王の居城

北山

座喜味城
【築城年】15世紀初頭(1416～22)
護佐丸の居城

勝連城
【築城年】13世紀頃
阿麻和利が居城

中山

中城城
【築城年】14世紀中頃
護佐丸の居城

首里城
【築城年】14世紀中頃
第一尚氏、第二尚氏の居城

南山

南山城(島尻大里城)
【築城年】13世紀頃
南山王・承察度の居城

護佐丸・阿麻和利の乱　◀ 2人の英雄の悲劇

北山攻略で戦功を挙げた護佐丸は本島中部に居を構え、阿麻和利は勝連半島を拠点に勢力を誇った有力按司。1458年、護佐丸に謀反の企てがあるとして、尚泰久の命で阿麻和利はこれを討つ。しかし、その後自らが首里を襲おうとして王府軍の前に敗れた。はたして誰が忠義で誰が反逆者だったのか、または有力按司の排除を狙った企みだったのか、今も謎のままだ。

沖縄のグスク（城）に出かける

グスク（城）とは、南西諸島各地に点在する城のこと。三山時代には、各地の有力按司が拠点にし、その勢力を競っていた。石垣や美しいアーチを描く城門、そして城郭からの眺めも楽しみたい。

琉球は12世紀前後からグスク時代を迎え、各地の按司と呼ばれる有力な首長たちがグスクを構え、互いに勢力を競いあうようになった。

琉球弧と呼ばれる南西諸島には300ほどのグスクが分布し、その多くは居城と理解されるが、聖域などその多様性も明らかになっている。

1853年に那覇港に入港したペリー提督一行は中世の城塞・中城に驚き、その詳細な平面図を記録している。

城郭
城塞化したグスクは複数の城郭で構成されていることが多い

聖域
多くのグスクには信仰の対象となる聖地、御嶽（拝所）がある

建築物
城郭の中心には、正殿などが建てられていた。首里城跡では復元されている

城門

城壁
城跡により石積みの方法はさまざま

今帰仁城跡　[世界遺産]
なきじんじょうせき
今帰仁 [MAP] 付録P.5 D-2

14世紀、北山王の居城だったグスク。琉球王国成立以後も、北部地域の要として北山監守が置かれていた。

☎0980-56-4400　所今帰仁村今泊5101　時8:00～18:00（5～8月は～19:00）　休無休　料600円　交許田ICから約26km　P320台

首里城跡 ➡P.96　[世界遺産]
しゅりじょうあと
首里 [MAP] 付録P.18 B-3

那覇港を見下ろす丘陵にある。1429年に尚巴志が三山を統一して、琉球王国を成立させた。

座喜味城跡　[世界遺産]
ざきみじょうあと
読谷 [MAP] 付録P.8 A-4

15世紀初頭に護佐丸によって築城された。楔石が使われた城郭のアーチ門は沖縄に現存する最古のものといわれる。

☎098-958-3141（世界遺産座喜味城跡ユンタンザミュージアム）　所読谷村座喜味708-6　時休料見学自由　交石川ICから約13km　P29台

中城城跡　[世界遺産]
なかぐすくじょうあと
中城／北中城 [MAP] 付録P.11 E-3

14世紀の中頃、先中城按司による築城とされ、1440年には護佐丸が座喜味城から移封され、居城とした。

☎098-935-5719　所中城村泊1258　時8:30～17:00（5～9月は～18:00）　休無休　料400円　交北中城ICから約3km　P50台

勝連城跡　[世界遺産]
かつれんじょうあと
うるま [MAP] 付録P.6 C-4

阿麻和利が居城したグスク。階段状に城郭を配置した梯郭式という様式を持つ。頂上から美しい海が眺められる。

☎098-978-2033　所うるま市勝連南風原　時9:00～18:00（最終受付17:30）　休無休　料600円　交沖縄北ICから約10km　P125台

南山城跡（島尻大里城跡）
なんざんじょうあと（しまじりおおさとじょうあと）
糸満 [MAP] 付録P.10 A-4

承察度、汪応祖、他魯毎の3代の南山王の居城。敷地には高嶺小学校が建てられている。

☎098-840-8163（糸満市生涯学習課）　所糸満市大里桃原　時休料見学自由　交豊見城ICから約7km　Pなし

華やかなりし琉球王国への旅

尚真王の時代
<small>しょうしん</small>

伊是名島から首里に出て王府に仕えた
金丸が王位に就き、第二尚氏の王統を開く
<small>いぜなじま　　　　　　　　　　　　　かなまる</small>

三山を征して最初に琉球を統一した第一尚氏王統だったが、その政権は安定せず、1453年には王位継承をめぐる「志魯・布里の乱」が、1458年には強大な按司同士が王位を狙った「護佐丸・阿麻和利の乱」が起こった。そして第7代尚徳王が死去すると、クーデターによって重臣だった金丸が王に推挙され、1470年に第二尚氏王統の始祖・尚円として即位した。

琉球王国の黄金時代を築いたとされる第3代国王・尚真が即位したのは1477年、以後1526年に61歳で没するまでの50年間に多大な事績を残した。そのひとつに「按司首里集居策」があり、これは各地の按司の勢力を弱体化するために、按司を在地から切り離し、首里に住むことを義務づけたものだった。ほかに、位階制・職制の整備、祭祀における神女職の組織化、玉陵や園比屋武御嶽石門、菩提寺の円覚寺の造営などを行った。

↑三代尚真王御後絵〈鎌倉芳太郎氏撮影、沖縄県立芸術大学附属図書・芸術資料館所蔵〉

↑東室、中室、西室に分かれ、王と妃の骨は東室に納められた

玉陵 →P.99
<small>たまうどぅん</small>

首里 **MAP** 付録P.18A-2　世界遺産

1501年、尚真王が父・尚円王の遺骨を改葬するために築かれたもので、その後、第二尚氏王統の陵墓となった。

旧円覚寺総門・放生橋
<small>きゅうえんかくじそうもん・ほうじょうばし</small>

首里 **MAP** 付録P.18C-2

尚真王が父・尚円王の菩提を弔うため、1492年から3年をかけて建立した円覚寺。その伽藍跡には、第一門である総門（1968年復元）や、放生池に架かる放生橋（1967年復元）が残る。橋の親柱の柱頭には、優れた獅子の彫刻が見られる。

↑琉球での臨済宗の総本山だった寺院

☎098-866-2731（沖縄県文化財課）　⊕那覇市首里当蔵町　働休料見学自由　◎ゆいレール・首里駅から徒歩10分　Ｐなし

『おもろそうし』 古琉球の信仰を伝える

「おもろ」とは、沖縄の古歌謡のこと。『おもろそうし』は、16世紀から17世紀にかけて編集された22巻からなる祭式歌謡集だ。琉球方言で書かれた、琉球文学の代表的な神歌集であり、1554首が収録されている。

内容は、琉球の最高神女である聞得大君などの神歌、地方おもろ、英雄や王府儀礼を詠ったものなど、さまざま。古琉球の信仰や民俗、言葉などを知る一級の資料となっている。

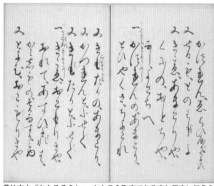

↑仲吉本『おもろそうし』。おもろ主取家である安仁屋家に伝えられた安仁屋本系統の写本〈琉球大学附属図書館提供〉

歩く・観る●歴史

明の冊封体制と海禁策を背景に、東アジアの中継貿易国として栄えた

琉球をめぐる大航海時代

東シナ海から南シナ海へ。15世紀以降の沖縄の周辺の海は、さまざまな交易船、進貢船が行き交っていた。中国、朝鮮はもちろん、遠く東南アジアの国とも盛んに交易が行われていた。

中国との関係は冊封と進貢が基本

1368年、中国に明が成立すると、華夷思想によって諸外国に進貢(朝貢・入貢)をすすめ、皇帝に従属的な関係を成立させ、また、冊封によって皇帝からその国の首長であることを認めてもらうという関係を結ばせた。

琉球で最初に進貢したのは三山時代の中山王察度で(1372年)、2代目の武寧は1404年に冊封された。その後、この明との進貢・冊封体制が背景となって琉球は中継貿易国として繁栄していくことになる。

アジアの海外交易の要衝にある

明は進貢国にのみ貿易を許したが、琉球はこの体制を利用して中国・朝鮮・日本(坊津・堺など)・東南アジア諸国をカバーする交易ルートを開拓していく。

明への進貢品には馬・硫黄・螺殻(夜光貝)などの琉球の特産品はもとより、刀などの日本製品、南方からの象牙や香辛料なども含まれていたが、このことは、琉球が明との進貢貿易を通じて日本や東南アジア諸国との中継貿易を行っていたことを物語っている。

識名園 【世界遺産】
しきなえん
那覇 MAP 付録P.15 E-4

琉球国王最大の別邸だったところで、回遊式庭園となっている。18世紀の終わり頃に造営され、冊封使の接待などに利用された。

↑園内の石橋や六角堂などは、中国風の様式が取り入れられている

☎098-855-5936(識名園券売所) 所那覇市真地421-7 ㋐9:00〜18:00(10〜3月は〜17:30)入場は各閉園30分前まで 㐂水曜(祝日の場合は翌日) 料400円 ㋚バス・識名園前下車、徒歩1分 ㋕64台

旧崇元寺第一門及び石牆
きゅうそうげんじだいいちもんおよびせきしょう
那覇 MAP 付録P.17 E-1

1527年頃の創立とされる歴代国王の霊廟。冊封使が来琉した際に、首里城での新王の冊封に先立ち、先王の霊位を祀る儀式が行われた。

↑第一門は境内に通じるアーチ型の石門

☎098-917-3501(那覇市文化財課) 所那覇市泊1-9-1 開他見学自由 ㋚ゆいレール・牧志駅から徒歩7分 ㋕なし

↑進貢船図。賑わう那覇港の様子も描かれている〈沖縄県立博物館・美術館所蔵〉

海外貿易の航路

北京
釜山
博多・堺
杭州
坊津
福州
那覇
広東
東シナ海
安南
太平洋
アユタヤー
ルソン
南シナ海
アチェ
バタニー
マラッカ
ジャンビ
バレンバン
ジャカルタ
グレシク

琉球王国への時間旅行

103

↑「首里那覇港図屏風(部分)」崇元寺方面から円覚寺、首里城を望む〈沖縄県立博物館・美術館所蔵〉

17〜19世紀 対外貿易の権益を狙った島津氏
薩摩藩支配下の琉球

薩摩藩の支配を受けていることを隠蔽して明国との冊封関係は続けられていた

豊臣秀吉の九州平定によって、薩摩・大隅・日向の戦国大名・島津義久は1587年に降伏。1590年に全国統一を果たした秀吉が朝鮮出兵を決めると、義久は薩摩の財政を立て直す策として、琉球支配をもくろみ、朝鮮侵攻を秀吉の命として琉球にも軍役などの負担を要求した。しかし、財政難にあった琉球王国にはこれに応じる財力はなく、しかも宗主国は明であるという意識が強く、要求に対してはその一部のみを拠出したが、これがのちの薩摩軍の琉球侵攻に結びついていく。

1598年に秀吉が病死し、1603年には徳川家康による江戸幕府が成立する。当時、家康は外交的にいくつか問題をかかえていたが、そのひとつに明との関係の回復があった。幕府はその調停役として琉球を利用しようとしたが、王府側が拒否したため、島津薩摩軍は約3000の兵を琉球にさしむけた(1609年)。

↑七代尚寧王御絵姿〈鎌倉芳太郎氏撮影、沖縄県立芸術大学附属図書・芸術資料館所蔵〉

尚寧王の軍に勝ち目はなく、首里城はあっけなく陥落し、島津氏は家康から琉球の支配権を与えられたのだった。

19世紀 薩摩藩から日本政府の統治下に
琉球処分・王国の解体

明治政府による琉球藩設置から首里城明け渡し、琉球王国の滅亡まで

島津氏の琉球支配によって、幕藩体制に組み込まれた琉球王国は、一方でなおも中国との進貢・冊封体制を続けていた。しかし、明治維新の廃藩置県によって琉球には1872年に「琉球藩」が置かれたが、一国にもう一人の国王が存続するのはあり得ないとする内務大丞・松田道之は1879年に来流し、「琉球処分」を強行、これにより琉球王国は解体され、沖縄県となった。

内務大丞・松田道之が琉球処分官として首里王府に強硬な姿勢を示した〈那覇市歴史博物館提供〉

羽地朝秀と蔡温 2人の偉大な政治家

「琉球の五偉人」のひとりとされる羽地朝秀(1617〜76)は、唐名を向象賢といい、10代尚質、11代尚貞王の摂政として、政治・経済・社会・文化などの広い分野で改革を実行した。島津侵攻で混迷・疲弊した琉球社会に対し、贅沢や虚礼の廃止による財政支出の抑制、行政と祭祀の分離、風紀の粛正、役人の農民に対する不正を取り締まることによる農村の振興などの改革を図った。また、琉球最初の正史『中山世鑑』も編纂していることでも知られる。

これら朝秀の改革を受け継いだのが、三司官・蔡温(1682〜1761)だった。13代尚敬王の王府に仕えた蔡温が注力した施策は、農村地域においては疲弊からの脱却と山林の整備、都市地域においては士階層の就職難の解消があったという。

王府財政の立て直しを図るため、ウコンなどの専売制度を強化し、また港湾や道路のインフラ整備なども行っている。

蔡温肖像画〈沖縄県立博物館・美術館所蔵〉

歩く・観る●歴史

琉球を訪れた外国人たちの記述による、王国時代の島の様子と暮らし

異国船が見た琉球の景色と人々

幕末、ヨーロッパ各国から東アジアを目指して艦隊が来航するようになる。彼らが残した記録から、当時の琉球王国でどのような暮らしが営まれていたかをたどってみたい。

欧米船は何を求めて琉球へ？

　欧米船の来琉は漂着や交易目的などを含め、15世紀頃から始まるが、なかでも1820年代から幕末にかけての約50年間には、その数は100隻を超えるという。このなかには、ジョン万次郎を乗せた商船サラ・ボイド号や、米国ペリー提督の艦隊もあった。なぜ、これほど多くの欧米船が琉球にやって来たのだろうか。

　18〜19世紀の産業革命によって欧米諸国は熾烈な市場拡大と植民地の獲得競争をアジアでも展開、これを背景に琉球周辺にも多くの異国船が渡来することになったのだった。しかし、この頃、日本は鎖国下にあり、王府は対応に苦慮したという。

↑首里城を訪問したペリー提督〈那覇市歴史博物館提供〉

イギリスの素敵な地方を感じさせる

　1816年の英国海軍軍艦アルセスト号とライラ号の渡航は、ジョン・マクロードの『アルセスト号朝鮮・琉球航海記』とベイジル・ホールの『朝鮮・琉球航海記』として記録が残されている。

　それらによると、那覇港からの光景には「文明社会から隔絶された島のそれというよりも、イングランドの最も素敵な地方」を感じ、住民は「態度は控えめで礼儀正しく、内気で丁重」な好感のもてる人々とある。はるか海原を越えて琉球を訪れた彼らには、この南の島の光景は好ましいものに映ったようだ。

　ちなみに、アルセスト号の航海記は江戸の文人・大田南畝もすでに読んでいたという。

↑琉装をまとった当時の人々の様子が描かれている「婚姻風俗図（部分）」〈沖縄県立博物館・美術館所蔵〉

琉球人の体、性格、好奇心

　英国軍艦ブロッサム号が那覇に9日の間寄泊したのは、ベイジル・ホールの来琉から11年後の1827年のことで、この航海記が『ブロッサム号来琉記』だ。

　筆者の司令官ビーチーは、住民の体躯について「その平均的な背丈は5フィート5インチ（約167cm）を超えない」と観察し、その性格を「日本本土人よりも好戦的でなく、残忍でなく、また卑屈でもない」とした。とはいえ、ホールが記した「琉球には武器も貨幣もない」という点に関しては、ビーチーは否定的な判断をしている。これについては、1853年に那覇に来航したペリーも『ペリー提督日本遠征記』でホールの記述を否定している。

　ペリー提督のアメリカ艦隊は那覇を日本開国の拠点としたが、一行は王宮（首里城）に訪問もしている。その行列は「整然として、絵に描いたようだった」が、住民たちも「道路の両側にぎっしりと」群がっていたという。この琉球の人々が見せる旺盛な好奇心は、1844年に来琉したフランス人宣教師フォルカードも『幕末日仏交流記』のなかで、手回しオルガンをめぐるエピソードとしておもしろおかしく紹介している。

参考・引用文献
ベイジル・ホール『朝鮮・琉球航海記』1986年 岩波文庫
J・マクロード『アルセスト号朝鮮・琉球航海記』1999年 榕樹書林
『ブロッサム号来琉記』1979年 第一書房
『ペリー提督日本遠征記』2014年 角川ソフィア文庫
フォルカード『幕末日仏交流記』1993年 中公文庫

琉球王国 歴史年表

西暦	琉球王代		日本		事項
607					隋の煬帝、朱寛を琉球に遣わす
753			天平勝宝	5	遣唐使・阿倍仲麻呂、唐僧・鑑真、阿児奈波島（沖縄島）に漂着
1187	舜天	元	文治	3	**舜天王統**　舜天、即位と伝わる
1260	英祖	元	文応	元	**英祖王統**　英祖、即位と伝わる。極楽山に陵墓を築く（浦添ようどれ◎P.100）
1291		32	正応	4	元軍、6000の兵で瑠求を討つが失敗
1314	玉城	元	正和	3	玉城即位。この頃から三山対立
1350	察度	元	観応	元	**三山時代・察度王統**　察度即位　**三山時代**
1372		23	応安	5	明の太祖、楊載を遣わし、中山王を招諭。察度、弟の泰期を遣わし、明に進貢
1380		31	康暦	2	中山、明に進貢。南山王・承察度、明に進貢
1383		34	永徳	3	北山王・怕尼芝、明に進貢
1389		40	康応	元	中山王、完玉之を高麗に遣わす
1390		41	明徳	元	宮古・八重山が、中山に入貢
1404	武寧	9	応永	11	明、冊封使を中山に遣わす（冊封の始め）
1406	尚思紹	元		13	**第一尚氏王統**　尚巴志、中山王・武寧を滅ぼし、父思紹を王とする
1416		11		23	北山王・攀安知、中山に滅ぼされる
1422	尚巴志	元		29	尚巴志、中山王となる
1429		8	永享	元	南山を滅ぼして、三山を統一する　**琉球王国**
1453	尚金福	4	享徳	2	志魯・布里の乱、**首里城**◎P.96炎上
1458	尚泰久	5	長禄	2	護佐丸・阿麻和利の乱起こる。万国津梁の鐘、鋳造される
1466	尚徳	6	文正	元	尚徳、喜界島に遠征し凱旋。琉球使節、室町幕府に使者を送り足利義政に謁見
1469		9	文明	元	福州に琉球館を設置
1470	尚円	元		2	**第二尚氏王統**　金丸、王位に就き、尚円を称す
1492	尚真	16	明応	元	**円覚寺**◎P.102建立
1501		25	文亀	元	**玉陵**◎P.99建立
1516		40	永正	13	備中の三宅国秀、琉球征服を図るが、島津氏に討たれる
1519		43		16	**園比屋武御嶽石門**◎P.108創建
1526		50	大永	6	尚真、諸按司を首里に集住させる
1527	尚清	元		7	待賢門（のちの**守礼門**）◎P.97建立。この頃、**崇元寺**◎P.103建立される
1531		5	享禄	4	『おもろさうし』第1巻編集される
1571	尚元	16	元亀	2	奄美大島を支配下に置く

西暦	琉球王代		日本		事項
1589	尚寧	元	天正	17	尚寧即位
1591		3		19	豊臣秀吉が朝鮮出兵に伴う軍役・使役を命ずるが、琉球は拒否。兵糧米は供出
1605		17	慶長	10	野国総管、福州から甘藷をもたらす
1609		21		14	島津氏、琉球侵攻。尚寧王降伏する　**薩摩藩による支配**
1610		22		15	島津氏、琉球の検地を始める。尚寧、島津家久に伴われ、徳川家康に拝謁
1611		23		16	島津氏、検地終了（8万9086石）
1616		28	元和	2	尚豊、薩摩から朝鮮陶工を連れ帰る
1621	尚豊	元		7	尚豊即位。以後、王の即位には、島津氏の承認を得ることが慣例となる
1623		3		9	儀間真常、初めて黒糖を製造する
1631		11	寛永	8	薩摩藩、那覇に在番奉行を設置
1634		14	正保	元	江戸幕府へ初の謝恩使を派遣
1650	尚質	3	慶安	3	羽地朝秀（向象賢）『中山世鑑』を編纂
1654		7	承応	3	首里・那覇・久米村・泊への他村からの移住が禁止される
1660		13	万治	3	首里城焼失
1666		19	寛文	6	向象賢、摂政となる
1681	尚貞	13	天和	元	徳川綱吉将軍就任の慶賀使派遣
1682		14	天和	2	陶工を**壺屋**◎P.156に集住させる
1715	尚敬	3	正徳	5	玉城朝薫、踊奉行となる
1728		16	享保	13	蔡温、三司官となり、国師を兼務
1749		37	寛延	2	この頃、人口約20万と伝わる
1764	尚穆	13	明和	元	徳川家治将軍就任の慶賀使派遣
1772		21	安永	元	疫病流行し、4500人余が死亡
1790		39	寛政	2	徳川家斉将軍就任の慶賀使派遣
1816	尚灝	13	文化	13	英国船ライラ号、アルセスト号来航
1842	尚育	8	天保	13	徳川家慶将軍就任の慶賀使派遣
1844		10	弘化	元	仏軍艦アルクメーヌ号来航
1848	尚泰	元	嘉永	元	尚泰即位（最後の琉球国王）
1851		4		4	ジョン万次郎来琉
1853		6		6	米海軍提督ペリー那覇に来航
1854		7	安政	元	ペリー4度来琉し、琉米修好条約調印
1855		8		2	琉仏修好条約調印
1859		11		6	琉蘭修好条約調印
1866		19	慶応	2	最後の冊封使が来琉
1871			明治	4	廃藩置県で鹿児島県設置。琉球はその管轄下に置かれる
1872				5	琉球藩設置。尚泰、藩王となる　**琉球藩**

沖縄の歴史と文化を知るスポット

外国との交流など、固有の歴史のなかで独自の文化を築いた沖縄。伝統的な芸能や工芸品にふれ、その魅力を実感しよう。グスクなど、世界遺産に登録された貴重な史跡もぜひとも訪れておきたい。

沖縄県立 博物館・美術館（おきみゅー）
おきなわけんりつはくぶつかん・びじゅつかん（おきみゅー）

沖縄の自然と 人々の営みを伝える

博物館では歴史や文化、自然などを幅広く紹介。美術館では沖縄の作家や沖縄にゆかりがある作家の作品を中心に展示。沖縄への理解が深まるスポット。

那覇 **MAP** 付録P.19E-2

☎098-941-8200 ⑤那覇市おもろまち3-1-1 ⑲9:00〜18:00(土・日曜は〜20:00)入場は各30分前まで ⑭月曜(祝日、振替休日、慰霊の日の場合は翌平日)、ほか不定休 ⑲博物館常設展530円、美術館コレクション展400円(そのほかは別途) ⑳ゆいレール・おもろまち駅から徒歩10分 Ⓟ158台

●ふれあい体験室(無料)は大人でも楽しめる

●博物館常設展には旧首里城正殿鐘(国指定重要文化財)を展示

那覇市ぶんかテンブス館／那覇市伝統工芸館
なはしぶんかテンブスかん／なはしでんとうこうげいかん

●伝統工芸館の琉球ガラス作り体験

国際通りの真ん中で楽しむ 沖縄の伝統文化

複合施設てんぶす那覇の中にある。ぶんかテンブス館では伝統芸能公演の鑑賞や文化体験、伝統工芸館では工芸品の展示や手作り体験が楽しめる。

那覇 **MAP** 付録P.17D-3

☎ぶんかテンブス館098-868-7810／伝統工芸館098-868-7866 ⑤那覇市牧志3-2-10 ⑲ぶんかテンブス館9:00〜22:00(月曜は〜18:00、芸能公演は木曜19:00〜※要予約)、伝統工芸館9:30〜17:30(工芸品販売は10:00〜19:00) ⑭水曜 ⑲ぶんかテンブス館芸能公演1500円／伝統工芸館 展示室310円、体験工房1540〜3700円 ⑳ゆいレール・牧志駅から徒歩5分 Ⓟ81台(有料)

国立劇場おきなわ
こくりつげきじょうおきなわ

沖縄伝統芸能のさまざまな ジャンルの公演が鑑賞できる

中国の冊封使の歓待のため創作された歌舞劇「組踊」や、琉球舞踊、琉球音楽、民俗芸能などを上演。上演演目にまつわる資料の展示室もある。公演スケジュールはHPで確認しておきたい。

浦添 **MAP** 付録P.14C-1

☎098-871-3350 ⑤浦添市勢理客4-14-1 ⑲10:00〜18:00、電話予約10:00〜17:30 ⑭無休 ⑲公演により異なる、展示室無料 ⑳那覇ICから約7km／那覇空港から約8km Ⓟ209台

●普及公演は2500円で鑑賞できる

●組踊は国の重要無形文化財に指定されている

琉球王国への時間旅行

沖縄の世界遺産（ 琉球王国のグスク及び関連遺産群 ）

件名	概略	所在地	掲載ページ	付録地図・掲載位置
首里城跡(首里城公園)	復元が進む琉球王国の王城。王族が住んだ	那覇市	P.96	**MAP** 付録P.18B-3
中城城跡	北中城村から中城村にわたる高台に建つ	北中城村	P.101	**MAP** 付録P.11E-3
座喜味城跡	15世紀初頭、護佐丸が築いた本島中部のグスク	読谷村	P.101	**MAP** 付録P.8A-4
勝連城跡	勝連半島の丘の上に建つ。阿麻和利が居城した	うるま市	P.101	**MAP** 付録P.6C-4
今帰仁城跡	本部半島にあり、13世紀頃の築城といわれる	今帰仁村	P.101	**MAP** 付録P.5D-2
斎場御嶽	琉球の始祖が作ったという沖縄最高の聖地	南城市	P.108	**MAP** 付録P.10C-3
園比屋武御嶽石門	国王が首里城からの外出時、道中の安全を祈った	那覇市	P.108	**MAP** 付録P.18B-2
玉陵	首里城付近にある、第二尚氏王統歴代の陵墓	那覇市	P.99	**MAP** 付録P.18A-2
識名園	琉球王家最大の別邸。保養や冊封使歓待に使われた	那覇市	P.103	**MAP** 付録P.15E-4

斎場御嶽でも特に印象的
な三角形のトンネル

本島南部
ほんとうなんぶ

心が清められる、聖なる祈りの場所。
沖縄戦を象徴する公園や資料館も訪れて
戦没者を悼み、平和へ祈りを捧げたい。

三庫理
さんぐーい
2枚の巨岩がつくる三角
の洞門の先に、拝所の
空間が広がっている。

沖縄始まりの地を訪ねる

聖地で感じる島の力

※安全と聖域保全のため、三庫理の中は立ち入り制限あり

寄満
ゆいんち
王府用語で「台所」を意味し、農作物の
豊穣を祈願した拝所といわれている。

沖縄の創世神話に登場する神々の聖地。自然が創り出した奇跡の風景。
厳かな空気漂う熱帯の島の神秘的な世界。

御嶽(うたき)とはなにか

　沖縄で神の降臨する地とされる
神聖な杜。樹木や岩などが神の依
代として祀られる。沖縄各地の集
落に守り神を祀る御嶽があり、そ
の数800以上といわれる。

園比屋武御嶽石門
そのひゃんうたきいしもん

世界遺産

首里 **MAP** 付録P.18 B-2
首里城近くにある御嶽の門。国王が
外出の際、道中の無事を祈願した。
☎098-917-3501(那覇市文化財課) 所那
覇市首里真和志 首里城公園内 交ゆいレ
ール・首里駅から徒歩15分 Pあり(首里
城公園駐車場利用)

斎場御嶽
せーふぁうたき

世界遺産

南城 **MAP** 付録P.10 C-3

森に広がる沖縄随一の聖地
岩の向こうに神の島を望む

沖縄に数多くある御嶽で最高位に位置する最も神聖な
地。王朝時代には、最高位の女性神官である聞得大君の
就任儀式や国家的な儀式・祭礼がここで執り行われた。
神聖な空気が包む森の中に、礼拝や儀式を行う6つの拝
所が点在している。

☎098-949-1899(緑の館・
セーファ) 所南城市知念
字久手堅 時9:00～18:
00(11～2月は～17:30、最
終入場は閉園30分前)
休旧暦5月1～3日、10
月1～3日(年によって変動
あり) 料300円
交南風原南ICから約16km
Pあり(南城市地域物産館
駐車場利用)

寄満　三庫理
大庫理
久高島遥拝所
御門口
(ウジョウグチ)

国道331号
知念岬

0　100m

大庫理
うふぐーい
大広間の意。岩の前
に石を敷いた祈りの
場があり、国の重要
儀式を行った。

掲載許可:
南城市教育委員会

歩く・観る●本島南部

イシキ浜
イシキはま

五穀の壺が流れ着いた、沖縄の五穀発祥の地とされる浜。

久高島
くだかじま

南城 **MAP** 本書P.3 E-3

多くの神事が行われる神の島
島巡りはレンタサイクルで

周囲8kmの小島。沖縄の創世神・アマミキヨが降臨し、海の彼方にある神々の楽園ニライカナイに通じる地とされ、島全体が聖地と崇められている。琉球七御嶽のひとつ、フボー御嶽などの拝所が点在し、神話にまつわる伝説の地が数多く残る。

シマーシ

神の楽園ニライカナイの来訪神が船を停泊したとされる浜。

御殿庭
うどぅんなー

島の始祖シラタルーを祀るお宮がある。イラブーの燻製所も。

📞なし 📋フェリー乗船片道680円、高速船乗船片道770円 🚗南風原北ICから安座真港へ約14km／安座真港からフェリーで25分、高速船で15分

安座真港出航時間		久高島出航時間	
08：00	フェリー	08：30	高速船
09：30	高速船	10：00	フェリー
11：00	フェリー	12：00	高速船
13：00	高速船	14：00	フェリー
15：00	フェリー	16：00	高速船
17：00	高速船	17：00	フェリー

ヤグルガー

聖水が湧く井戸。祭祀の前に神女がここで禊を行う。

ガンガラーの谷
ガンガラーのたに

南城 **MAP** 付録P.10 B-3

古代人が住んだ亜熱帯の森で
秘境探検の気分を味わう

鍾乳洞が崩れ落ちてできた谷。谷にはガジュマルの大木などの亜熱帯の森が広がる。約2万年前の古代人の生活跡などの見どころもある。見学はガイドツアー参加者のみ（要事前予約）。

📞098-948-4192 📍南城市玉城前川202 🕘9：00〜16：00（電話受付は〜17：30）ツアー催行時間は10：00、12：00、14：00、16：00（所要1時間20分） 📅無休 💴2500円 🚌バス・玉泉洞前下車、徒歩2分／南風原南ICから約6km 🅿30台

➡たくさんの根が垂れ下がる巨大なガジュマルの木。歩きやすい靴で参加しよう

聖地で感じる島の力

1650年編纂の沖縄最初の歴史書『中山世鑑』では、沖縄の始まりについて、次のように記されている。天界に住む女神アマミキヨは、天帝（天界の最高神）から下界に島を造るよう命じられた。

アマミキヨは最初に安須森（国頭村）、クバ（今帰仁村）、斎場（南城市知念）、藪薩（南城市玉城）、雨粒天次（玉城グスク内）、フボー（久高島）、首里城首里森の7つの御嶽（聖地）を造った。島が形づくられると、一組の男女の神が島へ降り、やがて女神が3男2女を生んだ。長男は最初の琉球王・天孫氏となり、次男は按司（地方官）、三男は農夫、長女は大君（神女）、次女はノロ（巫女）のそれぞれ祖先となった。アマミキヨが穀物の種を蒔くと、島に農耕が始まり、人々の営みが始まったという。

沖縄の創世神・アマミキヨにつわる聖地は、沖縄各地にある。久高島はアマミキヨが降臨し、最初に五穀の種を蒔いた地とされている。沖縄のそれぞれの島や地域によって、開闢神話の内容には少しずつ違いがみられる。

⬆アマミキヨが島造りのため、最初に降り立ったとされる久高島のカベール岬

沖縄戦
終焉の地

今穏やかな時が流れる
この場所で、沖縄戦は
終わりを告げた。

↑20万人以上の犠牲を生んだ沖縄地上戦を象徴する地。軍司令部は崖に阻まれ逃げ場を失った

歩く・観る　本島南部

平和祈念公園

へいわきねんこうえん

糸満 MAP 付録P.10 B-4

世界平和を発信する
海と緑の憩いの地

↩沖縄戦米軍上陸地の阿嘉島と2つの被爆地の火を採取した平和の火

沖縄戦終焉の地となった糸満市摩文仁に整備された都市公園。約40haの広大な園内には、戦没者墓苑や各府県の慰霊塔、沖縄を伝える資料館、戦没者の鎮魂と永遠の平和を祈る平和祈念像が点在。戦没者の冥福を祈り、世界の恒久平和を願う場となっている。海を望む一帯に広がる緑豊かな公園は、今では憩いの場として親しまれている。

☎098-997-2765　所糸満市摩文仁　働8:00～22:00　休無休　料無料　交豊見城・名嘉地ICから約14km　P531台

沖縄戦最後の激戦地　戦没者を追悼し平和を願う

見学information

公園ガイド

ガイドの話を聞きながら園内を巡る。Webサイトから申込用紙をダウンロードして事前にファックスで申し込む。1グループ5000円～

園内バス

公園案内所を基点に、主要ポイントを巡りながら、麻文仁の丘までを結ぶ。10:00～16:00の間30分間隔で運行。乗車のつど100円

沖縄県平和祈念資料館
おきなわけん・へいわきねんしりょうかん

実物資料や戦争体験者の証言映像などで、沖縄戦の歴史を詳しく紹介。
☎098-997-3844　働9:00～17:00（常設展示室入場は～16:30）　休無休　料300円

沖縄平和祈念堂
おきなわへいわきねんどう

七角錐の建物の中には、高さ12mの沖縄平和祈念像を安置。
☎098-997-3011　働9:00～17:00（最終入場）　休無休　料450円

平和の礎
へいわのいしじ

国籍や軍人、民間人を区別せず、沖縄戦等の戦没者24万人余のすべての人々の名を刻む

ひめゆりの塔・
ひめゆり平和祈念資料館

ひめゆりのとう・ひめゆりへいわきねんしりょうかん

糸満 MAP 付録P.10 A-4

ひめゆり学徒の
体験を知る

沖縄戦で亡くなったひめゆり学徒の慰霊碑。資料館では、生存者の映像や資料などを通して、学校生活や戦場での活動を紹介。

☎098-997-2100　所糸満市伊原671-1　働資料館9:00～17:25（入場は～17:00）　休無休　料無料（資料館450円）　交豊見城・名嘉地ICから約12km　Pなし

写真提供：ひめゆり平和祈念資料館

↑2021年に新しくなった第1展示室

↑ひめゆりの塔とひめゆり平和祈念資料館

旧海軍司令部壕

きゅうかいぐんしれいぶごう

豊見城 MAP 付録P.10 A-3

約80年前の痕跡が残る
地下秘密基地

☎098-850-4055　所豊見城市豊見城236　働9:00～17:00（最終入館16:30）　休無休　料600円　交豊見城ICから約3km　P100台

戦時中に兵士3000人の手によって5カ月で掘られた壕が体感できる。慰霊の塔で祈り、資料館で学ぶこともできる戦跡施設。

↩壕内には約4000人の兵士が待機していた

全島が戦場。学徒兵、民間人に多くの犠牲者を出した
沖縄戦——凄絶なる3カ月の総力戦

**1942年6月、ミッドウェー海戦でアメリカ軍に大敗した日本軍は南西諸島方面の防備のために
守備軍を沖縄に配備。1944年の猛烈な「10・10空襲」を受けて、沖縄での地上戦は不可避となった。**

**1944年
2月〜**

第32軍は持久戦へと作戦変更
沖縄守備軍

**正規の軍人に防衛隊や中学生以上の学徒隊が
動員され、学徒隊の死者は1200人を超えた**

　沖縄守備軍(第32軍)は1944年に創設され、連合国軍の
上陸に備えた。その戦力は正規軍が約8万6400、海軍約
1万、それに防衛隊や学徒隊が駆り出された。学徒隊の女
子生徒は「従軍看護隊」として入隊したが、ひめゆり学
徒隊や白梅学徒隊らはこれに属した。

　沖縄守備軍の役割は、米軍を沖縄に釘付けにすることで
あり、どれだけ本土攻撃までの時間稼ぎができるか、本島南
部を主陣地として持久戦を余儀なくされることになった。

**1945年
3月26日〜
9月7日**

地上戦開始から終戦への道程
3カ月の地上戦

**陸上での火炎放射器や手榴弾の攻撃、
海からの艦砲射撃、空からの機銃掃射**

　1945年3月26日、米軍が慶良間諸島へ上陸、沖縄地上
戦が始まる。4月1日には本島中西部から沖縄本島へ上陸。
北部と中部の飛行場が占拠され、20日には北部全域を占
領。21日には伊江島も制圧された。

　一方、米軍の主力部隊は日本軍の司令部がある首里を、
南側を除く三方から包囲、これにより5月下旬に首里は陥
落。守備軍は南部の摩文仁へ撤退を余儀なくされた。6月
中旬には、3万の日本軍と10万の住民が南部に追い詰め
られていった。そのなかで、数多くの悲劇の起きたこと
が伝えられている。6月23日、守備軍の牛島満司令官らが
摩文仁の洞穴で自決し、日本軍の組織的な戦闘は終了し
たが、なおも抵抗を続ける部隊もあった。

　8月14日、政府はポツダム宣言を受諾。9月2日には戦艦
ミズーリ号上で降伏文書に調印した。沖縄の日本軍が正式
に無条件降伏文書に調印したのは9月7日のことだった。沖
縄戦での住民の犠牲者は15万人を超えたといわれる。当時
の沖縄の人口の約4分の1の人が亡くなったことになる。

西暦	元号	事項
1879	明治12	3月、松田道之が来琉。琉球藩を廃し、沖縄県を設置。琉球を併合(琉球処分) **沖縄県**
1899	32	12月、第1回ハワイ移民団、那覇港を出発
1905	38	11月、『沖縄新聞』創刊
1925	大正14	首里城正殿 ◯P.96 国宝に指定される
1931	昭和 6	9月、満州事変
1944	19	8月、第32軍司令官、牛島満中将着任。10月、10・10空襲
1945	20	3月、第2次防衛召集。17〜45歳の男子を動員、師範・中学校・高等女学校の生徒を部隊に配属。米軍、慶良間諸島に上陸。4月、アメリカ軍沖縄島に無血上陸。5月、第32軍司令部壕を放棄、米軍が占領。6月、大田実率いる海軍全滅。牛島満司令官自決し、日本軍の組織的戦闘が終了。8月、ポツダム宣言受諾、日本敗戦。沖縄諮詢会設置
1946	21	1月、GHQ、日本と南西諸島の行政を分離。4月、沖縄諮詢会、沖縄民政府となる **米軍占領下**
1950	25	11月、奄美群島など4地域の政府が沖縄群島政府に改められる。12月、アメリカ政府、沖縄支配機関を軍政府から琉球列島米国民政府に
1951	26	9月、サンフランシスコ平和条約・日米安全保障条約締結(翌年条約発効) **米軍施政権下**
1952	27	4月、琉球政府を設立
1958	33	9月、通貨が円からドルへ
1968	43	11月、公選主席選挙で屋良朝苗が当選
1971	46	6月、沖縄返還協定調印
1972	47	4月、沖縄に自衛隊配備決定。5月、沖縄日本復帰 **日本復帰**
1975	50	7月、沖縄国際海洋博覧会開催
1995	平成 7	6月、**平和祈念公園** ◯P.110に平和の礎建設
2000	12	7月、名護市で主要国首脳会議(サミット)開催。12月、**琉球王国のグスク及び関連遺産群** ◯P.107、世界遺産に登録

沖縄戦終焉の地　沖縄戦

ニライカナイの彼方に神の島を望みながら駆ける

スピリチュアル・ドライブ

⊙沖縄戦終焉の地にある。
毎年6月23日には戦没者
追悼式を開催

神話の地・久高島を望む南岸を走るルート。
絶景の広がる沿岸をドライブしながら、
本島南部に点在する祈りの地を訪ねたい。

1 平和祈念公園
へいわきねんこうえん

糸満 **MAP** 付録P.10 B-4

平和の願いが込められた地　**➡P.110**

沖縄戦最大の激戦
地・糸満市摩文仁
に整備された公
園。各府県の慰霊
塔や国立沖縄戦没
者墓苑、沖縄県平
和資料館、平和の
礎・沖縄平和祈念
堂などがある。

「ガマ」という洞穴に見立てて造られた
という平和の丘

歩く・観る●本島南部

2 おきなわワールド 文化王国・玉泉洞
おきなわワールド ぶんかおうこく・ぎょくせんどう

南城 **MAP** 付録P.10 B-3

自然・文化をまるごと体感

沖縄の魅力が一堂に揃う観光テー
マパーク。鍾乳洞・玉泉洞をはじ
め、スーパーエイサーなどのアト
ラクションも人気だ。

➡P.114

⊙大人気のハブ
とマングースの
ショーは必見

[地図]
うらそえし
浦添市
北中城IC
なかぐすくそん
中城村
西原IC
329
330
ゆいレール
沖縄自動車道
なは
START & GOAL
那覇市
首里城公園
(首里城跡)
P.22/P.96/P.101
西原JCT
にしはらちょう
西原町
中城湾
那覇空港
332
331
浦添IC
P.110
旧海軍司令部壕
南風原北IC
はえばるちょう
南風原町
よなばるちょう
与那原町
南風原IC
那覇空港
自動車道
斎場御嶽 6
N
0　3km
豊見城・名嘉地IC
とみぐすくし
豊見城市
瀬長
なんじょうし
南城市
331
P.109 久高島
瀬長
道の駅
いとまん
P.151
おきなわワールド
文化王国・玉泉洞 2
P.109 ガンガラーの谷
331
86
137
コマカ島 P.77
よ座喬▲
ニライ橋・
カナイ橋 4
真栄里
いとまんし
糸満市
ぐしちゃん(東)
331
17
331
知念岬公園 5
やえせちょう
八重瀬町
3 奥武島
元祖中本鮮魚
てんぷら店
P.113
1 平和祈念公園 P.110
きゃんみさき
喜屋武岬
ひめゆりの塔・ひめゆり
平和祈念資料館 P.110

3 奥武島
おうじま

南城 **MAP** 付録P.10 C-4

海神祭のハーリーが有名

周囲約1.6kmの小島で、本島と
は150mの橋で行き来できる。鮮
魚店や沖縄天ぷらの店が並ぶ。
㊟南城市玉城奥武
㊞南風原南ICから約10km

⊙島の漁港に
揚がる鮮魚が
味わえる

ニライカナイとは海の彼方にある楽園のこと。県道86号方面から下りの景色が見事

ニライ橋・カナイ橋
ニライばし・カナイばし

南城 MAP 付録P.10 C-3

車上から楽しむワイドビュー

大きくU字にカーブした橋の上から、久高島が浮かぶ太平洋のパノラマを一望できる。

南城市知念
交南風原北ICから約15km
Pなし

➡カーブする橋の向こうに青い海が見渡せる

立ち寄りスポット

元祖中本鮮魚てんぷら店
がんそなかもとせんぎょてんぷらてん

MAP 付録P.10 C-4

もずく漁師が営む天ぷら店。季節に応じた魚や野菜を創業以来変わらないおいしさで提供する。

☎098-948-3583 所南城市玉城奥武9
⏰10:30～18:00 休木曜
交南風原南ICから約10km Pあり

➡種類も豊富な天ぷらは100円～と格安

もずくの天ぷらが、店いちばんのおすすめです

知念岬公園
ちねんみさきこうえん

南城 MAP 付録P.10 C-3

海風が心地よい絶景ポイント

知念岬東端の景勝地。遊歩道を歩いて岬の突端まで行くと、よりワイドな海の眺望を楽しむことができる。

☎098-948-4660
(南城市観光協会)
所南城市知念久手堅
交南風原南ICから約16km P105台

➡駐車場から岬の先へは徒歩5分

斎場御嶽
せーふぁうたき

世界遺産

南城 MAP 付録P.10 C-3

国家的祭祀が行われた聖地 ➡P.108

琉球神話にも登場する、沖縄で最も重要な聖地。森に点在する拝所を巡る。

➡森の中に神聖な空気が流れる

所要◆約2時間15分

おすすめドライブルート

那覇空港から南部を海岸線に沿ってぐるっと巡る、比較的わかりやすいルート。糸満市・与那原町の国道331号は交通量が多く渋滞も。奥武島などの集落内の道路は狭いので注意しよう。ニライ橋・カナイ橋は絶景が広がるが、高低差もあるヘアピンカーブ。南風原北ICからは那覇空港自動車道の無料通行区間。指示に従い空港方面へ戻ろう。

那覇空港
なはくうこう

⬇ 国道331号
19.5km／33分

1 平和祈念公園
へいわきねんこうえん

⬇ 国道331号、県道17号
7km／13分

2 おきなわワールド 文化王国・玉泉洞
おきなわワールド
ぶんかおうこく・ぎょくせんどう

⬇ 県道17号、国道331号
5km／10分

3 奥武島
おうじま

⬇ 国道331号、県道137号、県道86号 10km／20分

4 ニライ橋・カナイ橋
ニライばし・カナイばし

⬇ 県道86号、国道331号
2.7km／6分

5 知念岬公園
ちねんみさきこうえん

⬇ 国道331号
1.1km／5分

6 斎場御嶽
せーふぁうたき

⬇ 国道331号、那覇空港自動車道、国道331号 30km／45分

那覇空港
なはくうこう

スピリチュアル・ドライブ

113

沖縄の魅力のすべてが詰まったテーマパーク

おきなわワールド 文化王国・玉泉洞

おきなわワールド ぶんかおうこく・ぎょくせんどう

エキサイティングなショーや伝統工芸の体験工房が充実

沖縄の自然や歴史・文化の魅力を体感できる施設。赤瓦屋根の古民家が軒を連ねる琉球王国城下町では、紅型や紙すきなど多彩な伝統工芸の体験ができる。鍾乳洞・玉泉洞の見学、スーパーエイサー、ハブとマングースのショーなども人気。グルメでは沖縄そばや地ビールなどが揃う。

南城 **MAP** 付録P.10 B-3
☎ 098-949-7421 🏠 南城市玉城前川1336 🕐 9:00〜17:30(最終受付16:00)
🈳 無休 💴 大人2000円、子ども1000円
🚗 南風原南ICから約6km 🅿 400台

歩く・観る●本島南部

スーパーエイサーショー

沖縄の伝統芸能「エイサー」をアレンジしたショー。ダイナミックな演舞は迫力満点だ。
🏠 ショー会場 🕐 10:30、12:30、14:30(1日3回)

⇗ 琉球王国城下町にいる琉球犬の「空ちゃん」

玉泉洞

約30万年の時をかけてつくられた玉泉洞。全長約5km、鍾乳石約100万本、国内最大級の規模を誇り、そのうちの890mを一般公開している。

琉球王国城下町

昔の沖縄を再現した街並み。かわいいグッズが作れる工房や伝統衣装の着付けも体験できる。

伝統工芸体験が楽しめる

ブクブクー茶屋
ブクブクーちゃや
ブクブクーや白い泡たっぷりのブクブクー茶でひと休み

紅型工房
びんがたこうぼう
色鮮やかな紅型染めのコースターやバッグを作る

紙すき工房
かみすきこうぼう
琉球和紙ではがきやしおりが作れる

藍染め工房
あいぞめこうぼう
琉球藍の染め体験でハンカチやマイバッグ作り

機織工房
はたおりこうぼう
機織り機で、かわいいしおりやストラップを織る

南都酒造所

なんとしゅぞうしょ

コーラルウォーター100%で仕込んだ風味豊かなビール「OKINAWA SANGO BEER」の醸造所兼ショップ。ハーブ入りのハブ酒や沖縄産果実を使ったリキュール「島のなごみ」など販売。ハブ酒の試飲コーナーもある。

⇗ シークヮーサー果汁が入った琉球ハブボールと琉球レモンサワーは人気急上昇

⇗ OKINAWA SANGO BEERはセゾン、ケルシュ、IPAの全3種類

那覇空港至近の瀬長島西岸にある白亜のショッピングスポット!

Gourmet

県内で人気のレストランや地元食材が味わえる店など、飲食店が37店舗。海を眺めながらの食事ができるテラス席は開放感たっぷり。テイクアウトできるフードやドリンクも豊富に揃い、散策しながらの食べ歩きも楽しめる。

氾濫バーガー チムフガス
はんらんバーガー チムフガス
バンズからはみ出る具が圧巻のバーガーは、沖縄の言葉で「満足させる」を意味する店名どおり。⏰11:00〜21:00

Poke Boo
ポケブー
ハワイでメジャーな食べ物・ポキボウル。マグロやタコなどと、多彩なフレーバーで味わう。⏰11:00〜21:00(LO20:30)

n.alc.0
ナルコ
シークヮーサーや紅芋を使ったメニューを筆頭に、沖縄らしさを感じるドリンクが充実。⏰11:00〜21:00(LO20:30)

Relaxation

肌荒れや毛穴の掃除、日焼け後の鎮静などに効果があるとされるクチャ。スパで使われる沖縄県産クチャは、おみやげ用にも販売している。

Re Herb
リハーブ
沖縄ハーブやクチャ（泥パック）を使用した施術が受けられる。⏰10:00〜20:00

Event

日没後には毎日海をテーマにしたプロジェクションマッピングを放映。

瀬長島ウミカジテラス
せながじまウミカジテラス

豊見城 **MAP** 付録P.10 A-3

沖縄の海風を感じながらリゾートアイランドでショッピング

2015年8月、瀬長島にオープンしたリゾート施設。美しい海を望む斜面に立ち並ぶ白い建物は、地中海のリゾートをイメージ。制作体験やリラクゼーションも揃う。隣接する温泉「琉球温泉龍神の湯」と併せて訪れるのもおすすめだ。

☎098-851-7446 🏠豊見城市瀬長174-6 ⏰10:00〜21:00(LO20:30) 🈳無休 🚌那覇空港ターミナルから約6km／那覇空港、国際通りからウミカジライナー(直行便バス)が運行 🅿約600台

きらめく海を眺めながら爽快なドライブ

西海岸リゾートエリア

にしかいがんリゾートエリア

絶景オーシャンビューが広がる西海岸には
リゾートホテルが数多く点在。滞在地として
またドライブコースとしても人気だ。

↑東シナ海を望む
恩納村の真栄田岬

北谷から名護まで爽快に駆け抜ける

シーサイド・ドライブ

白砂の美しいビーチが点在するリゾート地は
海景色抜群でドライブも快適。やちむんの里や
琉球村で、伝統文化体験も楽しもう。

↑透明な海の白砂ビーチ

1 やちむんの里
やちむんのさと

読谷 **MAP** 付録P.8 B-4

個性的な焼物が見つかる

登り窯や陶芸工房、ギャラリーが集まる
陶芸村。工房見学や買い物が楽しめる。

➡ P.154

↑登り窯も沖縄らしい赤瓦

2 残波ビーチ
ざんばビーチ

読谷 **MAP** 付録P.8 A-3

地元の人にも人気

海水浴設備が整い、バナナボー
トやグラスボートなどアクティ
ビティも充実。

☎098-958-3833(ビーチハウス)
所読谷村宇座1933
交石川ICから約14km P100台

3 残波岬公園
ざんばみさきこうえん

読谷 **MAP** 付録P.8A-3

きれいな夕陽も魅力

岬に約2kmの断崖が続き、先端に白亜
の灯台が建つ。公園内にBBQ施設やカ
フェ、周辺にスポーツ施設などがある。

☎098-958-0038(ザンパリゾートアクティビ
ティパーク) 所読谷村宇座
交石川ICから約14km P500台

↑灯台の展望台がいち
ばんの絶景ポイント

P.70 万座ビーチ

万座毛 **6**

万座毛
恩納村
屋嘉IC

4 真栄田岬

久良波 仲泊 石川IC

5 琉球村

★座喜味城跡 P.101

3 残波岬公園

残波ビーチ **2**

残波入口

1 やちむんの里

高志保

東シナ海

よみたんそん
読谷村 喜名 沖縄市

うるま市

比謝川

沖縄北IC

嘉手納飛行場

嘉手納町

沖縄南IC

ちゃたんちょう
北谷町

P.117
A&W 美浜店 **R**

P.120
美浜アメリカン
ビレッジ ★

START

西原IC

↑海岸へ階段で下りられる

4 真栄田岬
まえだみさき

恩納 MAP 付録P.8 B-3

眼下に紺碧の海が広がる

透明度抜群のサンゴ礁の海を断崖上から眺められる。人気ダイビングポイントの青の洞窟も近い。

☎098-982-5339(真栄田岬管理事務所)
所恩納村真栄田 交石川ICから約7km
P180台(有料)

立ち寄りスポット

A&W 美浜店
エイ&ダブリュ みはまてん

MAP 付録P.11 D-2

1963年に沖縄に上陸したハンバーガー店。イートインのほか、ドライブスルーで利用することもできる。

☎098-936-9005
所北谷町美浜2-5-5
営8:00〜24:00 休無休
交バス・桑江下車、徒歩1分 P27台

↑A&Wバーガー790円。ドリンクでは名物ルートビアを選びたい

5 琉球村
りゅうきゅうむら

恩納 MAP 付録P.8 B-3

昔の沖縄にタイムスリップ

築80〜200年の古民家を移築したテーマパーク。琉球衣装の着付けやシーサーの色塗りなどのさまざまな体験のほか、園内で催されるエイサーで楽しめる。雨天時に安心なドーム型施設も。

琉球衣装で撮影も可能(有料)

↑エイサーショーは1日4回開催される

☎098-965-1234 所恩納村山田1130
営9:30〜17:00(最終受付16:00) 休無休
料1500円 交石川ICから約7km P約200台

ブセナ海中公園
P.70 ミッションビーチ
7 許田IC GOAL
宜野座村 宜野座IC
きんちょう 金武町 329
金武IC 億首川
N
0 3km

6 万座毛
まんざもう

恩納 MAP 付録P.9 D-2

七色に変化する海を堪能

遊歩道が設けられ、ゾウの鼻のような崖や夫婦岩、万座ビーチなど、多様な景色が満喫できる。石灰岩に自生する天然記念物の植物群落も必見。

↑西海岸でも人気の高い絶景スポット

☎098-966-8080 所恩納村恩納
交屋嘉ICから約7km P315台

7 ブセナ海中公園
ブセナかいちゅうこうえん

名護 MAP 付録P.9 F-1

海中世界を気軽に楽しみたい

海中展望塔からは色鮮やかな熱帯魚を間近に見ることができる。隣接する桟橋からはグラスボートが運航。

☎0980-52-3379 所名護市喜瀬1744-1 営海中展望塔9:00〜18:00
(11〜3月は〜17:30) 最終入場は各30分前/グラスボート9:10〜17:30
(11〜3月は〜17:00)の毎時10分、30分、50分に運航(12時台は10分・30分、11〜3月の16時台は10分・30分のみ) 休無休
料海中展望塔1050円、グラスボート1560円、セット料金(海中展望塔+グラスボート)2100円 交許田ICから約4km P200台

↑水深5mの世界をのぞける海中展望塔がある

所要◆約2時間10分

おすすめドライブルート

那覇空港から沖縄南ICまでは沖縄自動車道で約34km、所要約40分。ルート付近には道の駅かでななど休憩スポットも点在する。観光名所やホテルが立ち並ぶ海岸沿いの道は、ハイシーズンには渋滞になることも。また、岬などの観光地周辺の道は狭く、車や歩行者も多いので注意しよう。国道58号は仲泊でバイパスと分岐するが、万座毛へは海沿いの旧国道を進もう。

沖縄南IC
おきなわみなみ

↓ 国道330号、県道130号、国道58号、県道12号 20km/40分

1 やちむんの里
やちむんのさと

↓ 県道12号、県道6号 8km/20分

2 残波ビーチ
ざんぱビーチ

↓ 550m/3分(徒歩)

3 残波岬公園
ざんぱみさきこうえん

↓ 県道6号 8km/12分

4 真栄田岬
まえだみさき

↓ 県道6号 2km/6分

5 琉球村
りゅうきゅうむら

↓ 国道58号 13.5km/20分

6 万座毛
まんざもう

↓ 国道58号 12.5km/20分

7 ブセナ海中公園
ブセナかいちゅうこうえん

↓ 国道58号 4.5km/5分

許田IC
きよだ

シーサイド・ドライブ

アメリカ文化を感じるエリアで遊ぶ

本島中部・東海岸
ほんとうちゅうぶ・ひがしかいがん

外国情緒が色濃く残る本島中部の港川や
北谷町にある美浜アメリカンビレッジで
アメリカンな雰囲気を楽しもう。

歩く・観る ● 本島中部・東海岸

おしゃれエリアを散策

港川外人住宅の
ショップ＆カフェ

沖縄独特の外人住宅のなかでも注目のエリア。
深いこだわりを持ったおしゃれで
個性的なお店が集まっている。

周辺図 付録 P.13 下

N
0 50m

Ⓐ宜野湾

⑫タウンプラザ
かねひで

国道58号

琉球日産

Ⓣ那覇

ジャンボG1店

P.119 rat＆sheep Ⓡ

P.119 OKINAWA
CERRADO COFFEE
Beans Store Ⓒ

Cafebar Vambo Luga Ⓒ
P.118

P.119 [oHacorté] 港川本店 Ⓢ

学園通り

野菜料理中心のプレートで
体も心もリフレッシュ

Cafebar Vambo Luga
カフェバー バンボ ルーガ

MAP 付録 P.13 E-3 　 カフェ・バー

カウンター、図書館と呼ばれる部屋
などいろいろな空間を用意。一人で
も数人でものんびりできる。種類豊
富な料理がのったプレートには、沖
縄県産の野菜を多く使用している。

☎098-878-0105
所浦添市港川2-16-8#21
営12:00〜23:00(LO22:00)
月曜は〜16:00　休火曜
交バス・港川下車、徒歩10
分　P5台

1.昼夜問わず静かなたたず
まい。雑貨なども販売
2.プレートはアジアン(お
肉、写真)、魚、ドリアの
3種類から選べる1300円
3.テラス席は小さな子ど
もと一緒に過ごすのにも
ぴったり

118

フルーツたっぷりの
季節限定タルトを選ぶ

[oHacorté] 港川本店
オハコルテ みなとがわほんてん
MAP 付録P.13 E-3 　　　タルト

沖縄のフルーツタルト専門店として
大人気の店。イートインスペースも
設け、外人住宅を改装した店内、テラ
ス小屋など自分に合ったスペースで
心地よく過ごせる。手みやげやギフ
トにぴったりな焼き菓子も販売。

☎098-875-2129
🏠浦添市港川2-17-1 #18 　🕐11:30〜19:00
(LO18:00)　🈲不定休　🚌バス・港川下車、
徒歩10分　🅿6台

1.木のぬくもりを感じる落ち着いた店内。家
族連れもくつろいでいる
2.季節のいろいろフルーツのタルト748円
3.お店で出している紅茶やコーヒー豆と、雑
貨などの販売も行っている

初めてヤギ肉を食べる人も
おいしさを実感できる

rat & sheep
ラット & シープ
MAP 付録P.13 E-3 　　　レストラン

郷土料理でありながら、地元の人で
も好き嫌いの分かれるヤギ肉。それ
をおいしく食べてもらいたいと、豚
肉との合い挽きにして調理するなど
試行錯誤を繰り返した。ヤギ料理以
外も、こだわりのメニューばかり。

☎098-963-6488
🏠浦添市港川2-13-9 #43 　🕐11:30〜16:
00、金・土曜は18:00〜24:00も営業 　🈲日
曜、祝日の月曜 　🚌バス・港川下車、徒歩10
分　🅿6台

1.ピザハンバーグ990円。
ピザとは宮古島の方言
でヤギのこと　2.すっき
りとシンプルな店構え。
窓が大きく開けられ、店
内は明るい　3.外人住宅
街の一番奥に位置する静
かな環境

自分好みのおいしさの
コーヒーに出会える

OKINAWA CERRADO COFFEE Beans Store
オキナワ セラード コーヒー ビーンズ ストア
MAP 付録P.13 E-3 　　　カフェ

一人一人と話して、その人の好みに
合ったコーヒー豆を選んでくれる。
豆を買った人には、淹れ方のアドバ
イスと、コーヒー1杯をサービス。飲
むと、ほのかな甘みが感じられる。

☎080-6486-4107
🏠浦添市港川2-15-6 #28
🕐11:00〜18:00(LO17:30)　🈲不定休
🚌バス・港川下車、徒歩10分　🅿4台

1.南国情緒たっぷりの店。隣
の焙煎工場の香りが充満
2.工場で焙煎したてのスペ
シャルティコーヒーが並ぶ
3.コーヒーの淹れ方を目の前
で見せて、教えてくれる

アメリカ西海岸の空気を感じる
美浜アメリカンビレッジ
みはまアメリカンビレッジ

OKINAWAトレンドと
エンターテインメントの発信地

アメリカ西海岸の雰囲気でデザインされたカラフルな街並み
がかわいいスポット。オープンしてからお店が増え続け、今や
沖縄の新たなトレンドを発信する場所に。ファッション、雑貨、
グルメ、映画館、ライブハウス、美術館などのさまざまなエン
ターテインメント施設が揃い、昼夜を問わず遊べる空間として
地元客からも観光客からも人気を集めている。

北谷 **MAP** 付録P.11 D-2

☎098-926-4455(北谷町観光情報センター) 所北谷町美浜 休店舗に
より異なる 交沖縄南ICから約5km Pあり(町営駐車場利用)

ビレッジ内には、観覧車や夕日の
美しいビーチもある

Depot Island デポアイランド

デポアイランドビルA **MAP** 付録P.11 D-2

沖縄ならではのリゾートファッションをテ
ーマとしている。カジュアルウエアから雑
貨まで幅広い品揃えを誇り、全身コーデ
ィネイトもできる。

☎098-926-3322 営10:00～21:00 休無休

↑テーマパー
クのような店
構え
↑缶クーラー
各880円

↑インポー
トビキニは
上下セット
で7800円～

BLANC JUJU ブラン ジュジュ

カンバーナ沖縄別館 **MAP** 付録P.11 D-2

沖縄の伝統的な手染めである紅型作家
hisamiさんが提案するブランド。POPで
かわいらしい作品が揃う。

☎098-926-1930 営11:00～19:00 休火曜

↑シルク扇子3850円

↑おみやげにもよろこばれそう

レストランチュラティーダ

ザ・ビーチタワー沖縄 **MAP** 付録P.11 D-2

ビュッフェスタイルのレストラン。ランチは
ステーキなど20種類以上を用意。ディナ
ーは沖縄料理をはじめ、30種類以上の
料理が並ぶ。

☎098-921-7719 営11:30～14:30(14:00LO)
ディナー 18:00～22:00(21:00LO)
休無休(ランチは土・日曜、祝日のみ営業)

↑ガチヤマー
ランチバイキン
グ2600円

↑居心地のよい
テラス席

歩く・観る●本島中部・東海岸

Have a substantial meal!
心躍るアメリカ家庭料理

THE ROSE GARDEN

ザ ローズ ガーデン

MAP 付録P.11 E-2 レストラン

外国人客も多い、アメリカ家庭料理の店。手作りマフィンや、自社ガーデンの無農薬ハーブ使用のソーセージなど、こだわって作られた料理が人気。ブレックファストメニューは8～17時、ランチは11～17時の間オーダーすることができる。

↑アメリカ南部の田舎の雰囲気。行列ができるほど賑わうことも

☎098-932-2800
所北中城村屋宜原165-1
営8:00～20:00(LO19:30)
休無休　交バス・屋宜原下車、徒歩2分　P20台

↑人気朝食メニューのエッグベネディクト、コーヒー付き1430円

ノスタルジック&エキゾチックに
気分はアメリカ

現地で買い付けたレトロなアイテムに触れ、米国映画で見たようなインテリアのなかで食事。古き良きアメリカに、タイムトラベルする心地で。

アメリカ直輸入・直仕入れ
魅惑のアンティークショップ

CHICAGO ANTIQUES on ROUTE 58

シカゴ アンティークス オン ルート ごじゅうはち

MAP 付録P.13 F-1 アンティーク

食器や鍋などのキッチン雑貨、ファッショングッズ、おもちゃ、文房具、家具など、時間をかけて集められた一点ものの品がぎっしりと並ぶ大型店。質の良さと、良心的な価格でも定評がある。

↑国道58号沿いに建つ。驚くほど豊富な品揃え

☎098-898-8100
所宜野湾市真志喜1-1-1
営11:00～18:00　休日曜
交バス・真志喜下車、徒歩2分　Pあり(近隣契約駐車場利用)

→希少価値が高い、70年代のバンカーズランプ。凝った装飾が素敵。4万2000円

←女の子の柄がかわいい、30年代のソーイングマシン3万5000円

↓オリジナルアイアンスツール3万9000円は、好みの高さでオーダー可能

→パールなどが装飾された、50年代のレアもの。プラスチックバッグ2万7500円

↓花がモチーフの、ガラス製ネックレス。ガラスの色と風合いが愛らしい、60年代の品。7700円

↑→ファイヤーキングコンコードマグ6600円(上)、ジェダイマグ9900円(右)

自社工房でリペアした
アンティーク家具

PEARL.

パール

MAP 付録P.13 F-1 アンティーク

アメリカのポートランドで買い付けたヴィンテージ&アンティーク家具を、新たに100年使い続けられるようにとの思いを込めてリペア。ミッドセンチュリースタイルのオリジナル商品も人気。

☎098-890-7551　所宜野湾市大山4-2-6
営12:00～18:00　休無休
交バス・大山下車、徒歩5分　Pなし

↑日差しが明るい店内に、家具やランプが揃う。地下1階が工房

海上の道路と橋をつたって沖へ沖へと

海中道路を
渡って島々へ

海中道路を渡っ
て平安座島へ

2つのグスク（城）を訪ね、海のパノラマが広がる海中道路で小島巡り。
神話に登場する素朴な集落やきれいなビーチに癒やされる。

おきなわし
沖縄市
⑦ 石川IC
329
宇堅ビーチ
GOAL
うるま市
沖縄北IC
36
具志川ビーチ
10
33
10
16
329
85
勝連城跡 3
777
SC イオンモール
沖縄ライカム
沖縄県総合運動公園
沖縄自動車道
渡口
81
きたなかぐすくそん
北中城村
START
北中城IC
29
2 中村家住宅
146
1 中城城跡

歩く・観る ● 本島中部・東海岸

1 中城城跡
なかぐすくじょうあと

世界遺産

中城／北中城 MAP 付録P.11 E-3

↑日本100名城や世界遺産に登録された貴重な城

保存状態の良い琉球の名城

15世紀中頃の面影を残す城跡。3種類の石積みの方法で築かれた城壁や郭、門が見られる。 ➡ **P.101**

2 中村家住宅
なかむらけじゅうたく

北中城 MAP 付録P.11 E-3

国の重要文化財指定の住宅

18世紀中頃の上層農家の屋敷。石垣で囲まれ、母屋や離れ、家畜小屋などの建物が残り、往時の屋敷の構えを知ることができる。

☎098-935-3500
所北中城村大城106
時9:00〜17:00（最終入場16:30）
休水・木曜
料500円 交北中城ICから約3km P25台

↑典型的な戦前の屋敷。以前は竹茅葺きの屋根だった

3 勝連城跡
かつれんじょうあと

世界遺産

うるま MAP 付録P.6 C-4

眺めの良い13世紀の城

13世紀頃の築城とされ、弧を描く城壁が特徴。一の曲輪から海中道路や中城湾、久高島を望む。

➡ **P.101**

↑海を望む勝連半島の丘陵地に建つ。世界遺産となった沖縄の5城のひとつ

浜比嘉大橋

4 浜比嘉島
はまひがじま
うるま MAP 付録P.7 D-4

神話を生んだ素朴な集落

赤瓦屋根の家々や石垣の連なるのどかな小島。琉球神話ゆかりのスポットも点在している。

所うるま市勝連浜・勝連比嘉
交沖縄北ICから約19km

↑周囲7kmの起伏に富む小島。琉球の創世神アマミキヨが暮らしたと伝えられる

伊計ビーチ・
伊計大橋・ 5 伊計島

10

宮城島

★果報バンタ
P.25

平安座島

金武湾

海中道路 238

★浜比嘉大橋
P.26

うるま市

海中道路西口

S 海の駅 あやはし館
P.123

薮地島

4 浜比嘉島

勝連半島

8

カンナ崎

N
0   2km

5 伊計島
いけいじま
うるま MAP 付録P.7 D-3

クリアな海でひと泳ぎ

宮城島と伊計大橋で結ばれた周囲約7kmの島。白砂と透明な海で人気の伊計ビーチがある。

所うるま市与那城伊計   交沖縄北ICから約27km

立ち寄りスポット

海の駅 あやはし館
うみのえき あやはしかん
MAP 付録P.7 D-4

うるま市や地域の特産品が揃う。沖縄そば店、パーラーなども併設。

☎098-978-8830
所うるま市与那城屋平4
営9:00〜18:00、海中茶屋
10:30〜17:00 休無休
交沖縄北ICから約14km
Ｐ100台

↑透明な海が自慢の伊計ビーチ。マリンスポーツが盛ん

↑地元出身のアーティストの作品を販売するコーナーも

所要◆約2時間
おすすめドライブルート

那覇空港から北中城ICまでは沖縄自動車道経由で約24km、約40分。海中道路はまっすぐの片側2車線の道路で景色も良く、爽快にドライブできるが、スピードが出やすいので気をつけよう。また、ロードパーク以外は駐車厳禁。浜比嘉島の集落内は、狭い道も多いのでゆっくり走ろう。

北中城IC
きたなかぐすく

↓ 県道29号・146号
5km／10分

1 中城城跡
なかぐすくじょうあと

↓ 県道146号
650m／2分

2 中村家住宅
なかむらけじゅうたく

↓ 県道146号・81号・227号・85号・33号・16号
14km／28分

3 勝連城跡
かつれんじょうあと

↓ 県道16号・10号・238号
10km／13分

4 浜比嘉島
はまひがじま

↑平安座島と浜比嘉島を結ぶ、浜比嘉大橋

↓ 県道238号・10号
12km／20分

5 伊計島
いけいじま

↓ 県道10号・37号・36号
27km／45分

沖縄北IC
おきなわきた

海中道路を渡って島々へ

123

海や森が織りなす大自然のなかへ

本部半島・名護

もとぶはんとう・なご

沖縄本島の中でも、とりわけ自然が魅力的な
エリア。ビーチが美しい周辺の小さな島々や
人気の沖縄美ら海水族館も必見。

歩く・観る ● 本部半島・名護

本部半島の個性的な島々

島めぐりドライブ

山と海の自然に恵まれた本部半島。
パイナップル畑や水族館を満喫したら
小島へ渡り、ロマンティックな歴史神話の舞台へ。

↑世界遺産にも登録
されている、北山国
王の居城・今帰仁城跡

備瀬のフクギ並木 **4**
今帰仁城跡 **5**
P.69 エメラルドビーチ
沖縄美ら海水族館 **3**
水納ビーチ P.68
P.69 瀬底ビーチ
★ 水納島
P.124
瀬底島 **2** 瀬底大橋
本部富士 ▲
八重岳 ▲
嘉津宇岳 ▲
東シナ海

1 ナゴパイナップルパーク

名護 **MAP** 付録P.5 E-4

パイナップルのテーマパーク

自動運転のカートでパイナップル畑を見学。
パインのお菓子やワインを試食・試飲しなが
らショッピングも楽しめる。パインが揃うカ
フェなど施設が充実。

☎0980-53-3659 所名護市為又1195
営10:00～18:00（最終受付17:30）休無休 料1200円
交許田ICから約11km P200台

↑自動運転のパイナップル号に乗っ
てパイン畑を見学。雨の日でも濡れ
ずに見学ができて便利

↑国内唯一のパイ
ナップルワイナリー。
パイナップルを使っ
たワインやジュース
の試飲も楽しめる

水納島　小さな島へ

みんなじま

MAP 付録P.4 B-3

三日月形をした周囲約4km
の小島。きれいな海でダイ
ビングやビーチアクティビ
ティが楽しめる。

☎0980-47-3641（もとぶ町観光協
会）／0980-47-5179（水納海運）
交本部町・渡
久地港から高
速フェリーで
15分

↑定期船で
行ける

↑瀬底ビー
チは沖縄屈
指の透明度

2 瀬底島

せそこじま

本部 **MAP** 付録P.4 C-3

天然のロングビーチが魅力

全長762mの瀬底大橋で半島と
結ばれている。長い砂浜と抜群
の透明度の瀬底ビーチが人気。

☎0980-47-3641（もとぶ町観光協会）
所本部町瀬底 交許田ICから約23km

③ 沖縄美ら海水族館
おきなわちゅらうみすいぞくかん

本部 **MAP** 付録P.4 C-2

世界有数のスケールの水族館

マンタやジンベエザメが泳ぐ水槽「黒潮の海」や、カラフルな熱帯魚が泳ぐ水槽「熱帯魚の海」などで、沖縄の海の魅力を体感。イルカショーを無料で見られる館外施設も徒歩圏内。 **➡P.61**

⬆1日2回行われるジンベエザメの給餌が人気
写真提供：国営沖縄記念公園（海洋博公園）・沖縄美ら海水族館

④ 備瀬のフクギ並木
びせのフクギなみき

本部 **MAP** 付録P.4 C-2

車を降りて緑の集落を散策

防風林の役目を持つフクギが集落を囲む。巨木がトンネルをつくる並木道を散策しよう。

☎0980-47-3641
（もとぶ町観光協会）
🏠本部町備瀬
🚗許田ICから約29km

⬆樹齢300年以上の巨木もある。防風林のフクギが台風の強風から家を守る

⑤ 今帰仁城跡
なきじんじょうせき

世界遺産

今帰仁 **MAP** 付録P.5 D-2

大規模な世界遺産の城

琉球統一前に本島北部を治めた王の居城。古期石灰岩を積み上げた長い城壁が、地形に沿って波打つように連なる。高台から東シナ海を望む。 **➡P.101**

⬆築城は13世紀。1.5km続く城壁や郭跡が残る

⑥ 古宇利島
こうりじま

古宇利島 **MAP** 付録P.5 F-2

恋の神話が残る

アダムとイブの話に似た琉球創世神話が残り、恋島とも呼ばれた。神話ゆかりの地やハート形の岩などの景勝地、ビーチもある。

⬆屋我地島から古宇利大橋で行ける
☎なし
🏠今帰仁村古宇利
🚗許田ICから約24km

立ち寄りスポット

しらさ

古宇利島 **MAP** 付録P.5 F-2

創業40年以上の老舗食堂。海を眺めながら食事を楽しめる。メニューも豊富。

⬆海ぶどうたっぷりの海鮮丼2300円

☎0980-51-5252　🏠今帰仁村古宇利176　🕘9:00～18:00（10～6月は～17:00）　⊗不定休　🚗許田ICから約24km　Ｐあり

P.125 しらさ R

⑥ 古宇利島
古宇利オーシャンタワー
P.68
古宇利ビーチ
古宇利大橋

ッパマビーチ
蓬天港
屋我地島
ワルミ大橋
ん村
仁村
岳

羽地内海
奥武島

展望台
P.25

① ナゴパイナップルパーク
[北]
84
58

なごし
名護大北トンネル
名護市
名護中央公園
名護岳

21世紀の森ビーチ
世富慶
世富慶IC
清

58
道の駅 許田
やんばる物産センター

START&GOAL

縄
車道

⬇宜野座IC

所要◆約2時間10分

おすすめドライブルート

那覇空港から許田ICまでは沖縄自動車道で約72km、所要約1時間。許田ICから名護市内にかけては比較的交通量も多く、時間帯や日によっては渋滞になることも多いので、スケジュールに余裕をもっておこう。

許田IC
きょだ

⬇国道58号、県道84号
13km／17分

1 ナゴパイナップルパーク

⬇国道449号、県道172号
17km／20分

2 瀬底島
せそこじま

⬇県道172号、国道449号、県道114号
8.2km／14分

3 沖縄美ら海水族館
おきなわちゅらうみすいぞくかん

⬇県道114号
800m／3分

4 備瀬のフクギ並木
びせのフクギなみき

⬇県道114号、国道505号、県道115号
7km／10分

5 今帰仁城跡
なきじんじょうせき

⬇国道505号、県道248号・247号　15km／25分

6 古宇利島
こうりじま

⬆古宇利島の風景

⬇県道247号・110号、国道58号
24km／25分

許田IC
きょだ

島めぐりドライブ

豊かな自然、珍しい動植物に出会う

やんばる

沖縄本島の北部に広がる、やんばるエリア。
亜熱帯の森林と本島最北端の岬で
ダイナミックな自然の息吹を感じたい。

↑隆起サンゴの荒々しい断崖が続く辺戸岬

ジャングルのダイナミズムを感じる

緑深い亜熱帯の森

手つかずの自然が生み出す絶景スポットを訪ねながら、
沖縄本島最北の辺戸岬を目指して爽快ドライブ!

東シナ海
N
0　5km

辺戸岬 ③
大石林山 ②
茅打バンタ ①

辺戸岬川
58

東シナ海

くにがみそん 国頭村
赤丸崎
P.69 オクマビーチ
ゆいゆいゆい国頭
★比地大滝 P.29/P.87
△与那覇岳
古宇利島
古宇利大橋
おおぎみそん 大宜味村
なきじんそん 今帰仁村
もとぶちょう 本部町 乙羽岳
屋我地島
塩屋湾
福上湖
本部半島
58 331
ひがしそん 東村
△八重岳
331
70
505
羽地内海
△多野岳
東村ふれあい・ヒルギ公園
△名護岳
なご 名護市
名護湾
START&GOAL
許田IC
58
きのざそん 宜野座村
自沖縄車動道
宜野座IC
大浦湾
金武IC

↑大石林山にある、日本最大級のガジュマル

所要◆約2時間30分
おすすめドライブルート

那覇空港から許田ICまでは沖縄自動車道で約72km、所要約1時間。許田ICからは名護東道路を経由して国道58号をひたすら北上。大宜味村、国頭村ではヤンバルクイナやウミガメ、カニなど動物の飛び出しに注意!

許田IC
きょだ

↓ 国道58号
55km／1時間5分

1 茅打バンタ
かやうちバンタ

↓ 1.3km／5分

2 大石林山
だいせきりんざん

↓ 2.4km／5分

3 辺戸岬
へどみさき

↓ 国道58号
55km／1時間10分

許田IC
きょだ

1 茅打バンタ
かやうちバンタ
国頭 MAP 付録P.3 E-1

やんばる随一の景勝地

高さ80mの切り立った断崖。茅を投げ込んだら強風でバラバラに飛び散ったのが名の由来。
☎0980-43-0977(辺戸岬観光案内所)
所 国頭村宜名真
圏 許田ICから約52km ℗22台

↑眼下にサンゴ礁の海が広がる

2 大石林山
だいせきりんざん
国頭 MAP 付録P.3 E-1

やんばるの大自然を満喫

熱帯の森が広がり、奇岩の林立する熱帯カルスト台地に、4本の散策コースが整備されている。 ➡P.88

3 辺戸岬
へどみさき
国頭 MAP 付録P.3 F-1

波しぶきが散る最北の地

本島最北端の岬。断崖に打ち寄せる荒波がダイナミック。晴れれば鹿児島の与論島が見える。
☎0980-43-0977(辺戸岬観光案内所)
所 国頭村辺戸 圏 許田ICから約55km ℗47台

↑本土復帰祈願地に立つ祖国復帰闘争記念碑

126

GOURMET

Okinawa

食べる

異彩を放つ食文化も、
沖縄旅行の醍醐味のひとつ。
心のこもった家庭料理、
豪快なアメリカングルメ、
素朴な島おやつなど、
さまざまな「食」の店が揃う。
景色や雰囲気も楽しんで。

うちなー
生まれの味に
癒やされる

ゴーヤーチャンプルー
スライスしたゴーヤーを
卵でとじた炒め物の定番

ソーミンチャンプルー
茹でたソーメンを豚肉な
どと炒めた家庭料理

ナーベラー味噌煮
ヘチマが含む自然の水分
で具材を煮込んだ味噌煮

豆腐チャンプルー
島豆腐をメインに野菜や
豚肉を一緒に炒めたもの

麩チャンプルー
卵に浸した車麩がふわふ
わした独特の食感を出す

愛される沖縄の味

島料理図鑑

珍しい食材や調理法で作られた料理は、旅行者には
新鮮なものばかり。初めて食べる味と食感を楽しんでみたい。

ヒラヤーチー
沖縄版チヂミ。上にのせる
具材は店により異なる

豆腐よう
島豆腐を泡盛や麹に漬け
て熟成させた発酵食品

ニンジンしりしり
千切りにしたニンジンと卵
を炒めたシンプルな料理

ジーマミー豆腐
落花生で作った豆腐。もっ
ちりした食感が特徴

アーサー汁
海藻のアーサーを入れた
すまし汁。ほんのり塩味

てびち煮込み
コラーゲンたっぷりの豚足
（てびち）の煮込み

ラフテー
豚肉の角煮。三枚肉を泡
盛や醤油で甘辛く味付け

中味汁
豚の小腸や胃などの中味
（内臓）を具にした汁もの

イナムドゥチ
こんにゃくや豚肉を甘い白
味噌仕立てにした汁もの

ミミガー
豚耳で作った料理。軟骨
がコリコリした歯ごたえ

山羊汁
山羊肉が入った汁もの。
県民でも好き嫌いが二分

もずく酢
体に良いといわれる新鮮
な県産もずくを三杯酢で

グルクンの唐揚げ
沖縄の県魚グルクンを揚
げた沖縄料理

スクガラス豆腐
島豆腐の上に塩漬けされ
たアイゴの稚魚がのる

島魚

沖縄近海の魚には、驚くほど色鮮やかなものも。街なかの食堂や居酒屋で食べられる。

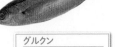

アバサー
和名、ハリセンボン。怒ると針を立てて膨らむ

ビタロー
フエダイ類の総称。上品な旨みが人気の白身魚

グルクン
和名、タカサゴ。クセのない白身が美味。沖縄の県魚

ミーバイ
ハタ類の総称。小型から大型まで50種以上いる

タマン
和名、ハマフエフキ。5〜7kgになる大型高級魚

アカマチ
和名、ハマダイ。どんな料理にも合う高級深海魚

イラブチャー
和名、ブダイ。ひときわ目を引く真っ青な体が特徴

どれも一度は試してみたい

島の食材、島の味

沖縄の山の幸・海の幸は、ここでしか見られないものが多い。
市場や道の駅を観光するときに、実物を探してみたい。

シャコ貝
刺身で食べるのが一般的。コリコリとした食感

島フルーツ

甘くて濃厚なものから、すっきりと酸味が強いものまで、南国の果物が揃う。

スターフルーツ
輪切りにすると星形をしている。ほのかに甘い

ドラゴンフルーツ
サボテンの実。さっぱりとした甘みと酸味が美味

シークヮーサー
沖縄を代表する柑橘類。レモンの代わりに使用

スナックパイン
スナックのように簡単にちぎれる。甘みが強い

パパイヤ
青い実は野菜、熟すとフルーツとして食される

島バナナ
甘みと酸味のバランスが絶妙。もっちりした食感

マンゴー
南国果実の王様。高い糖度と濃厚な甘さが人気

島野菜

独特の見た目と味が特徴。ミネラル、ビタミンといった栄養分も豊富に含まれている。

ゴーヤー
独特の苦みが特徴。沖縄を代表する島野菜

島カボチャ
沖縄在来種のカボチャ。粘質が強めで煮物向き

紅芋
鮮やかな紫色が美しい。ポリフェノールが豊富

青パパイヤ
果実ではなく野菜としての使用が沖縄では一般的

ウリズン豆
熱帯アジア原産。味というより歯ごたえを楽しむ

ターンム
田芋。上質な甘みを持ち、伝統料理に多用される

島ニンジン
耐暑性が強いニンジン、冬季限定で収穫量が少ない

島トウガラシ
辛み成分が強い。コーレーグースに入れて使う

ナーベラー
食用ヘチマ。沖縄ではゴーヤーと並ぶ家庭野菜

ハンダマ
葉裏が美しい紫色。サラダやおひたしで食べる

島ラッキョウ
沖縄版エシャロット。ネギに似た強い辛みを持つ

調味料

県名産の食材を使った調味料。料理の味付けやスパイスに、ご飯のお供に。

黒糖
サトウキビから作った黒砂糖。料理にコクが増す

シークヮーサー
レモンのような酸味があり、料理や飲み物に加える

あぐーあんだんすー
豚肉を加えた味付け味噌。おにぎりの具に人気

ヒバーチ
別名、島胡椒。シナモンに似た香りがする

こーれーぐす
泡盛に島トウガラシを漬け込んだ卓上調味料

ぬちまーす
ミネラル成分を豊富に含んだ海水から作られた塩

島とうがらし
島トウガラシの一味。沖縄そばや料理にお好みで

➡炊き込みご飯の上に、野菜と錦糸卵を彩りよく盛り、出汁をかけたセーファン594円

➡根気よく練った田芋に豚肉、かまぼこ、椎茸を混ぜた伝統料理。ドゥルワカシー594円

風情のある沖縄古民家で
伝統料理と泡盛に酔いしれる

古酒と琉球料理 うりずん

くーすとりゅうきゅうりょうり うりずん

那覇 MAP 付録P.17 F-2

昭和47年(1972)の創業時から、いち早く全酒造所の泡盛を取り寄せるなど、泡盛の普及に力を入れてきた老舗。店名物のドゥル天をはじめ、手間ひまかけた琉球料理や家庭料理は、変わらない味にファンも多い。

☎098-885-2178

所那覇市安里388-5

営17:30～24:00(LO23:00)

休無休 交ゆいレール・安里駅からすぐ Pなし

予約	望ましい
予算	D2500円～

➡ヘチマと島豆腐を白味噌で煮込む沖縄家庭料理の定番。ナーベーラーンブシー594円

うりずん定食 3564円
ラフテー、ドゥル天、刺身、ジーマーミ豆腐、昆布イリチイ、中味の吸い物など全10品

➡店専用の蔵で育てたうりずん特製古酒も提供

➡沖縄らしさ満点の空間。1階はテーブル席とカウンター、2階は畳間がある

華やかな御膳のおもてなし

琉球料理の正統を味わう

ていねいに作られ、盛り付けられた郷土料理の数々。
宮廷料理から家庭料理まで、多彩な味を存分に楽しみたい。

本土復帰前から愛される老舗で
家庭の味を堪能

ゆうなんぎい

那覇 MAP 付録P.16 B-3

オープンから50年以上。趣のある店内には、開店当時の写真が飾られ、歴史の長さを感じさせる。料理の味と女将の人柄にファンも多く、夜は行列ができるほどの人気店。いろいろ食べたいという人は定食を注文するのがおすすめ。

☎098-867-3765

所那覇市久茂地3-3-3

営12:00～14:30(LO) 17:30～22:00(LO)

休日曜、祝日

交ゆいレール・県庁前駅から徒歩5分 Pなし

予約	不可
予算	L1000円～ D2000円～

ゆうなんぎいA定食
3250円
ラフテー、ジーマーミ豆腐など全10品。 ボリューム満点なのでシェアして食べてもOK

➡国際通りから入った道沿いにあり、アクセス環境も抜群(右)。店内はカウンター、テーブル席、座敷があり、家族連れも安心(左)

丹念に仕込まれた八重山会席で
生命力あふれる島食材に舌鼓

八重山料理 潭亭
やえやまりょうりたんてい

首里 **MAP** 付録P.18 C-1

代々伝わる八重山地方の行事料理を、
独自の工夫と愛情を注いで現代に蘇ら
せた名店。季節ごとの島食材を酵素や
甘酢などで漬け込んだ発酵料理や、上
品な出汁で仕上げた彩飯など、滋味豊
かな品々をコース仕立てで楽しめる。

☎098-884-6193
所那覇市首里赤平町2-40-1
営11:30〜15:00 18:00〜23:00(完全予約制)
休月曜 交ゆいレール・儀保駅／首里駅から徒
歩8分 P5台

予約	完全予約制 (前日までに)
予算	Ⓛ1万1000円〜 Ⓓ1万6500円〜

➡首里虎頭山の高
台にあり、眼下に那
覇の街が広がる

八重山会席(昼)
1万1000円、1万6500円
アダンやオオタニワタリなどの
八重山野菜をふんだんに使用。
特製がんもどきや落花生の吸い
物など、ここだけの逸品が並ぶ

➡ゆったりとした空間でていねい
なもてなしが受けられる。夜は六
角形の琉球漆器・東道盆で提供す
るコースも

➡閑静な住宅街にある一軒家。掘りごたつの座敷や離れもある

宮廷料理から家庭料理まで
沖縄の食文化に出会える店

首里いろは庭
しゅりいろはてい

首里 **MAP** 付録P.18 B-3

自宅を改装した店内には、庭の景
色を楽しみながらくつろげる空間
が広がっている。沖縄の素材にこ
だわった伝統的なうちなー料理の
数々をお手ごろ料金で味わうこと
ができ、シンプルながらも奥深い
味わいが人気を集めている。

予約	望ましい
予算	Ⓛ1650円〜 Ⓓ2160円〜

☎098-885-3666
所那覇市首里金城町
3-34-5 営11:30〜
15:00 (LO)18:00〜
22:00(LO21:00)
休水曜(祝日の場合は
営業) 交ゆいレール・
首里駅から車で8分
P20台

守礼定食 3300円
イナムルチ(白味噌仕立ての沖
縄風豚汁)やミミガー、ゆし豆腐
など手作りの料理全18品

琉球料理の正統を味わう

花笠定食 950円
てびちや大根などの煮付けは、まさにあんまーの味。汁もの・ご飯・小鉢は数種類から選べる

あんま一流のおもてなしで
沖縄食堂の真髄を味わおう

花笠食堂
はながさしょくどう

那覇 **MAP** 付録P.17 D-3

安い・うまい・ボリューム満点の三拍子揃ったメニューとアイスティー飲み放題は、食べ盛りの学生も満足させたくて始めた花笠流のおもてなし。創業50年を超えた今もそのスタイルは健在だ。

☎098-866-6085
所 那覇市牧志3-2-48
営 11:00〜20:00(LO) 休 無休
交 ゆいレール・牧志駅から徒歩7分 P なし

◆平和通りに入ってすぐ。沖縄食堂のパイオニア的な存在

予算
L D 500円〜

"料理は心"だからねー。花笠の手作り料理を食べに来てください

食べる●沖縄ごはん

沖縄の「おふくろの味」いただきます

島んちゅの
まあさん(おいしい)食堂

気取らない雰囲気と、良心的な料金が魅力の大衆食堂。あんまー(お母さん)の愛情こもった料理でお腹いっぱいに。

健康のためにも、お野菜を残さずいっぺーうさがみそーれ(たくさん召し上がれ)

ぬくもりあふれる家庭の味で
地元に愛され続けて40年余

高良食堂
たからしょくどう

那覇 **MAP** 付録P.14 B-3

1972年の本土復帰の日に開業し、現在は2代目夫婦で営む老舗。家族を思うように手作りした温かな味を受け継いでいる。

☎098-868-6532
所 那覇市若狭1-7-10 営 10:30〜19:30(LO)
休 木曜 交 ゆいレール・県庁前駅から徒歩12分 P 10台

予算
L D 600円〜

◆店内は家庭的な雰囲気。親子3代で通う常連客もいる

てびち煮付け
900円
時間をかけて煮込んだてびち(豚足)と島豆腐、大根、米、沖縄そばがセットに

みそ汁 680円
島豆腐、ポーク、ニンジン、大根、卵、季節の野菜など、具だくさんのみそ汁。沖縄の赤味噌を使用

※現在、メニューにお刺身の提供はありません(高良食堂)。

お客さんの笑顔が見たいと
店主が真心こめた島豆腐

海洋食堂
かいようしょくどう

豊見城 **MAP** 付録P.10A-3

島豆腐専門店が営む食堂。無調整の
島豆腐は、やわらかくなめらかでふ
わふわの食感が特徴。ここでしか食
べられない逸品だ。ほかにも沖縄そ
ばなど沖縄家庭料理メニューも豊富。

☎098-850-2443
所豊見城市名嘉地192-10
営10:00〜18:00(LO17:30) 休日曜
交バス・名嘉地下車、徒歩5分 P8台

予算
Ⓛ Ⓓ 700円〜

毎日早朝から豆腐
作りをしています。
おいしい豆腐を食
べにきてください

↟豆腐料理を目当てに、地元の
常連客で賑わう。最近は観光客
も多い

豆腐ンブサー 800円
だしがたっぷりしみ込んだふわ
ふわの島豆腐に、ラフテーがの
ったボリューム満点の定食

太陽を浴びて育った自然の恵み

島野菜が食べたい

独特の見た目、味わい、食感が楽しい沖縄の野
菜。栄養豊富なので、たっぷり食べてエネル
ギーチャージを。

長寿の村に伝わる健康食材を
島時間を感じる空間でいただく

笑味の店
えみのみせ

大宜味 **MAP** 付録P.3 D-3

村のおばぁたちが代々受け継いでき
た体にやさしい郷土料理を食べやす
くアレンジ。店主・金城笑子さんの菜
園で採れた季節折々の島野菜を中心
に、素材を生かした料理が揃う。

☎0980-44-3220
所大宜味村大兼久61 営9:00〜17:00(フー
ド11:30〜16:00LO) 休火〜木曜
交許田ICから約28km Pあり(10台)

個性豊かな島野菜
たちの香り、色、
味をぜひ堪能して
みてください

予約 望ましい
予算 Ⓛ1500円〜

↟沖縄らしいのんびり
した島時間が流れるお
店。店主の自宅を改装し
てお店にした

↟ 長寿膳3200円。や
んばるの旬の味を堪能
できる看板メニュー。
季節により料理内容は
若干異なる。要予約

体をリセットしてくれる
生命力あふれる島野菜

浮島ガーデン
うきしまガーデン

那覇 **MAP** 付録P.17 D-3

オープンして約15年の古民家カフェ。
無農薬野菜と雑穀を使ったヴィーガ
ンメニューが味わえるほか、ほかで
は手に入らない雑穀アイテムや、ユ
ニークな民具なども購入できる。

☎098-943-2100
所那覇市松尾2-12-3
営11:30〜16:00(LO)
休月〜木曜
交ゆいレール・県庁前駅
から徒歩12分 Pなし

沖縄県産食材にこ
だわった体が喜ぶ
料理を心ゆくまで
楽しんでください

↟お店のある浮島通りは
おしゃれな店が多い。
2024年4月にリニューア
ルオープン予定

↟名物ベジタコ
ライス。島豆腐
を肉そっくりに
作り、自家製の
サルサソースに
は島野菜がたっ
ぷり

予約 望ましい
予算 Ⓛ1000円〜

GOOD DAY
BREAKY 800円
ベーコン、目玉焼、アボカド、サラダ、トーストのシンプルな定番朝食

↑外国人住宅をリノベーション。良い一日の始まりにふさわしいサーフムードの空間

素敵な朝活を叶えてくれる
おしゃれな外国人住宅カフェ

GOOD DAY COFFEE
グッディコーヒー

北谷 **MAP** 付録P.11 D-1

朝6時のオープンから多くの地元客が集う人気店。フードは、GOOD DAY BREAKYやフレンチトーストなど全6種類。こだわりのコーヒーは、オーストラリアの焙煎所から取り寄せた豆を使い、丁寧に淹れてくれる。

☎090-4470-1173
🏠北谷町浜川178-1 S-289
🕐6:00～15:00(LO14:30)
🈚不定休 🚗沖縄南ICから5km 🅿あり(10台)

予約	可
予算	Ⓑ Ⓛ 1000円～

多彩で魅力的な南国の朝食

沖縄の朝ごはん

ホテルの朝食ビュッフェとは異なる、地元の人が利用する
食堂やカフェなどへ足を運んでみたい。沖縄ならではの朝食時間を。

無添加・天然醸造の
体にやさしい生きた味噌

味噌めしや まるたま
みそめしやまるたま

那覇 **MAP** 付録P.16 B-4

創業170年を誇る「玉那覇味噌醤油」の味噌を用い、多彩な料理で楽しませてくれる。手をかけて育てられた味噌は体にやさしく、まろやかな甘みが特徴。まずは味噌汁でそのおいしさを味わってみて。

☎098-831-7656
🏠那覇市泉崎2-4-3 🕐7:30～14:30 17:00
～22:00 🈚日曜、第2・4木曜 🚃ゆいレール・県庁前駅／旭橋駅から徒歩8分 🅿なし

↑朝・昼・夜で趣の異なる
味噌料理を提供

↑カウンター席もあり

予約	不可(ランチ以降は可)
予算	Ⓑ 1030円～
	Ⓛ 1030円～
	Ⓓ 2000円～

具だくさん味噌汁
定食1080円
体に染み渡る味噌汁。紅豚、島豆腐、青菜、卵などが入り栄養満点

ハワイ×沖縄の朝食で
心ときめく一日の始まりを

C&C BREAKFAST OKINAWA
シー&シーブレックファストオキナワ

那覇 **MAP** 付録P.17 D-3

「旅先で食べるおいしい朝食」をコンセプト
に、オリジナリティあふれるハワイアンメ
ニューを提供。地元食材との新たな出会い
や、独自のスパイスの配合や調理法で奏で
る味のハーモニーを楽しんで。

☎098-927-9295
🏠那覇市松尾2-9-6 🕐9:00（土・
日曜、祝日8:00）〜15:00（L014:00）
🚫火曜 🚇ゆいレール・牧志駅から
徒歩8分 Ｐなし

| 予約 | 不可 |
| 予算 | Ｂ L 800円〜 |

⬆北欧家具やファブリックを配
した居心地のいい空間

⬆公設市場近くに位置する

スフレパンケーキ 1760円
ふわふわ生地にリリコイソース、
クリーム、フルーツを贅沢にトッ
ピング

ゴーヤーの天ぷら 600円
ポーたまの豪華版。口の中に入
れるとまるでゴーヤーチャン
プルー！

愛情をギュッと込めた
うちな一定番の朝ごはん

ポーたま 牧志市場店
ポーたままきしいちばてん

那覇 **MAP** 付録P.17 D-3

県民のソウルフード「ポーたま」の専門
店。スタンダードはもちろん、さまざ
まな具材を組み合わせた多彩なメニュ
ーも魅力。アツアツふかふかの作りた
てをぜひ食べてみて。

☎098-867-9550
🏠那覇市松尾2-8-35
🕐7:00〜19:00 🚫無休
🚇ゆいレール・牧志駅／美栄
橋駅から徒歩8分 Ｐなし

| 予約 | 可 |
| 予算 | Ｂ L Ｄ 390円〜 |

⬆スタンダードのポー
たま390円。精米した
ての米を使用

⬆店舗近辺へのデリバ
リーサービスもあり

50品目がとれる薬膳朝食で
島野菜のパワーを体感する

沖縄第一ホテル
おきなわだいいちホテル

那覇 **MAP** 付録P.16 C-3

長命草や苦菜、ハンダマといった
薬草や伝統野菜などの沖縄食材の
みで作られる薬膳朝食。生命力あ
ふれる素材の味や食感を堪能しな
がら、体をリセットしよう。

☎098-867-3116
🏠那覇市牧志1-1-12 🕐朝食8:00〜11:00
（8:00・9:00・10:00の入替制、前日までに要
予約）、夕食18:00〜23:00（前日までに要予
約）🚫不定休 🚇ゆいレール・美栄橋駅か
ら徒歩8分 Ｐ3台

| 予約 | 要 |
| 予算 | Ｂ Ｄ 5500円〜 |

⬆趣ある庭を眺めながら食事
が楽しめる

薬膳朝食 3300円
20余りの献立でわずか
585kcal。沖縄の器に盛
り付けられ彩りも美しい

うちなー居酒屋は
おいしい夜の食事処

のんびりと過ごしたい沖縄の夜は、泡盛やビールでくつろげる街の居酒屋へ。島の食材を使った、味抜群の沖縄料理をお供に。

予約	可(当日の状況による)
予算	Ⓓ3000円〜

↑人気の刺身盛(4〜5種類)880円、なかむら揚げ(かまぼこ)550円、ぐるくんのから揚げ700円〜は注文したい一品

なかむら家
なかむらや

那覇 **MAP** 付録P.16 C-3

**ふらっと立ち寄りたくなる
アットホームな店**

昔懐かしい沖縄の風情が残る店内。大きなカウンターには新鮮な魚がズラリと並び目の前の魚も料理してくれるのがうれしい。地元の人も通う、一人でも気軽に入れる店。

☎098-861-8751
所那覇市久茂地3-15-2
営17:00〜21:30(LO) 休日曜、祝日
交ゆいレール・県庁前駅から徒歩5分 Ｐなし

↑毎日仕入れる季節の新鮮な魚が並ぶ

↑沖縄を感じさせてくれるいい雰囲気

↑ てびちの煮付け
715円(上)、炙りスー
チカー660円(下)

↑あぐー豚4種のしゃぶ鍋3500円(1人前)

てぃーだむーん

那覇 **MAP** 付録P.17 D-3

那覇のまちぐゎーで
あぐー豚料理を味わう

公設市場近くにあり、あぐー豚や石垣牛
などの県産肉が味わえる。人気の豚しゃ
ぶ鍋や自家製のベーコン、スーチカー、
てびち煮付けを目当てに通うリピーター
も多い。沖縄家庭料理もおすすめ。

☎098-943-0063
㊟那覇市松尾2-11-7 1F　🕐17:00〜22:00(LO21:00)日曜、祝日16:00〜
23:00(LO22:00)　㊡不定休　🚃ゆいレール・美
栄橋駅／牧志駅から徒歩10分　🅿なし

予約	望ましい
予算	
Ⓓ3000円〜	

↑カウンター席のほか、鍋料理をゆっくり楽しめるテー
ブル席もある。テラス席もおすすめ

味まかせ けん家
あじまかせ けんや

那覇 **MAP** 付録P.16 B-2

おいしい料理を探求する
店主のこだわりを感じる

地元客で賑わうアットホームな居酒屋。チ
ャンプルーやてびちなど定番の沖縄家庭料
理を中心に、全国の食材を使った店主オリ
ジナルの創作料理を日替わりで楽しめる。

☎098-862-2805
㊟那覇市久茂地2-6-12　🕐17:00〜23:30
(LO22:30)　㊡日曜　🚃ゆいレール・県庁前駅から徒
歩5分　🅿なし

予約	要
予算	
Ⓓ3500円〜	

↑焼きてびち「豚足」
770円

←オフィス街の中、
趣のある赤瓦が目印

↑ゆっくり座れる小上がり席。大人数の宴会にも対応可能

美しい歌声で魅了する
ネーネーズの華やかな舞台

ライブ&沖縄料理
ライブハウス島唄

ライブ&おきなわりょうり ライブハウスしまうた
那覇 MAP 付録P.16 C-3

ネーネーズをはじめ、初代ネーネーズの吉田康子さんや沖縄で活躍するさまざまなアーティストのライブを開催。入替制ではないので、沖縄料理や泡盛を味わいつつ、衣装や曲構成の違う3ステージを楽しもう。

☎098-863-6040
📍那覇市牧志1-2-31ハイサイおきなわビル3F 🕐17:00〜22:30(ステージ19:00〜、20:10〜、21:20〜は入れ替えなし、L0フード21:20、ドリンク22:00) ※ライブスケジュールは要確認 🈳水曜 🈯2310円、小学〜高校生1155円、6歳以下無料 🚉ゆいレール・県庁前駅から徒歩10分 🅿なし

| 予約 | 望ましい |
| 予算 | D 4000円〜 |

→2024年で結成34周年を迎え、待望のメジャー復帰も果たしているネーネーズ

→国際通りのほぼ中央という便利なロケーション

歌や踊りで盛り上がる夜

民謡居酒屋&
ライブハウス

沖縄音楽の旋律や三線の音色に浸りつつ食事やお酒が楽しめる店へご案内。ワイワイと賑やかな店内で、楽しいひとときを過ごして。

踊ろう、カチャーシー
沖縄の音楽に合わせて盛り上がる

沖縄の方言で「かき混ぜる」という意味の手踊りで、お祭りなどで老若男女が踊り、喜びを分かち合う。踊り方は、頭上に手をあげ、手首を返しながらかき混ぜるように左右に振り、足を音楽に合わせ踏み鳴らす。男性は手を握り、女性は手を開くのが一般的。

手首をくるっとまわす動きや、リズムのとりかたなど、慣れないうちは難しいが、まずは見よう見まねで大丈夫。気楽に踊ってみよう。音楽との一体感に大盛り上がり間違いなし。

| 両手を斜め下に下ろす | 手を下ろしたところで、手首をくるっと返す | つぎは、反対側から両手を斜め下に下ろす | 同じく手を下ろしたところで、手首をくるっと返す |

南国の夜を盛り上げる
エネルギッシュなステージ

ライブ&居食屋
かなぐすく

ライブ&いしょくややかなぐすく
那覇 MAP 付録P.16 C-3

ここの魅力は、ステージと観客の距離が近いこと。夜ごと店内には、圧倒的な演奏と歌声が響き、フレンドリーな会話と笑いが飛び交い、最後は店中が一体となって盛り上がる。沖縄の魚介やアグー豚など、食材にこだわった料理も評判。

☎098-862-8876
📍那覇市松尾1-3-1エスプリコートビル2F 🕐18:00〜23:00(ステージ19:00〜、20:00〜、21:00〜は入れ替えなし、L022:00) 🈳火曜 🈯ライブチャージ1100円 🚉ゆいレール・県庁前駅から徒歩3分 🅿なし

→沖縄県庁前交差点・国際通り入口から歩いて約1分

| 予約 | 可 |
| 予算 | D 3500円〜 |

→プロとして活躍する演者が日替わりで登場。民謡から島唄ポップスまで、幅広い曲が楽しめる

楽しみ方いろいろ、奥深い魅力に酔い心地。

泡盛を知る

沖縄県内には現在46の酒造所があり、その銘柄数は900以上。原料や製造法によって、味や香りに特徴が出やすい泡盛だから、あれこれ飲み比べて自分好みの味を見つけよう。

泡盛はタイ米を黒麹菌で仕込み、単式蒸留機で蒸留した沖縄県特産のお酒。独特の香りと味にファンも多い。度数は30度台が主流だが、最近は25度以下のマイルドな商品も増えている。また、比較的カロリーが低くヘルシーだと女性にも人気だ。泡盛の魅力はいろいろな楽しみ方ができること。水割りやロック、カクテルなど幅広い飲み方を試してみよう。また、3年以上の年月を経て、甘い香りと芳潤さが増した泡盛は古酒(くーす)と呼ばれ珍重される。基本的に泡盛は貯蔵すれば熟成するので、家庭でも簡単に古酒を育てることもできる。ぜひ、好みの銘柄を見つけて乾杯しよう。

600種以上の品揃えを誇る泡盛専門店のパイオニア

古酒家
くーすや

那覇 MAP 付録P.17 D-3

沖縄の全酒造所の泡盛が勢揃い。試飲コーナーもあり、泡盛に精通した泡盛マイスターも常駐。

☎098-863-9317 所那覇市牧志1-3-62 営9:30～22:00 休無休 交ゆいレール・牧志駅から徒歩7分 Pなし

古酒家のスタッフに、おすすめの泡盛をうかがいました。

飲み心地が軽やか。初心者向け

味わいが穏やか

味わいが強く、華やか

飲み心地が深く、上級者向け

青桜

ほのかに甘くやさしい香り。軽快でさっぱりとした飲み口で、初心者におすすめ。
神谷酒造●720mℓ、25度、1900円

首里城正殿

琉球の歴史と文化を象徴する、王国最大の木造建築物を名に冠する。樽香がほのかに香り、口当たりもマイルド。
まさひろ酒造●720mℓ、25度、2200円

請福ビンテージ

100% 3年熟成古酒の贅沢な一本。古酒特有の豊かな香りがあり焼酎好きに人気。
請福酒造●720mℓ、30度、1980円

まるだい

口当たりがよくやわらかい風味でやさしい味わいで泡盛を初めて飲む人にもおすすめ。
今帰仁酒造●720mℓ、30度、3500円

熟成十年古酒
古都首里

芳醇でまろやかな10年古酒100%。高級感漂う外見を裏切らない贅沢な味わい。
瑞穂酒造●720mℓ、40度、4180円

三年古酒
南光「光」

年に5000本しか生産しない希少酒。44度の古酒が織りなす濃厚だが爽快な後味。
神谷酒造所●720mℓ、44度、3500円

琉球人行列絵巻 シェリー樽貯蔵

首里最古の蔵元瑞穂酒造より、シェリー樽にて熟成を経た原酒をブレンドした限定酒。
瑞穂酒造●720mℓ、40度、7700円

古酒家

古酒の甘い香りが特徴的な10年古酒。まろやかな味わいとやわらかな喉ごし、心地よい余韻が長く続く。
今帰仁酒造●720mℓ、35度、4500円

だしの効いた
スープがしみる

小麦粉でできたもちっとした麺と、カツオや豚骨だしのスープが
おいしい定番沖縄グルメ。各店自慢の味を食べ比べてみたい。

A 麺処 てぃあんだー
めんどころ てぃあんだー
那覇 **MAP** 付録 P.19 E-1

飽くなき探求が生んだ生麺とだし
「手間ひまかけた」という意味の店名のとおり、
細部にまで愛情を感じる店。喉ごしのいい生
麺と香り高いだしとの調和を楽しんで。

☎098-861-1152
㊂那覇市天久1-6-10 フォー
シーズンズコート1F
㊋11:00〜14:30(売り切れ次
第終了) ㊡月・火曜 ㊍ゆ
いレール・おもろまち駅から
徒歩15分 ㉓20台(有料)

B 首里そば
しゅりそば
首里 **MAP** 付録 P.18 C-3

"おいしい驚き"に出会える名店
沖縄一硬いと思われる麺と澄みきっただしが
見事に調和。そばへの惜しみない愛情が織り
なす名店の味を堪能したい。

☎098-884-0556
㊂那覇市首里赤田町1-7
㊋11:30〜14:00頃(売り切れ
次第終了) ㊡木・日曜
㊍ゆいレール・首里駅から徒
歩5分 ㉓7台

C むつみ橋かどや
むつみばしかどや
那覇 **MAP** 付録 P.17 D-2

60年余愛され続ける温かなそば
家庭的な温かさがあふれる店。3世代で通う地
元客、「沖縄に来たらまずはここ」という著名
人など根強いファンが多い。

☎098-868-6286
㊂那覇市牧志1-3-49
㊋11:00〜17:00(LO16:50)
㊡火曜、ほか不定休
㊍ゆいレール・美栄橋駅から
徒歩5分 ㉓なし

食べる●沖縄ごはん

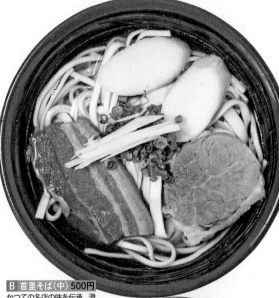

A そーきそば(中) 870円
豚足・カツオ・煮干しからとるだ
しは、魚介の旨みが効いている。
まずは麺とだしの絡みを楽しん
でほしいとソーキは別皿で提供

B 首里そば(中) 500円
かつての名店の味を伝承。澄
んだだしは、奥行きのある味
わいが体中にしみわたる。独
特の食感の手打ち麺は、
毎朝4時から仕込む

C ロースそば 600円
脂のないやわらかな豚の赤
身がのったヘルシーな一品。
営業中は火を落とさない白
濁スープと相性のいい中太
麺をシンプルに味わえる

D 軟骨そば(中) 850円
細くてハリがある亀濱麺との
バランスを考えて調理された
こってりスープ。トロトロの
軟骨ソーキがたっぷり

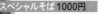

E スペシャルそば 1000円
コシのある長めの細麺
を製麺所に特注。てい
ねいにアクをとっただ
しは、あっさりしなが
ら奥深い味わい。器も
店主自らが焼いている

F 三枚肉そば(中) 700円
3日間かけて仕込んだ上品なだし
とコシのある細麺、甘辛く煮込ん
だ肉が三位一体となり、どこか懐
かしい味わい

G ソーキそば(大) 700円
澄んだスープが特徴。麺と絡むと
しっかりと味がする。フーチバー
(よもぎ)を持ち込んで入れてもOK

D 亀かめそば
かめかめそば
那覇 MAP 付録P.16A-2

リクエストOK! サービス精神旺盛な店
亀濱麺のおいしさを広めようと屋台から始め、
人気とともに店も大きくなって現在の場所に
移転。ふーちばーとネギ盛り放題!

☎098-869-5253
所那覇市若狭1-3-6 上江洲ア
パート1F 営10:30～16:00
(売り切れ次第終了)
休日曜 交ゆいレール・県
庁前駅から徒歩13分 P5台

E そば処 すーまぬめぇ
そばどころ すーまぬめぇ
那覇 MAP 付録P.15D-4

ていねいな仕事がうかがえる至福の一杯
住宅街の一角にある古民家そば店。料理人の
店主が試行錯誤しながらたどり着いた味が好
評で、連日多くの人が訪れる。

☎098-834-7428
所那覇市国場40-1
営11:00～16:00(売り切れ次
第終了) 休不定休
交バス・樋川下車、徒歩2分
P18台

F しむじょう
首里 MAP 付録P.15E-2

ほっこり癒やされる島時間を堪能
古き良き沖縄を今に伝える国の登録有形文化
財の建物で、評判の沖縄そばがゆったり堪能
できる。庭の美しい緑にも心癒やされる。

☎098-884-1933
所那覇市首里末吉町2-124-1
営11:00～15:00(売り切れ次
第終了) 休火・水曜
交ゆいレール・市立病院前駅
から徒歩7分 P20台

G そば処 玉家
そばどころ たまや
南城 MAP 付録P.10B-3

総合バランスのとれた懐かしの沖縄そば
スープ・麺・具材のバランスの良さを重視して
作られたそば。さっぱりだが食べ応えのある
昔ながらの沖縄そば。

☎098-944-6886
所南城市大里古堅913-1
営10:45～17:00
休無休 交バス・島袋下車、
徒歩3分 P約25台

沖縄そば名店案内

143

自家製麺木灰そばの名店中の名店
木灰沖縄そば きしもと食堂
もくはいおきなわそば きしもとしょくどう

本部 **MAP** 付録P.5 D-3

創業110年余、4代目が味を継ぐ。昔と変わらず、薪で湯を沸かし、灰を天然かん水にして作る麺は、コシと旨みが最強。支店あり。

☎0980-47-2887

所本部町渡久地5 営11:00〜17:30（LO、売り切れ次第終了） 休水曜 交許田ICから約24km P13台

今帰仁城跡 ●

岸本そば（大）850円
ほわりと立ちのぼるカツオだしと麺の旨みが一体となり、感動するほどのおいしさ

本部

木灰沖縄そば
きしもと食堂

八重善

84

↑深い旨みのじゅーしー300円

名護から本部へ続く「おいしい山道」
本部そば街道
もとぶ

名護市と本部町を結ぶ県道84号は、沖縄そば店激戦区。数ある名店のなかから、おすすめ4軒をご紹介。

ソーキそば（大）880円
長時間煮込むことで豚肉のだしが出て、やわらかくなるという。変わらぬ味の人気そば

原点の旨み、ソーキそば発祥店
我部祖河食堂
がぶそかしょくどう

名護 **MAP** 付録P.5 F-3

もとは精肉鮮魚店。大量の豚肉を煮炊きして旨みを引き出しただしとソーキが評判となり、1966年からそば店として営業している。

☎0980-52-2888

所名護市我部祖河177 営10:00〜15:30（LO） 休月曜 交許田ICから約11km P20台

おしゃべり大好きよしこさんのそば
そば屋よしこ
そばやよしこ
本部 MAP 付録P.5 E-3

そばはもちろん、よしこ母ちゃんの明るいキャラも人気。豚骨と昆布、カツオでとったあっさりスープと細麺がよく合う。

☎0980-47-6232
所本部町伊豆味2662 営10:00～13:30(LO)
休火・金曜 交許田ICから約14km P10～15台

よしこ
よしこそば

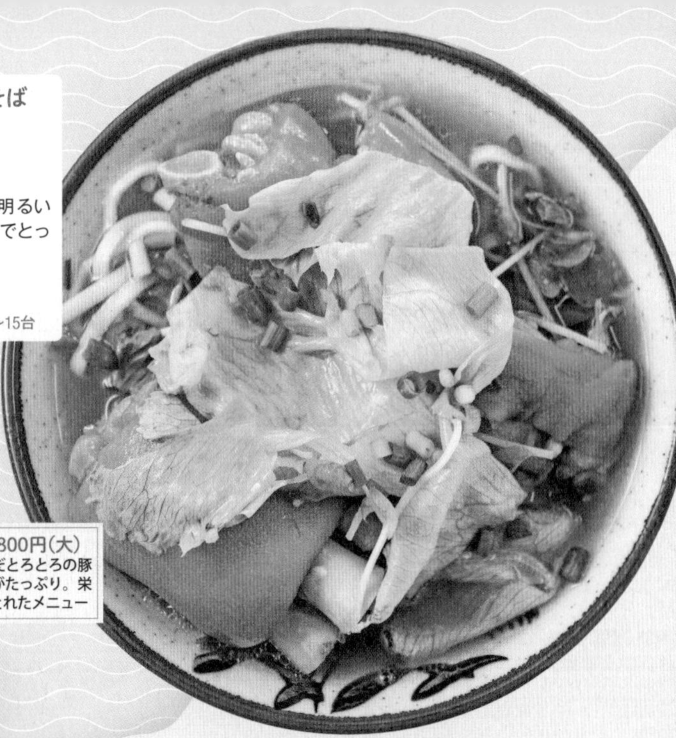

てびちそば800円(大)
味がしみ込んだとろとろの豚てびちと野菜がたっぷり。栄養バランスもとれたメニュー

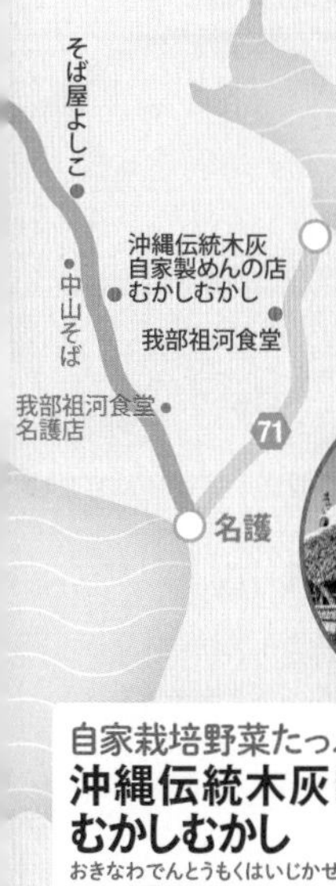
そば屋よしこ
沖縄伝統木灰
自家製めんの店
むかしむかし
中山そば
我部祖河食堂
我部祖河食堂
名護店
71
名護

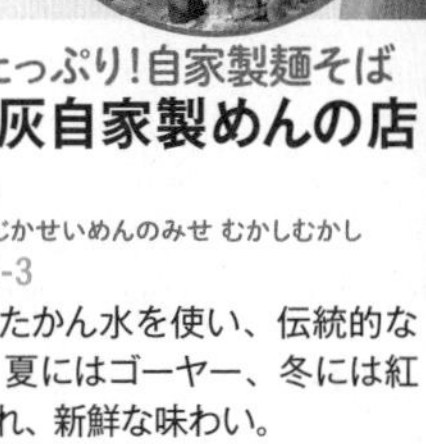

自家畑の島野菜そば800円
店の裏手の自家畑で育てた季節の野菜をふんだんに使用した一品。何度でも食べたくなる

自家栽培野菜たっぷり!自家製麺そば
沖縄伝統木灰自家製めんの店 むかしむかし
おきなわでんとうもくはいじかせいめんのみせ むかしむかし
名護 MAP 付録P.5 E-3

かまどの灰で作ったかん水を使い、伝統的な製法で作る麺は、夏にはゴーヤー、冬には紅芋などが練り込まれ、新鮮な味わい。

☎0980-54-4605
所名護市中山694-1 営11:00～17:00(売り切れ次第終了) 休水・木曜(祝日の場合は営業)
交許田ICから約12km P10台

お肉好きにはたまらない
がっつりメニュー
ステーキ&島豚が
おいしい島です

お肉をお腹いっぱい食べたい！という人には、
アメリカ人の舌も満足させる老舗の絶品ステーキと
上質なブランド豚肉のしゃぶしゃぶや焼肉がおすすめ。

↑国際通りを見下ろす2階。
店内はアメリカンな雰囲気

食べる●沖縄ごはん

リピーターに愛され続ける
老舗のステーキハウス

ジャッキーステーキハウス

予約 不可
予算 LD 2800円～

那覇 MAP 付録P.14B-3

1953年の創業以来、変わら
ぬ味を守り続け、沖縄スタ
イルのステーキを味わえる
老舗。ほかにもハンバーグ
やタコス、タコライスなど
を用意。

☎098-868-2408
所那覇市西1-7-3
営11:00～翌1:00(LO)
休水曜 交ゆいレール・旭橋駅
から徒歩8分 P12台

↑レトロなメニュー看板が、店の歴史を
感じさせる店内

テンダーロインステーキ
（スープ・サラダ・ライス付）
4015円(200ｇ)
上質なヒレを使用したやわらか
く、脂身のない肉質

テンダーロインステーキ
3500円(Lサイズ)
厳選したオージービーフは驚く
ほどやわらかく上質。レアで焼
き上げ、塩・胡椒でどうぞ

これも沖縄の食文化のひとつ
肉厚アメリカンステーキ

ステーキハウス88 国際通り店
ステーキハウス はちはちこくさいどおりてん

那覇 MAP 付録P.17 D-3

創業約45年になる老舗のステーキハウス。国際通りのほ
ぼ中央に位置し、とても便利な場所。本格アメリカンステ
ーキ15種類をベースに国産和牛や石垣牛など厳選した県
産ブランド銘品が食べられる。

☎098-866-3760
所那覇市牧志3-1-6 2F
営11:00～23:00(LO22:00)
休無休
交ゆいレール・牧志駅から徒歩
5分 Pなし

予約 要
予算 LD 1485円～

↑大きな牛の派手なネオン看板が目
印。国際通りの中心地なので観光や
買い物に便利

産地直送の石垣牛と
県産和牛を最高の状態で

鉄板焼 さわふじ
てっぱんやき さわふじ

那覇 **MAP** 付録P.16 C-2

オーナー自らが産地で買い付けた厳選肉を、熟練した手さばきで鉄板で焼き上げる。冷凍肉は一切使用せず、肉本来の味が堪能できる。

☎098-860-8803
🏠那覇市久茂地2-16-17 アーバンライフくもじ1F ⏰17:30〜23:00(LO) 土・日曜12:00〜14:00(LO) 🈺不定休 🚃ゆいレール・美栄橋駅から徒歩3分 🅿なし

石垣牛＆厳選県産牛ステーキ食べ比べコース 8800円
石垣牛40g、県産牛40gのステーキと、やんばる豚ヒレ肉のソテー、海鮮焼きなどの鉄板焼

↑カウンター席のほか、テーブル席や個室も完備

予約 望ましい
予算 Ⓓ8800円〜

やんばるの大自然で育った
極上の島豚を炭火でいただく

予約 要
予算 Ⓓ4000円〜

島豚七輪焼 満味
しまぶたしちりんやき まんみ

名護 **MAP** 付録P.5 F-4

アグーと黒豚を交配させたやんばる島豚は、ほんのり甘い脂身と歯切れのよい食感が特徴で炭火焼肉との相性抜群。鮮度の高いホルモン系部位も絶品。

☎0980-53-5383
🏠名護市伊差川251 ⏰17:00〜22:00(LO21:00) 🈺日・月曜 🚗許田ICから約10km 🅿10台

↑沖縄の古民家を移築して建てられた店内。座敷席、テーブル席あり

肉全盛り 1人前3350円
豚の部位17種類を一度に食べられる、満味ならではの盛り合わせ

しゃぶしゃぶコース 3850円
肉以外にやんばるで採れた季節の野菜盛り、小鉢、煮物、雑炊などが付く（写真は2人前）

希少価値の高い在来島豚を
しゃぶしゃぶで味わい尽くす

今帰仁アグー料理一式 長堂屋
なきじんアグーりょうりいっしき ながどうや

今帰仁 **MAP** 付録P.5 E-2

琉球在来の島豚・今帰仁アグーが持つ肉本来のおいしさを楽しめる。旨み成分を多く含み、強い甘みとさっぱりとした脂身が特徴の肉質をしゃぶしゃぶか七輪焼肉で味わう。

予約 望ましい
予算 Ⓓ4000円〜

☎0980-56-4782
🏠今帰仁村玉城710-1 ⏰17:00〜22:00(LO21:30) 🈺水曜 🚗許田ICから約20km 🅿10台

↑落ち着いた雰囲気に統一された店内。週末は混むため予約がおすすめ

↑かわいらしい木の看板が目印

ハンバーガー
HAMBURGER

沖縄のアメリカングルメ。ファストフードのほか、素材にこだわる贅沢バーガーも人気だ。

ボリューミーなパティとバンズに大満足
お店のアメリカンな雰囲気もGood！

ボリュームたっぷり絶品バーガー

↑アメリカンカジュアルな雰囲気に包まれた店内。屋上からは海を見渡すこともできる

Café Captain Kangaroo
カフェキャプテンカンガルー
本部 MAP 付録P.4 C-3

沖縄バーガーの人気店。手ごねでていねいに作られたハンバーグからは肉汁があふれ、特製ソースが味を引き立てる。バンズもオーダーメイドとこだわる。ハンバーガーは全部で12種類を用意。

☎0980-43-7919
所本部町崎本部930-1 営11:00〜17:00
休毎月最終水曜 交許田ICから約18km P70台

スパーキーバーガー 1400円
牛肉100％のパティの上にクリスピーベーコンやフライドオニオンがのるイチ押しバーガー

GORDIE'S
ゴーディーズ
北谷 MAP 付録P.11 D-1

粗挽きの牛肉100％で作られたパテを炭火でジューシーに香ばしく焼く、シンプルだが贅沢なバーガーが人気を集めている。その日の朝から仕込まれるバンズまで、すべてが手作り。

☎098-926-0234
所北谷町砂辺100
営11:00〜20:00(LO19:30) 休不定休
交バス・砂辺下車、徒歩10分 P25台

↑'50〜'60年代のアメリカンアンティークが並ぶ

これぞ本物のアメリカンバーガー

ダブルバーガー コンボ 1672円
ジューシーで肉厚なパティが重なり、見ても食べてもボリュームのあるアメリカンハンバーガー

ToTo la Bebe Hamburger
トトラベベハンバーガー
本部 MAP 付録P.4 C-3

手作りのバンズや自家燻製のベーコン、国産野菜を煮込んで作ったソースなど、使用する材料に強いこだわりがある。

☎0980-47-5400
所本部町本部16 営11:00〜15:00(LO)
休木曜 交許田ICから約20km P8台

↑小さな子ども連れでも安心して過ごせる

スペシャルバーガー 1280円
手作りパティやバンズ、ベーコン、香りのよいソースが味わえる極上の逸品。ポテト＆ドリンクSは500円

古民家風店内で味わうバーガー

食べる●沖縄ごはん

タコス＆
タコライス

TACOS & TACO-RICE

沖縄ではハードなトルティーヤのものが多い。タコライスはそれをアレンジした料理。

タコミート、チーズ、野菜がたっぷりのメキシコ料理は沖縄の名物グルメに

タコス（チキン）2ピース500円
お店手作りのもっちり食感が魅力のトルティーヤに具材をサンド。肉はビーフも選べる。テイクアウトは1ピース（230円）からOK

ジャンバルターコー

名護 **MAP** 付録P.12 C-3
通常ビーフで作ったタコスミートがのるが、ここでは県内でも珍しくローストチキンがメイン。スパイスの効いた鶏肉にピリ辛の特製チリソースをかけて食べるのが人気だ。

☎0980-53-4850
所名護市東江4-1-14 営14:00〜21:00（LO20:30）休日曜
交許田ICから約7km Pなし
※2023年11月末現在、店内は休業中

↑ タコスの本場、メキシコと南国が入り交じった雰囲気の店内

チキンチーズライス（M）730円
ローストチキンとチーズの相性が抜群。テイクアウト（680円）可能

タコス（1ピース）220円
サクサクもちもちの食感のトルティーヤに、ミートと甘辛ソースが絡む。すべて手作り

タコス専門店 SENOR TACO

タコスせんもんてん セニョールターコ
沖縄市 **MAP** 付録P.11 E-2
気取らないシンプルなタコスを心がけているが、素材はひとつひとつていねいに作る。ブリートインチラーダも人気。

☎098-933-9694
所沖縄市久保田3-1-6 プラザハウス1F
営11:30〜22:00（LO21:30）休無休
交バス・プラザハウス前下車すぐ
Pあり（プラザハウス駐車場利用）

↑ 創業当時のままの雰囲気

マヨネーズタコライス（L）638円
常連の人気アーティストからのリクエストで生まれたというメニュー

チキンとソースが人気の秘密

ハンバーガー タコス＆タコライス

こだわらないのがこだわり

恩納村農水産物販売センター
おんなの駅 なかゆくい市場

おんなそんのうすいさんぶつはんばいセンター
おんなのえき なかゆくいいちば

恩納 **MAP** 付録P.8 C-3

**あれもこれも食べ尽くしたい
食通も通う個性派グルメ**

沖縄人からも人気の農水産物・特産品・加工品市場。島野菜や南国フルーツのほか、味自慢の個性派パーラーがずらりと軒を連ねる。食べ歩きがおすすめ。

☎098-964-1188
所恩納村仲泊1656-9 営10:00～19:00 休無休 交石川ICから約4km
P あり(133台)

道の駅 かでな
みちのえき かでな

嘉手納 **MAP** 付録P.11 D-1

**嘉手納基地が一望できる
グルメスポット**

町の面積の83%が米軍基地という嘉手納町にあり、展示室も有するなど平和学習を兼ねた道の駅。地域特産品のほか、軍機写真ポストカードやワッペンなども販売している。

☎098-957-5678
所嘉手納町屋良1026-3 営8:30～22:00(店舗により異なる) 休無休 交沖縄南ICから約7km P あり(56台)

イカ墨ジューシー
具材たっぷり、イカ墨の風味もおいしい。250円

フードステーション A・D・A・N(アダン)
ゆし豆腐定食や中味汁などごはん系、天ぷらやおにぎりなど多彩なラインナップ

沖縄名物豚足専門店 豚三郎
黒酢や県産熟成味噌をブレンドした南蛮だれがしみ込む

てびち唐揚げ
表面はパリパリ、中はぷるぷるやわらか。600円(2個)

**ムール貝
ウニソース焼き**
ウニソースがあふれんばかりにたっぷり。230円

恩納村水産物直売店
恩納漁業協同組合による海産物直売店。もずく丼やイカ墨汁などで食事もできる

**ロブスターの
ウニソース焼き**
ロブスターにウニソースたっぷり。2580円

寿味屋食品
読谷村都屋漁港で毎日水揚げされる鮮魚が材料。餃子やピリ辛れんこんなども人気

たまご巻き
ゆで卵を包んだ贅沢かまぼこ。250円

たこポコ
タコミートを包んだピリ辛かまぼこ。500円(6個入り)

えびちゃん
エビを包むことで磯の香りと食感が増す。250円

あれもこれも 食べたくなる
グルメな
Okinawa Gourmet at Roadside Station

な〜び屋
琉球茶屋。沖縄のおばぁの味を再現した、さーたーあんだぎーが人気

さーたーあんだぎー
黒糖、シナモン、ごま、ピーナッツ、プレーンの5種類。サイズも大きめ。700円(5個入り)

沖縄ぜんざい
金時豆をやわらかく煮たぜんざいと、ふわふわのかき氷。沖縄の黒糖を使用。450円

スカイラウンジカデナ
4階展望室に併設されたパーラーラウンジ。ソフトクリームやアイスクリームが人気

野國芋ソフトクリーム
ねっとりとした上品な甘さの、嘉手納発祥の野國芋を使用。300円

ロータリードライブイン
創業1975年。老舗ドライブインでメニューも豊富。食事を楽しみながら窓から基地も見えるアメリカンスタイルパーラー

ジャンボチーズバーガー
チーズと玉ネギ、トマトのシンプルな具材が懐かしく、味わい深い。842円

展望室から嘉手納基地見学
道の駅の向かいに広がる嘉手納基地を4階展望室から見学できる。4kmの滑走路や年間7万回も離発着する米軍機など、目と耳で実情を感じてみて。

琉球銘菓三矢
県内で店舗を展開。サーターアンダギーや焼きドーナツを扱う人気店

三矢の黄金ボール
もっちり食感が評判の創作スイーツ。100円

パン工房 ラ・ガール
沖縄の食材を使った菓子パンや調理パンが中心。スムージーやコーヒーも販売

「道の駅」パーラ
沖縄のソウルフードが充実。黒糖ぜんざいは地元でも人気

ポークタマゴおにぎり
300円。スパムを挟み込んだ超定番

屋我地の塩パン
屋我地島産の塩が味のアクセント。118円

シュークリーム
人気メニューのひとつ。172円

天ぷら屋
沖縄ならではの天ぷらを販売。もずくや魚を使った天ぷらはどれも絶品

天ぷら各種
もずく天ぷら100円、魚天ぷら100円など

ドライブ

ドライブ途中に立ち寄ってひと休みできる道の駅や販売所は、ローカルグルメ・スイーツが味わえるスポットのひとつ。厳選した4カ所のおすすめグルメを紹介。

ファーマーズマーケット いとまん うまんちゅ市場
ファーマーズマーケットいとまん うまんちゅいちば

JAの野菜、果物の直売所。糸満は農業も盛んな地域のため、作られる作物も豊富で新鮮。
☎098-992-6510
🕐9:00～18:00　🈺不定休

⬆沖縄でしか見られない食材もズラリと並び、見るだけでも楽しい

糸満漁業協同組合 お魚センター
いとまんぎょぎょうきょうどうくみあい おさかなセンター

糸満で捕れた魚や、県内外各地からの新鮮な魚が入るため、さまざまな種類の魚介が食べられる。
☎098-992-2803　🕐9:00～18:00（土・日曜、祝日は～19:00）
🈺店舗により異なる

海鮮弁当
センター内のたらじさびらで食べられる。まぐろ丼600円、海鮮丼680円

糸満市物産センター 遊食来
いとまんしぶっさんセンターゆくら

離島を含めた県内全域の加工品、工芸品、お菓子など、おみやげにしたい商品が豊富。
☎098-992-1030
🕐9:30～18:00　🈺無休

まぐろ屋みーかがん
☎098-992-3588　🕐11:00～20:00（LO19:30）　🈺不定休

至福のまぐろ丼
県産生マグロをはじめ、ほほ肉やヤマトロなどの希少部位を存分に楽しめる。2178円

道の駅 許田 やんばる物産センター
みちのえききょだ やんばるぶっさんセンター

名護 **MAP** 付録P.7 D-1

屋上で青い海を眺めながら沖縄グルメで腹ごしらえ

北部ドライブの要所に位置し、一日中観光客で賑わう。北部で収穫された南国フルーツや特産品が充実し、フードコートや外通路のお店ではローカルフードが人気を集める。
☎0980-54-0880　🏠名護市許田17-1
🕐8:30～19:00（店舗により異なる）
🈺無休　🚇許田ICから約1km
🅿あり（270台）

道の駅 いとまん
みちのえきいとまん

糸満 **MAP** 付録P.19 E-3

アミューズメントパークのような特産品の発信地

那覇空港からも近く観光の途中や待ち時間などに利用できる便利な施設。5つの団体からなり、物産センター、JAファーマーズ、お魚センターはたくさんの人が集まる場所となっている。
☎098-987-1277（情報案内カウンター）
🏠糸満市西崎町4-20-4　🕐9:00～18:00　🈺無休　🚇那覇空港ターミナルから約9km　🅿あり（395台）

ぎぼまんじゅう

首里 **MAP** 付録 P.19 D-1

終戦後から営む首里の銘菓店。名物は手のひらサイズの大きなまんじゅう。月桃の葉で包み、入園、入学、お寺参り、またおやつとして変わらぬ味を守り続けている。

☎098-884-1764
所那覇市首里久場川町2-109-1
営9:00〜売り切れ次第終了
休日曜 交ゆいレール・首里駅から徒歩10分 Ｐ3〜4台

お祝い事には欠かせない首里名物

↑創業者である母の味を継ぎ、現在は娘さんが2代目として店を営んでいる

のまんじゅう 200円
食紅で大きく「の」の字が書かれた「のまんじゅう」（ぎぼまんじゅう）

タンナファクルー 440円
沖縄県産の黒糖を使用。うちなーんちゅの庶民のおやつ（丸玉直売店）

沖縄を代表する伝統的な手作り菓子

丸玉直売店

まるたまちょくばいてん

那覇 **MAP** 付録 P.15 E-2

沖縄の伝統菓子として表彰されるなど、100年以上も変わらぬ製法で作り続けている。原料は沖縄県産の黒糖のほか、小麦粉と鶏卵のみ。生地のしっとりした食感や、ほどよい甘みが楽しめる。

☎070-9057-0392
所那覇市古島2-4-8リケンオキナワビルV1F
営10:00〜17:00
休土・日曜、祝日 交ゆいレール・市立病院前駅から徒歩8分 Ｐなし

↑お店には、毎日工場からできたての商品が届く

昔も今もやさしい味の島おやつ

食べると心がほっとする、素朴な味わいのお菓子が勢揃い。
黒糖や泡盛など沖縄ならではの材料を使用したものも。

松原屋製菓

まつばらやせいか

那覇 **MAP** 付録 P.17 D-3

市場本通りに構える琉球菓子店。沖縄のお祝い事のときに食べるお菓子のほか、昔から県民が慣れ親しんできたお菓子を作り続けている。地元客と観光客でいつも賑わっている。

☎098-863-2744
所那覇市松尾2-9-9
営9:00〜18:00 休水曜
交ゆいレール・美栄橋駅から徒歩8分 Ｐなし

創業70年余の店のサーターアンダギー

↑サーターアンダギーやポーポーなど色とりどりの琉球菓子が並ぶ

サーターアンダギー
450円(大)、120円(小)
黒糖、バナナ、白糖（プレーン）、紅芋などフレーバーは季節により異なる（松原屋製菓）

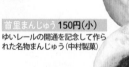

首里まんじゅう 150円(小)
ゆいレールの開通を記念して作られた名物まんじゅう（中村製菓）

光餅(くんぴん)
180円(大)、120円(小)
原料にこだわり、できあがった逸品。詰め合わせは、小10個入り1200円、小15個入り1800円（中村製菓）

職人が目指すのは県民に好まれる味

中村製菓

なかむらせいか

首里 **MAP** 付録 P.19 D-3

創業当時の味を受け継ぎ、進化し続ける琉球菓子店。原料にこだわり、ひとつひとつのお菓子をていねいに作り上げている。月桃の香りが漂う店内には、名物首里まんじゅうや光餅が並ぶ。

☎098-884-5901
所那覇市首里島堀町1-24-1
営9:00〜19:00（日曜は〜12:00）
休無休 交ゆいレール・首里駅から徒歩3分 Ｐなし

↑ゆいレール首里駅近くの店舗

食べる●沖縄ごはん

買う

◆

おおらかな島の雰囲気を
表現したような焼物。
洗練されつつも温かみを
感じる雑貨たちに、ユニークな食文化が
垣間見える、おいしい味みやげ。
沖縄情緒を醸す品に、
旅の余韻を楽しむ。

沖縄民芸の
とっておきを
探す

おおらかでぬくもりあふれる沖縄の焼物
やちむんの里と読谷の工房めぐり

「やちむん」のこと

やちむん（焼物）と呼ばれる沖縄の陶器・陶芸。300年以上も昔の琉球王朝時代、中国や朝鮮、東南アジア、日本などとの交易を行うなか、陶芸も色彩や形、技法などさまざまな影響を受け、沖縄独自に発展。力強くも美しい造形が魅力で、現在も多くの作家と作品が生まれている。

よみたん
読谷村内は登り窯があるやちむんの里を擁するほか、陶芸家も多く点在して、創作活動を行っている。一度は訪れて、沖縄の伝統や文化、気質にふれてみたい。

やちむんの里
読谷 **MAP** 付録P.8 B-4

買う

A 常秀工房 ギャラリーうつわ家
つねひでこうぼう ギャラリーうつわや
読谷 **MAP** 付録P.8 B-4

伝統工芸の技法に独自性と使いやすさをプラス

ほわっと笑っているような作品だとファンが多い工房。重さや口当たりの反り返りなど、微細な部分にも使いやすさを大切にしたつくりもいい。

☎090-1179-8260 ㊟読谷村座喜味2748
⏰9:00（日曜10:00）～18:00 ㊡不定休
🚗石川ICから約10km Ｐ5台

B 読谷山焼共同直売店
よみたんざんやききょうどうちょくばいてん
読谷 **MAP** 付録P.8 B-4

たたずむだけで引き寄せられる秀逸な作品との出会いを楽しむ

金城明光、玉元輝政、山田真萬、大嶺實清、4窯元による共同売店。すべて一点ものなので、店内にたたずみ作品の気配を感じながら、一期一会の出会いを感じてほしいです。

☎098-958-4468 ㊟読谷村座喜味2653-1
⏰10:00～17:00 ㊡火・日曜
🚗石川ICから約10km Ｐ10台
※2023年12月現在休業中

A 四寸皿（1枚焼）1320円
伝統の柄・鉄絵菊唐草紋を常秀工房なりにアレンジ。サイズも豊富

A カップ&ソーサー 4180円
島袋常秀さんによる呉須蝋抜きオリジナル。キュートな柄が愛らしく魅力的

A ボタンアクセサリー 300円～
うつわ家スタッフによるやちむんアレンジ。見てるだけでわくわくする

B カップ&ソーサー
金城明光さんによるモダンな柄。おそろいのコーヒーメーカー1万円も

B 五寸皿
星か花か、空間から発せられる造形が楽しい山田真萬工房による皿

B 染付足付皿
踊るように描かれた柄がみずみずしく美しい。大嶺實清さんによる存在感のある皿

B フリーカップ 2640円～
玉元工房によるもので、泡盛やコーヒーでも、料理でも、何にでも合う

154 ※掲載の商品に関しては取材時のもので、すでに取り扱いを終了している場合があります。

C 四寸マカイ 1848円
松田米司さんによる碗。勢いと繊細さを備えた唐草模様は使うほど美しさにひきつけられる

C 長角皿 1980円
松田共司さんによる三彩という伝統柄の皿。柄の配置や形が穏やかでおおらか

C 高盃皿 2640円
宮城正享さんによる、別名アイスクリーム皿。高台の美しい形などに見惚れる

D 染付正方板皿 4400円
白化粧の凝った形の皿に、最も古い絵付けのひとつ、菊紋をあしらっている

D 染付マカイ 2970円〜
白化粧の碗に菊紋をあしらった器。食卓などで美しい存在感を放ちそう

E マグカップ 3630円
クールキュートなストライプ＆ドット柄。楽しさを目指して生まれたもの

D 多目的カップ 2640円
手のひらに心地よくおさまる大きさ。ドリンクや料理、使い方はいろいろ

E 角皿 2420円(小)
タイルをイメージしたシリーズ柄

C 読谷山焼北窯売店
よみたんざんやきたがまばいてん
読谷 **MAP** 付録P.8 B-4

4窯元による北窯の共同売店
伝統と斬新、両方を感じて

骨太な作品が多い宮城正享さん、つねに新しいデザインに挑戦する與那原正守さん、繊細な松田米司さん、おおらかなタッチの松田共司さんによるやちむんの里にある北窯の売店。

☎098-958-6488 🏠読谷村座喜味2653-1
🕐9:30〜13:00 14:00〜17:30 🈺不定休
🚗石川ICから約10km Ｐ5台

D 陶器工房 壹
とうきこうぼう いち
読谷 **MAP** 付録P.8 A-4

沖縄の自然や風土、歴史にふれ
内から出づる造形をいとおしむ

沖縄の文化や風土を感じながら生まれる造形を大事にしたいという、壹岐幸二さんの陶房＆ギャラリー。美しい白化粧のほか時流に合わせたオブジェもあり、存在感がある。

☎098-958-1612 🏠読谷村長浜925-2
🕐9:00〜18:00 🈺日曜不定休
🚗石川ICから約11km Ｐ5台

E 一翠窯
いっすいがま
読谷 **MAP** 付録P.8 A-4

ハッピーなモノづくりがテーマ
見て使って楽しくなるやちむん

土から生まれるやちむんが、暮らしを彩るおもしろさ。伝統を大事にしつつも自由にカッコカワイイ、楽しいさを求めているという。縄文土器のように焼き締めた土鍋などもある。

☎098-958-0739 🏠読谷村長浜18
🕐9:00〜17:00 🈺無休
🚗石川ICから約11km Ｐ3台

那覇の街なかにある、焼物の世界

那覇 MAP 付録P.17 E-3

壺屋やちむん通り
（つぼや）

その昔、琉球王府の命で陶工の養成の地となり、「壺屋焼」を
生んだ場所。焼物の店やおしゃれなカフェが並び、散策にぴったり。

買う

B ポット9900円
職人とデザイナーがコラボしたフラワーシリーズ

A ゆうちゅう（酒器）3万6300円
小橋川卓史（清正陶器）作"希望の光"。第34回県工芸公募展にて奨励賞受賞

A 高台ぐい呑み
1個5445円
"希望の光"シリーズ。酒器とセットで

B 角皿 5720円
さわやかな青色で染付された菊文は縁起のいい文様

A マンタビアカップ 3630円
使うのが楽しくなりそうなキュートな表情のマンタ

A ソーサー 3630円
夫婦の魚が彫られた伝統の赤絵

A ジンベエザメ マグカップ 3630円
水族館の人気者「ジンベエザメ」はおみやげに人気

A 伝統を受け継ぎ 技を磨いた壺屋焼

清正陶器
きよまさとうき
那覇 MAP 付録P.17 E-3

渋い朱色が特徴の清正陶器。赤絵の線彫魚紋の手法を受け継ぎながら、新たな作品を展開。九州・沖縄サミットの晩餐会の位置皿を制作した経歴も持つ。
☎098-862-3654
所那覇市壺屋1-16-7
営10:00〜18:00
休不定休 交ゆいレール・牧志駅から徒歩11分
Pなし

B 毎日が心ときめく 軽やかなデザインの器

guma guwa
グマグヮァ
那覇 MAP 付録P.17 E-3

日常が楽しくなるシンプルでかわいらしい色柄の器や暮らしの道具を揃える店。女性の手にもなじみやすいように、軽さも考慮して作られている。
☎098-911-5361
所那覇市壺屋1-16-21
営10:00〜18:00
休無休 交ゆいレール・牧志駅から徒歩11分
Pなし

C ほかでは出会えない やちむんと染織物

真南風まるかつ
まふぇーまるかつ
那覇 MAP 付録P.17 E-3

店主のセンスで集めた器は、自由な発想で使い方を楽しめそうな逸品揃い。紅型などの染織物も一見の価値あり。県内でも手に入りにくい作品が並ぶ。
☎098-869-5920
所那覇市壺屋1-21-11
営10:00〜18:00
休無休 交ゆいレール・牧志駅から徒歩11分
Pなし

沖縄の焼物を知る

那覇市立壺屋焼物博物館

なはしりつつぼややきものはくぶつかん

那覇 **MAP** 付録P.17 E-3

壺屋焼をはじめとする沖縄の焼物文化をわかりやすく紹介。沖縄の焼物の歴史、壺屋焼の技法や製作工程がわかる常設展のほか、テーマを決めて実施する企画展も興味深いものが多い。

☎098-862-3761 所那覇市壺屋1-9-32 營10:00～18:00(入館は～17:30) 休月曜(祝日の場合は開館) 料350円 交ゆいレール・牧志駅から徒歩10分 Pなし

C 四足フリーカップ
各2420円
湯呑みはもちろん料理の器としても(南陶窯・久場政一さん)

C ビアグラス 7700円
アートな色彩が印象的
(陶房 樋の龍/南城市)

牧志通り↑
★那覇市立壺屋焼物博物館 P.157
S 壺屋陶芸センター
神原大通り
茶屋 すーじ小 **C**
A 清正陶器
B guma guwa
壺屋やちむん通り
craft house Sprout P.162 **S**
C うちなー茶屋 ぶくぶく
C 育陶園 壺屋焼
真南風まるかつ **C** やちむん道場 P.157
陶美館 **S** ゆいレール
安里駅↑
S kamany
S 新垣陶苑 壺屋
S 獅子陶

シーサー制作体験

自分の手で作る家の守り神「シーサー」

壺屋の原風景が残る裏通りにある工房で、陶芸体験ができる。メニューは、沖縄の土を使ったシーサー作りやろくろでの器作りなど。ゆったりとした島時間のなか、心地いい土をさわっていると、創作意欲をかきたてられ思わず夢中に。

※「面シーサー作り」約1時間、3850円～。焼き上がりまで約2カ月、発送別途1000円～

育陶園 壺屋焼 やちむん道場

いくとうえん つぼややき やちむんどうじょう

那覇 **MAP** 付録P.17 E-3

☎098-863-8611 所那覇市壺屋1-22-33 營9:00～17:30(体験受付10:00～12:00 14:00～16:00) 休無休 交ゆいレール・牧志駅から徒歩13分 Pなし(近隣駐車場を利用)

ろくろ体験、絵付け体験も行っている

A コーヒーカップ＆ソーサー
6050円
魚・波・唐草など、縁起のいい模様が彫られている

B マグカップ 4620円
おしゃれな蔦紋のマグカップはたっぷり入る容量もうれしい

C 紅型タペストリー
2万2000円
沖縄の風物をモチーフにした美しい紅型(具志紅型工房)

C 紅型テーブルランナー
5500円
ゴーヤーや蝶の柄を上品な色で染めた作品(具志紅型工房)

作家たちが昔ながらの技を生かす
島の心を伝える
手仕事

沖縄が育んだ伝統工芸を生かして大切に作られた品々。
手作りならではのぬくもりを感じるものばかり。

Textile
紅型

独特の鮮やかな色彩が印象的な染物。
型紙と顔料を使って色付けする。

ポップで明るい色使いと
かわいい絵柄が人気

紅型キジムナー工房
びんがたキジムナーこうぼう
名護 **MAP** 付録P.5 E-4

沖縄の自然や生物をモチーフ
にした柄が特徴の紅型作家・
馬場由美子さんの工房兼ショッ
プ。事前予約をすれば少人
数限定で紅型染め体験も。

☎0980-54-0701 所名護市宇茂佐
178 営10:00〜17:00 休不定休
交許田ICから約9km P3台

本格的な紅
型染め体験
は、1500円
〜(30分〜)

⤴おみやげに喜ばれそうなポケッ
トティッシュケース各950円(4種)

⤴自宅玄関やお店の
入口にもおすすめの
紅型染めウェルカム
額布4300円

⤴オリジナルキャラ
クター・インコシー
サーの紅型マース袋
950円

⤴赤瓦屋根がの
どかな集落の中
で目立つ(上)、工
房内にグッズが
豊富に並ぶ(下)

紅型は生地の表
から筆ですり込
むようにして色
付けしていく

⊙粒がハミング
しているような
泡つぶコップ
(大)2640円

再生ガラスから生まれる
ぽってりぬくもりガラス

glacitta'
グラチッタ
恩納 MAP 付録P.9 D-2

昔ながらの琉球ガラスの技法
を用い、おおらかな形とほん
のり垢抜けない感じが魅力の
再生ガラスにこだわる。使い
込むほど愛着がわいてくる。

☎098-966-8240
🏠恩納村恩納6347
🕐11:00～17:30頃 ❌不定休
🚗屋嘉ICから約4km Ｐ2台

⊙工場からガラスを割る音も聞こえ
てくる工房＆ギャラリー

⊙窓辺やテーブルに泡雪
丸花器(大)3476円

⊙どんなシーンに
も似合う「しろ泡
グラス」1540円

Glass
ガラス工芸

戦後、米軍が持ち込んだ色付きの瓶の
リサイクルで作られるようになった。
気泡や厚みも、デザインのうち。

島の心を伝える手仕事

人にやさしくなじむ
ハンドメイドアクセサリー

cicafu metal works
チカフ メタル ワークス
首里 MAP 付録P.18 B-1

普遍的な美しさを持つ古典の
型を継承しながら、新たな感
性を吹き込んだ装身具。身に
つけた時間の経過とともに変
わる風合いも楽しみのひとつ。

☎なし
🏠那覇市首里儀保町3-9-7 1階
🕐2024年2月現在休業中
🚗ゆいレール・儀保駅から徒歩1分
Ｐなし
※2024年2月現在休業中

⊙それぞれの文様に大切な意味が込められた
「cicafuオリジナル房指輪」5万5000円

Metalwork
金工

いにしえからの想いが受け継がれた
金工は、温かみあふれる表情が魅力。

⊙ピアスやネック
レスなど6600
円～

毎日を楽しくする器や雑貨に、セレクトショップで出会う

素敵なアートクラフトを探しに。

センスの良い店主が選んだ品々からは、きっと心ときめくものが見つかる。いつまでも大切に使って、見るたびに沖縄のことを思い出して。

Craft・Gift
ヤッチとムーン

クラフト・ギフト ヤッチとムーン

那覇 **MAP** 付録P.17 E-3

自分にぴったりの品と出会える まるでクラフトの宝箱

店内に所狭しと並ぶのは、県内作家を中心とした器や雑貨類。沖縄の古民家をリノベーションし、まるでやちむんのテーマパークのようにディスプレイされている。伝統的なものから、ポップなデザインの作品までバリエーションも豊富。

☎098-988-9639
所那覇市壺屋1-21-9
営10:00〜18:30
休無休
ゆいレール・牧志駅から徒歩11分
Pなし

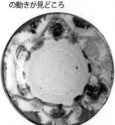

◎榮一工房・6寸皿2960円。土・釉薬などの材料や焼きの方法まで細部にわたりこだわって作られた。力強い筆の動きが見どころ

◎高江洲陶磁器製作所・6寸皿 3280円。沖縄の伝統的な唐草模様を白抜きであしらったお皿

◎ヤッチとムーンオリジナル・ポトポトカップ。煮物やサラダ、飲み物にも使いやすいサイズ感。3146円

◎榮一工房・マグカップ。少し大きめのサイズでコーヒーやスープもたっぷり楽しめそう。3520円

◎ヤッチとムーンオリジナル・ぼくたちクマ。表情や体型が微妙に違うクマがぐるり一周描かれたフリーカップ4048円

tituti
OKINAWAN CRAFT

ティトゥティ オキナワン クラフト

那覇 MAP 付録 P.17 E-3

沖縄のぬくもりと彩りをまとった
暮らしのなかで楽しむ工芸品

作り手と使い手をつなぐ場所とし
て、陶芸・紅型・織物の分野で活躍
する作家とともに、今の生活に
合った工芸品を提案。伝統の技法
を大切にしながらも、型にはまら
ず楽しんで創られた作品が、暮ら
しに沖縄の彩りを添えてくれる。

☎098-862-8184
🏠那覇市牧志3-6-37　🕘9:30〜17:30
😴火曜　🚶ゆいレール・牧志駅から徒歩8
分　Ⓟなし

⬆糸の染色からデザイン
まで手がけているロート
ン織の箱巾着6600円

⬆気分も明るくなるコの
字マグカップ3630円。軽
くて持ちやすいのも◎

⬆作家自身が楽しんで作っている
という絵皿は、1枚ずつ柄が異なる。
1枚4620円

⬆沖縄の海の色を思わせるサンゴ
ブルーシリーズの器。鮮やかな青
が料理を引き立ててくれそう

⬆紅型のがま口ポーチ
5500円。裏には異なる色
の紅型が配されている

⬆沖縄の野花をモチー
フに、独自の構図で表現
した紅型のブックカ
バー。各4730円

⬆色とりどりの作品が飾られた店内には、暮らしを豊かにしてくれるヒントがいっぱい。商品にまつわるエピソードを聞くのも楽しい

161

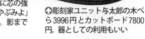

ten
テン
北中城 **MAP** 付録P.11 E-2

等身大のモノづくりをする作家
人の気配に惚れ込んだ作品たち

その人らしさがあふれるニュアンスのある作品に食指を動かされ、ジャンルを問わずにオーナー夫妻が大好きなものをセレクト。県内外、雑貨や服飾、工芸品など洗練されたものが並ぶ。毎月企画展や個展を行っている。

☎098-960-6832 所北中城村島袋1497
営12:00～16:00 休公式HPで要確認
交バス・イオンモール沖縄ライカム下車、徒歩10分 P5台

⬆出会いの瞬間の直感から、大好きなものばかりです

⬆繊細なガラスの美に芯の強さまで感じる「おおやぶみよ」さんのワイングラス。影までが美しい

⬆彫刻家ユニット与太郎の木べら3996円とカットボード7800円。器としての利用もいい

⬆独特の世界観を醸す増田良平さんの蓋物6210円。食卓が楽しくなりそう！

⬆山田義力さんの急須1万6200円。沖縄とモダンのバランスに心奪われる。オブジェにも

⬆外国人住宅の1フロアを開放したノーブルな雰囲気のギャラリー

---

craft house Sprout
クラフト ハウス スプラウト
那覇 **MAP** 付録P.17 E-3

使う人を癒やしてくれる
沖縄生まれの温かなもの

やちむんの街・壺屋にあるセレクトショップ。ベテランによる伝統的な作品と若手作家による感性豊かな作品が一緒に並び、沖縄の陶器が持つ温かな魅力にふれることができる。染織物やガラス、木工なども揃える。

☎098-863-6646
所那覇市壺屋1-17-3 営10:00～18:00
休火・水曜 交ゆいレール・牧志駅から徒歩11分 Pなし

⬆たっぷりとした丸みと、器の質感が心地よい飯碗（陶房眞喜屋）

⬆普段使いしやすいナチュラルな色合いのやちむんが豊富に揃う

⬆鮮やかな色使いが印象的な8寸皿（陶房火風水）

⬆ペアで揃えたいマグカップは、種類豊富（ポール.ロリマー）

⬆沖縄の温かい空気感が伝わるものをセレクトしてます

買う●

GARB DOMINGO
ガーブ ドミンゴ

那覇 **MAP** 付録P.17 D-3

ガーブおじさんが集めた
日常のごほうびをおみやげに

いつもの日常を上質にしてくれるGARBセレクトの素敵なものたち。店内は、作家の手によりていねいに作られた工芸品をはじめ、機能美を併せ持つ世界各国の雑貨や食品などがセンスよく飾られ、暮らしを楽しむヒントがいっぱい。

☎098-988-0244 ㊟那覇市壺屋1-6-3
㊟9:30〜13:00 14:30〜17:00
㊡水・木曜 ㊩ゆいレール・牧志駅から徒歩12分 ㊅なし

↖↗沖縄県南城市で作陶する中村さん夫婦による手仕事で、シンプルな作品が中心。プレート(左上)6270円(ホワイトは5720円)。ドリッパー&ポット(右上・奥)1万7600円、マグカップ(右奥・手前)4950円。ゴブレット(右下)6600円(ホワイトは6050円)(Nakamurake no shigoto)

ガーブおじさんが素敵な休日の過ごし方を提案します

↑県内でも珍しい磁器作家。表面を覆うヒビのような模様で、水をテーマにしている。花器各2万2000円(赤嶺学さん)

↑大胆かつ繊細な筆使いで描く伝統的な植物の柄は、北欧食器とも相性抜群。カフェオレボウル2420円(真喜屋修さん)

↓しのぎティーポット2万2000円。沖縄に自生する植物・月桃の実をモチーフにしている(粕谷修朗さん)

素敵なアートクラフトを探しに。

---

feliz
フェリース

浦添 **MAP** 付録P.13 D-4

かわいいものが大好きな女性が
欲しくなるセレクトアイテム

沖縄のクリエイターが手がけたかわいい雑貨や三線を扱う店。人気イラストレーターが沖縄らしいデザインを取り入れて描いたおきなわマトリョーシカは、全国から買いに来る人がいるほどの人気アイテムだ。

☎098-879-5221 ㊟浦添市宮城4-20-11
㊟13:00〜19:00 ㊡日曜
㊩バス・第一仲西下車、徒歩10分 ㊅なし

どんどんアイテムも増やしていきます!

↑一体一体手作り。沖縄らしいモチーフを手書きで描いた「琉球かふう人形」各3300円

↓紅型手染めやちむんTシャツ4950円。やちむんをモチーフに、藍色の濃淡にこだわって、紅型で1枚ずつ手染めしている

↑沖縄の守神、シーサーのマトリョーシカ。石敢當の中にはマース(塩)がお守りとして入っている。1万2100円

沖縄ならではの素材をぎゅっと詰め込んだ
とっておきスキンケアグッズ

材料や作り方にもこだわりたっぷりのお肌のお手入れグッズ。
買って楽しい、もらってうれしいキュートな5店をご紹介。

沖縄の天然素材のパワーで美肌に導くリゾートコスメ
Ryu Spa 北谷店
リュウスパちゃたんてん
北谷 **MAP** 付録P.11 D-2

沖縄の天然素材が持つ自然治癒力や美肌エキスに着目し、素材の研究から商品開発、製造、販売まで手がけているコスメブランド。すべての化粧品のベースとなる水は、ミネラルが豊富な久米島海洋深層水を使用。肌の状態に合わせて選べる多彩な商品を揃える。

☎098-923-1417 所那覇市北谷町美浜34-3 デポセントラルビル1F 営11:00〜20:00 休不定休 交沖縄南ICから約5km Ｐあり(デポアイランド駐車場)

↑使用感や香りを試しながらセレクトできる。ボタニカルシリーズ全種類が手に入るのは北谷店のみ

⤴ミストローション 100㎖ 1980円。持ち歩きに便利なスプレータイプ(全4種類)。海ぶどうローションには、注目成分の久米島産海ぶどう(クビレヅタエキス)を使用

↲みずみずしく、なめらかな肌を保つ「&Resortクリアローション」(150㎖)3080円。月桃(沖縄ハーブ)の香りも心地よい

→&Resortクチャパック(120g)2860円。クチャ(海泥)配合のクレンジングパック。クチャの細かい粒子で毛穴の皮脂や汚れを落とす

↲黒のフェイスウォッシュ 110g 1980円。炭とクチャのパワーで毛穴の汚れや過剰な皮脂もすっきり!

↲フェイスマスク1枚330円。天然素材それぞれのパワーを体感できるシートマスク

↲フェイス & ボディソープ 1個1320円。海ぶどう、シークワーサー、アセロラ、アロエから使用感で選べる4種のラインナップ。ヒアルロン酸配合でやわらかな素肌に

ハチミツの力に着目する沖縄発スキンケアコスメ
FROMO
フローモ
嘉手納 **MAP** 付録P.11 D-1

自社の養蜂園で採れたハチミツを使用したコスメが人気で、保湿効果もバツグン。北谷アメリカンビレッジ周辺に姉妹店も構える。

☎098-956-2324 所嘉手納町水釜476 営11:00〜18:00 休月〜水曜 交沖縄南ICから約9km Ｐ4台

↲肌荒れを防いでくれる月桃ハーブ水とハチミツの化粧水3960円

↑クチャ石鹸1760円はレモングラスが香るすっきりとした使い心地

↑ナチュラルUVプロテクション2970円

↑ショップ兼工房は外国人住宅をリノベーション(上)海に隣接した店でゆったりと買い物を楽しめる(下)

買う●

ナチュラル素材がうれしい
ハンドメイドコスメたち
チュフディナチュール

那覇 **MAP** 付録P.19 E-1

「沖縄の5つの恵み」をコンセプトに、沖縄の植物や果実などをふんだんに使った化粧品が人気。なかでも手作り石鹸は常時30種類以上を揃える。
☎098-861-8900(グローバルボタニクス)
🏠那覇市安謝2-2-1 🕘9:00(土・日曜、祝日11:00)～17:00 🈑無休
🚌バス・天久一丁目下車、徒歩1分 🅿2台

⬆オキナワテトラバスソルト各385円。かわいい手のひらサイズでおみやげにも喜ばれる

⬆しっとりとした使い心地で肌に潤いを与えるハイビスカス化粧水1870円

⬆手作り石鹸各550円～。沖縄の果物タンカン(左)やアセロラ(右)のエキスが入ったものなど肌質に合わせて選べる

⬆クチャをパウダー状にした沖縄の海泥パック385円。全身に使える

⬆白を基調とした店内で色とりどりの石鹸を販売(上)植物に囲まれた外観はマイナスイオンもたっぷり(下)

潤いも香りにもこだわる
手作り石鹸専門店
La Cucina SOAP BOUTIQUE

ラクッチーナ ソープ ブティック

那覇 **MAP** 付録P.16 C-3

沖縄県内に3店舗を構える実力派。石鹸の香りには世界中から取り寄せた精油を使用しており、リフレッシュ効果も高い。
☎098-988-8413 🏠那覇市松尾2-5-31-1F
🕘12:00～20:00 🈑水・日曜
🚌ゆいレール・県庁前駅から徒歩10分 🅿なし

⬆店内はラグジュアリーな雰囲気で気分も上がる

➡パッケージもキュートな月桃とクチャの石鹸2200円

⬆ホホバオイル配合のリラックスバーム各1320円

➡香り豊かなドライハーブと天然塩ミックスを、さらに天然精油で香り付けした贅沢な入浴剤。左:シトラスハーブ、右:フラワー、各1380円

肌だけでなく環境にもやさしい
自然派グッズが魅力
Island Aroma OKINAWA

アイランド アロマ オキナワ

南城 **MAP** 付録P.10 C-3

月桃など沖縄の天然素材を生かしたアロマグッズや石鹸などを販売。沖縄の聖地・斎場御嶽をイメージした商品やハーブティーも好評。
☎098-948-3960 🏠南城市知念吉富42
🕘10:00～18:00 🈑日曜、祝日
🚌南風原南ICから約16km 🅿8台

⬆乾燥した肌に潤いを与える斎場御嶽石鹸1430円

➡工房も併設しており作りたての商品が並ぶ

⬆斎場御嶽ブレンドエッセンシャルオイル1100円

➡南城市特産のバタフライピーを使用したノンカフェインハーブティー756円

とっておきスキンケアグッズ

バラマキにぴったり。沖縄らしさがいっぱいのご当地食材をゲット

スーパー&コンビニで探す
おいしいおみやげ

沖縄の普段の味を手軽に手に入れるなら、
地元の人御用達のスーパーやコンビニへ。
調味料やレトルトなど実にいろいろな食材が並んでいて、
見ているだけでも楽しい。

ポークランチョンミート
沖縄でチャンプルー料理には欠かせない具材のひとつ、ポーク(スパム)のプラスチックケース版

じゅーしぃの素
沖縄で食べたじゅーしぃの味を家庭で手軽に再現できる

タコライス
沖縄のソウルフードであるタコライスをおいしく簡単に作れると人気

沖縄そば 5食パック
カツオ昆布だしが効いたスープともちもち麺が絶品のインスタント沖縄そば

ミニコンビーフハッシュ
コンビーフにポテトがブレンドされたチャンプルー料理の必需品

買う

さんぴん花茶
沖縄ではポピュラーなお茶。さっぱりした滋味とジャスミンの上品な香りが夏場に合う

三枚肉煮付
手間いらずで本場の味が堪能できる。とろける脂身と旨みがしみ込んだ赤身が食欲をそそる

麩くらむ 圧縮麩
麩チャンプルーに必要な車麩をコンパクトに圧縮。切りやすいうえに保管場所もとらない

おすすめのスーパーはこちら

サンエー 那覇メインプレイス

那覇 **MAP** 付録P.19 F-2

ファッションや雑貨のショップ、映画館などが入ったショッピングセンターの中にある。(サンエーの食品販売店舗は那覇で全13店、沖縄本島で全61店)
☎098-951-3300 ⌖那覇市おもろまち4-4-9 ⊕9:00～23:00 ⊛無休 ⊗ゆいレール・おもろまち駅から徒歩7分 Ⓟ2450台

タウンプラザかねひで にしのまち市場

那覇 **MAP** 付録P.14 B-3

那覇空港に近く、国際通りからも歩いて15分ほど。観光客向けに、県産品を豊富に取り揃えている。(かねひでの食品販売店舗は那覇で全10店、沖縄本島で全58店)
☎098-863-4500 ⌖那覇市西3-3-4 ⊕9:00～翌1:00 ⊛無休 ⊗ゆいレール・旭橋駅から徒歩13分 Ⓟ100台

※掲載商品は上記のスーパーで取り扱いがない場合があります。

アクセスと島内交通

❖

沖縄では、鉄道は那覇市内を
運行するモノレールのみ。
スムーズに移動する
ノウハウをあらかじめ心得ておきたい。

島内を自由に
巡るために
知っておきたい

沖縄へのアクセス

長距離フェリーもあるが、沖縄へのアクセスは飛行機が基本。全国から那覇空港へ直行便が出ている。
空港から、市街地やホテルへアクセスする方法もしっかりチェックしておきたい。

● 各地からの航空便

札幌　新千歳空港
1日1便　所要4時間10分
APJ　8990〜5万9070円

広島　広島空港
1日1便　所要2時間
ANA　4万1000〜4万9300円

仙台　仙台空港
1日1便　所要3時間20分
ANA　6万4500〜7万6600円

岡山　岡山空港
1日1便　所要2時間20分
JTA　4万3780〜4万8400円

福岡　福岡空港
1日22便　所要1時間45分
ANA　3万5500〜4万3000円
JTA　3万5420〜3万8500円
SKY　2万2800〜2万7600円
APJ　4200〜3万170円
SNA　3万3000〜3万4800円
※ANAとコードシェア便

新潟　新潟空港
1日1便　所要3時間10分
ANA　6万4000〜7万3200円
※季節運航

小松　小松空港
1日1便　所要2時間40分
JTA　5万2580〜5万7640円

熊本　熊本空港
1日1便　所要1時間40分
ANA　3万5000〜4万2400円

東京　成田国際空港
1日4〜5便　所要3時間30分
JJP　6380〜4万3190円
APJ　6390〜4万4670円

東京　羽田空港
1日35便　所要3時間
ANA　5万2500〜6万2300円
JAL　5万2470〜5万7200円
SNA　4万8800〜5万1100円
※ANAとコードシェア便
SKY　2万9500〜3万9500円

宮崎　宮崎空港
1日1便　所要1時間40分
ANA　3万5300〜4万3000円
SNA　3万3500〜3万5200円
※ANAとコードシェア便

神戸　神戸空港
1日7便　所要2時間15分
ANA　4万4200〜5万2800円
SNA　4万1100〜4万3100円
※ANAとコードシェア便
SKY　2万7400〜3万5400円

静岡　静岡空港
1日1便　所要2時間50分
ANA　5万1000〜5万9500円
※季節運航

鹿児島　鹿児島空港
1日2便　所要1時間30分
ANA　3万3000〜4万円
SNA　3万1300〜3万2700円
※ANAとコードシェア便

大阪　関西国際空港
1日13便　所要2時間30分
ANA　4万4200〜5万2800円
JTA　4万4110〜4万7850円
APJ　5490円〜4万2870円
JJP　5410円〜4万590円

名古屋　中部国際空港
1日11〜12便　所要2時間25分
ANA　4万5900〜5万9300円
JTA　4万9610〜5万3900円
SNA　4万6200〜4万8200円
※ANAとコードシェア便
SKY　2万7400〜3万5400円
APJ　5090〜4万70円
JJP　5080〜4万390円

松山　松山空港
1日1便　所要2時間
ANA　4万200〜4万8600円

大阪　大阪空港(伊丹)
1日5便　所要2時間15分
ANA　4万4200〜5万2800円
JAL　4万4110〜4万7850円

高松　高松空港
1日1便　所要2時間10分
ANA　4万3200〜5万2700円

※情報は2024年1月現在のものです。　※運賃は片道の通常運賃です。

アクセスと島内交通

航空会社問い合わせ先

ANA（全日空）
☎0570-029-222

SKY（スカイマーク）
☎0570-039-283

**JAL（日本航空）／
JTA（日本トランス
オーシャン航空）**
☎0570-025-071

APJ（ピーチ・アビエーション）
☎0570-001-292

JJP（ジェットスター・ジャパン）
☎0570-550-538

SNA（ソラシド エア）
☎0570-037-283

大手航空会社と格安航空会社（LCC）どちらを選択?

　　航空運賃の安さで注目を集めているのが、格安航空会社（ローコスト・キャリア）、通称LCC。大手航空会社の半額以下の料金で利用できることもある。2024年1月現在、那覇への路線には、ジェットスターやピーチといったLCCが就航。

　　ただし、料金が安いぶん、デメリットもある。大手航空会社と特徴を比較したうえで、好みに合ったほうを利用したい。

格安航空会社（LCC）

〇 なにより運賃が割安
運賃の安さがなんといっても最大の魅力。搭乗日にもよるが、直前予約でも安くチケットが手に入る。タイムセールで激安チケットを買えることもある。また、通常は往復で買わないと割高になるが、LCCなら片道でも割安価格で購入が可能。

× サービスが大手ほど充実していない
LCCでは、手荷物預かりや機内食といったサービスが有料。そのほか、便の欠航や遅延があっても、他社便への振替や補償をしてくれないのが基本。

大手航空会社

〇 手厚いサービス
機内食・アメニティ、映画などのエンターテイメントを無料で提供。預け入れ荷物への制限も少ない。また、欠航になってしまった場合、振替便手配や宿泊施設の提供など、しっかりケアしてくれる。そのほか、ネット予約が基本のLCCに対し、コールセンターを利用して電話でも予約を受け付けてくれる。

× LCCに比べると料金が高く（つきやすい
片道の航空券が割高、直前予約だと正規運賃になってしまうなど、料金に融通が利かないところがデメリット。ただ、繁忙期の場合、早めの予約でLCCより安くなることも。

那覇空港

2019年に国内線と国際線を結ぶターミナル施設が完成した那覇空港。
「日本ブランドと沖縄プレミアム」がテーマの店舗が並ぶ「ゆいにちストリート」にも注目だ。

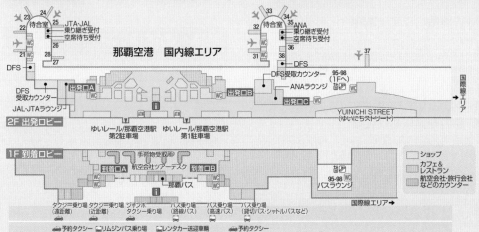

那覇空港からのアクセス

空港リムジンバス
那覇空港と主要リゾートホテルを結ぶ。7路線あるので、利用したい場合は宿泊するホテルがどの沿線にあるか確認を。事前ネット予約、または到着ロビー内の空港リムジンバスのカウンターで券を購入し、12番乗り場へ。ホテルから乗る場合はホテル内または販売所で乗車券を購入。
空港リムジンバス ☎098-869-3301

エアポートシャトルタクシー
那覇空港から本島各地のホテルへ直行するタクシー。ホテルのあるエリアごとに料金が決まっており、沖縄個人タクシー「デイゴ会」の場合、読谷村まで7000円、所要約70分。名護市まで1万円、所要90～100分。
沖縄個人タクシー「デイゴ会」☎090-3793-8180

島内の移動は、レンタカー、タクシーが便利。バス、モノレールも活用できる

沖縄本島の交通

公共の交通機関は、那覇市内を走るモノレールと路線バス。移動にはレンタカーがあるとうれしい。効率よく主要スポットを巡ることができる、観光用のタクシーやバスもある。

ゆいレール

那覇・首里観光に便利な公共交通機関

沖縄都市モノレール「ゆいレール」は、那覇空港駅から浦添市にある、てだこ浦西駅を結ぶ全長約17kmの路線。那覇市内の移動に利用でき、観光名所の国際通りは県庁前駅や牧志駅、首里城は首里駅からほど近い。

フリー乗車券
自由に乗り降りできる乗車券。1日券は800円、2日券は1400円。自動券売機か駅の窓口で発行。
沖縄都市モノレール ☎098-859-2630

タクシー

割安な運賃がうれしい。観光用もおすすめ

● 近距離の移動に利用

初乗りは小型で600円と、沖縄本島のタクシー料金は本土よりも割安。那覇空港から那覇市街や南部エリアなど近距離の移動ならタクシーを使うのもよい。料金の目安は、那覇空港〜国際通りが1300〜1700円(所要約10分)、那覇空港〜平和祈念公園が4600〜5000円(所要約30分)。
沖縄県ハイヤー・タクシー協会 ☎098-855-1344

● 島内観光にも使える

那覇から沖縄美ら海水族館など別エリアのスポットに行くなら、時間制の観光タクシーの利用もおすすめ。送迎から周辺観光までドライバーがサポートしてくれる。
沖縄県個人タクシー事業協同組合 ☎0120-768-555

定期観光バス

主なスポットを効率よくまわれる

定期観光バスツアーに参加すれば、那覇を起点に、本島北部や南部など、別エリアの観光スポットを効率よくまわれる。沖縄バスは「美ら海水族館と今帰仁城跡」(7300円、所要約10時間)」など3コース、那覇バスは「首里城・おきなわワールドコース」(6000円、所要7時間)など3コースを催行。
沖縄バス 定期観光バスのりば ☎098-861-0083
那覇バス ☎098-868-3750

(**自転車で那覇の街を巡る**)

レンタサイクルで風景を眺めながら、のんびり街を巡る旅もおすすめだ。那覇市内にもいくつかのレンタサイクル店がある。また、ポタリング(自転車散策)ツアーを利用した観光もおすすめだ。スタッフのガイド付きで、那覇の街をサイクリングしながら観光することができる。

レンタサイクル
琉Qレンタサイクル **MAP** 付録P.17 E-2
☎098-836-5023 **所**那覇市牧志3-18-13 1F **料**ミニベロ〜18時まで1200円、24時間1600円、クロスバイク・電動アシスト〜18時まで2000円、24時間2400円、ロードバイク〜18時まで2600円、24時間3000円 **交**ゆいレール・安里駅/牧志駅から徒歩2分 **P**なし
※最新情報はhttps://cycle.sunnyday.jp/rental/ を参照

自転車散策ツアー
ガイドと一緒に那覇の路地を走る。壺屋・三重城コース1万4000円と、新都心コース1万4000円、首里城コース1万6000円がある。
所要時間 **3〜6時間**
沖縄輪業 前島2号館☎098-943-6768

離島への交通

那覇からフェリーで。橋で行ける島も多い

● 慶良間諸島へ

慶良間諸島(→P.72・78)へは、那覇の泊港から、フェリーもしくは高速船でアクセスできる。高速船のほうが運賃が高いが、所要時間は短く済む。乗船券は事前にネットもしくは電話で予約しておきたい(予約した乗船券は当日港の所定の場所で受け取り)。フェリーと高速船では、乗り場が異なるので注意。

行き先	フェリー	高速船
渡嘉敷島	片道1690円/往復3210円* 所要約1時間10分/1日1便	片道2530円/往復4810円* 所要約40分/1日2〜3便
座間味島 阿嘉島	片道2150円、往復4090円 所要約1時間30分〜2時間 1日1便	片道3200円/往復6080円 所要約50〜1時間10分/1日1〜2便

渡嘉敷村船舶課 那覇事務所 ☎098-868-7541
座間味村役場那覇出張所 ☎098-868-4567
*高校生以上は、環境協力税100円がかかる

● そのほかの離島へ

奥武島、瀬底島、古宇利島などは本島と橋でつながっている。伊計島、浜比嘉島へは海中道路および橋でアクセス。

レンタカー

マイペースに島を移動できる交通手段

● ネットで事前予約が安心

公共交通機関をゆいレールと路線バスに頼る沖縄では、やはりレンタカーが便利。時間を気にせず、旅のプランが自由に組めるうえ、レンタル料金も本土より割安だ。レンタカー会社ごとにさまざまなプランを提供しているが、ネットの比較サイトを使えば、好みの条件(乗車するエリア、車種、喫煙／禁煙車など)を満たすプランを見つけることができる。

那覇空港に到着してすぐにレンタカーに乗りたい場合は空港近くの営業所での受け取りを選択して予約。旅行当日は空港でレンタカー会社の送迎車に乗り、近くの営業所に行って手続きをする。もちろん、空港のほか、Tギャラリア沖縄byDFSや島内の他の地域での受け取りも選択できる。事前に予約をしていなかった場合は、空港のレンタカー案内所へ。夏休みなどの繁忙期は、当日に希望の車両に空きがない可能性もあるため、早めに予約しておいたほうが安心。

自分で手配する手間を省きたいなら、あらかじめレンタカーが組み込まれた、旅行会社のツアーを利用するのも手だ。

おすすめの比較サイト

沖楽 oki-raku.net/

たびらい沖縄 www.tabirai.net/okinawa

(レンタカーを利用する)

① 空港に到着
国内線到着ロビーを出て道路を渡ったところで、各レンタカー会社のスタッフが看板やのぼりを持って立っている。自分が予約した会社の送迎車に乗り、空港近くの営業所に向かおう。会社によっては営業所が遠く、時間がかかる場合がある。

② 営業所で手続き
送迎車で空港近くの営業所に行き、車を借りる。運転免許証を提示して、書類に必要事項を記入。料金もここで支払う。返却日時や場所、保険や補償についての説明はしっかり聞いておきたい。混雑していると、待ち時間が発生することも。

③ 車に乗って出発!
手続きを終えたら、レンタカーとご対面。スタッフと一緒に、目視で車の状態を確認する。カーナビやETCの操作方法も教えてもらえる。わからないことは質問して解決しておこう。そのあとは、いよいよ車に乗って沖縄旅行へ出発!

④ レンタカーを返却
車を返すときは、ガソリンを満タンにした状態で。追加料金などがあった場合は、その精算をする。返却後は、行きと同様に送迎車に乗って、空港へ移動。帰りの便に遅れないよう、時間に余裕をもったスケジュールを組んでおきたい。

沖縄の主なレンタカー会社

レンタカー会社名	予約センター	空港営業所
オリックスレンタカー	☎0120-30-5543	☎098-851-0543
トヨタレンタカー	☎0800-7000-111	☎098-857-0100
ニッポンレンタカー	☎0800-500-0919	☎098-951-0900
OTSレンタカー	☎0120-34-3732	☎098-856-8877
日産レンタカー	☎0120-00-4123	☎098-858-2523
タイムズカーレンタル	☎0120-00-5656	☎098-858-1536
スカイレンタカー	☎0120-49-3711	☎0570-077-181
フジレンタカー	☎0120-439-022	☎098-858-9330
WBFレンタカー	☎098-859-5588	

レンタカー Q&A

Q. プランに含まれている免責補償料って?
A. 利用者が事故を起こした場合、その修繕費の利用者負担を補償するための料金。

Q. ホテルへの配車や返車には対応してもらえる?
A. 会社や店舗によって異なるので確認を。別途料金がかかることもある。

Q. 飛行機が欠航になった場合どうすればいい?
A. 天候が原因で欠航になった場合、キャンセル料は発生しない会社が多いが、念のため連絡を入れておこう。

Q. 運転者の交替はOK?
A. 一般的には、出発時に運転者の名前を伝えて、免許証を提示していれば可能。

ドライブ時の注意事項

①バスレーン・バス専用道路
平日の朝夕に、交通量の多い国際通りや、国道58号で行なわれる交通規制。施行されているレーンおよび道路は、バスやタクシー専用になり、一般車両は通行できなくなる。道路標識に表示してあるので、注意しておこう。

②国際通りの通行止め
毎週日曜の12〜18時、国際通りの県庁北口交差点から蔡温橋交差点までの区間は「トランジットモール」となり、イベントなどを行う。その間、一般車両は通行止めになる。雨天の場合、中止になる場合もあり。

③中央線が移動する
那覇の国道330号など、車線が少なく混雑する道では、時間によって中央線の位置が変更される。頭上に標識と専用信号機がある。

④沖縄の道路は滑りやすい
一般道のアスファルトには、サンゴ礁の琉球石灰岩が使われている。そのため水に濡れると滑りやすいので、雨の日はスピードを落とし、車間距離を多めにとるように。

路線バス

沖縄本島全域を網羅している

● 那覇市内線は一律料金

　那覇を走る20番未満の番号の「市内線」は、一部を除き運賃は一律240円（改定予定）。20番以上の「市外線」も那覇市内は均一運賃。運賃は前払い（一部路線では異なる場合も）。

フリー乗車券

　那覇バスの市内区間とゆいレールが一日乗り放題になる「バスモノパス」1000円も、那覇バスの空港事務所や営業所、ゆいレール各駅で販売している。

● 那覇と各地域、各地域間を結ぶ市外線

　20番以上の路線「市外線」を使えば、那覇空港や那覇バスターミナルから、本島各地へアクセスできる。運賃は距離によって異なる。乗降車口は前方のドアのみなので、降車客が出るのを待って乗車。整理券を取り、降りるときに料金表示を確認して、整理券の番号と対応する料金を支払う。運賃と乗り方は、一部路線では異なる。

　那覇バスターミナルから名護バスターミナルまで高速バス111系統で所要1時間30分ほど、運賃は2140円（改定予定）。平和祈念堂入口へは、琉球バス・沖縄バス89番系統と琉球バス82番系統で所要約1時間20分ほど、運賃は1070円（改定予定）。

　沖縄の主要路線バスが乗り放題の「沖縄路線バス周遊パス」もおすすめ。1日券2500円、3日券5000円で那覇空港観光案内所などで販売。高速バスなど一部適用外もある。

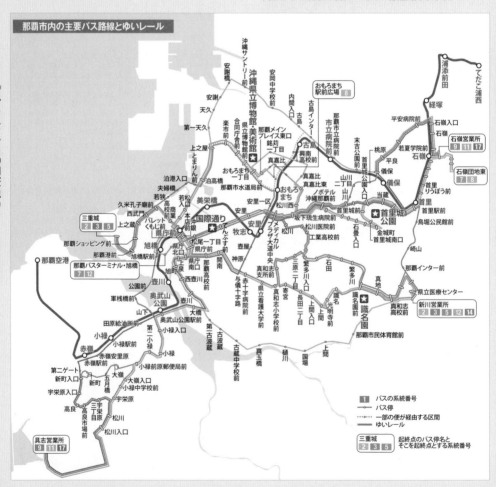

アクセスと島内交通

172

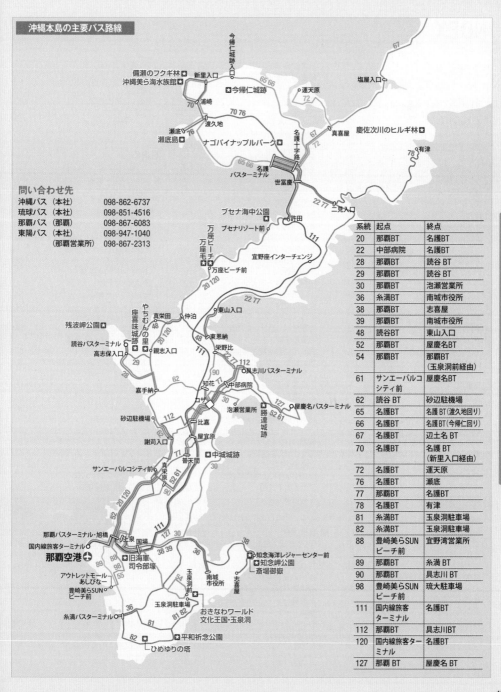

沖縄本島の主要バス路線

問い合わせ先

沖縄バス	(本社)	098-862-6737
琉球バス	(本社)	098-851-4516
那覇バス	(那覇)	098-867-6083
東陽バス	(本社)	098-947-1040
	(那覇営業所)	098-867-2313

備瀬のフクギ林
沖縄美ら海水族館
新里入口
今帰仁城跡入口
今帰仁城跡
運天原
塩屋入口
浦崎
瀬底
瀬底島
渡久地
慶佐次川のヒルギ林
名護十字路
真喜屋
ナゴパイナップルパーク
名護
バスターミナル
世富慶
有津
ブセナ海中公園
許田
二見入口
ブセナリゾート前
万座ビーチ
万座毛
宜野座インターチェンジ
万座ビーチ前
残波岬公園
座喜味城跡
やちむんの里
真栄田
仲泊
東山入口
東恩納
読谷バスターミナル
親志入口
栄野比
高志保入口
具志川バスターミナル
嘉手納
知花
中部病院
コザ
泡瀬営業所
屋慶名バスターミナル
砂辺駐機場
勝連城跡
比嘉
謝苅入口
屋宜原
普天間
サンエーパルコシティ前
桑江
中城城跡
那覇バスターミナル・旭橋
国内線旅客ターミナル
那覇空港
上泉
国場
知念海洋レジャーセンター前
旧海軍司令部壕
知念岬公園
斎場御嶽
アウトレットモール
あしびなー
豊崎美らSUN
ビーチ前
玉泉洞前
南城市役所
志喜屋
糸満バスターミナル
玉泉洞駐車場
おきなわワールド
文化王国・玉泉洞
平和祈念公園
ひめゆりの塔

系統	起点	終点
20	那覇BT	名護BT
22	中部病院	名護BT
28	那覇BT	読谷BT
29	那覇BT	読谷BT
30	那覇BT	泡瀬営業所
36	糸満BT	南城市役所
38	那覇BT	志喜屋
39	那覇BT	南城市役所
48	読谷BT	東山入口
52	那覇BT	屋慶名BT
54	那覇BT	那覇BT（玉泉洞前経由）
61	サンエーパルコシティ前	屋慶名BT
62	読谷BT	砂辺駐機場
65	名護BT	名護BT（渡久地回り）
66	名護BT	名護BT（今帰仁回り）
67	名護BT	辺土名BT
70	名護BT	名護BT（新里入口経由）
72	名護BT	運天原
76	名護BT	瀬底
77	那覇BT	名護BT
78	名護BT	有津
81	糸満BT	玉泉洞駐車場
82	糸満BT	玉泉洞駐車場
88	豊崎美らSUNビーチ前	宜野湾営業所
89	那覇BT	糸満BT
90	那覇BT	具志川BT
98	豊崎美らSUNビーチ前	琉大駐車場
111	国内線旅客ターミナル	名護BT
112	那覇BT	具志川BT
120	国内線旅客ターミナル	名護BT
127	那覇BT	屋慶名BT

INDEX

STAFF

編集制作 Editors
(株)K&Bパブリッシャーズ

取材・執筆・撮影 Writers & Photographers
小早川渉　川畑公平　J to Friends Company
新崎理良子　高梨真由子　宮里ケロゆかり
白木裕紀子　矢嶋健吾　照屋俊　大湾朝太郎

執筆協力 Writers
内野究　遠藤優子　伊藤麻衣子　古賀由美子

編集協力 Editors
(株)ジェオ

本文・表紙デザイン Cover & Editorial Design
(株)K&Bパブリッシャーズ

表紙写真 Cover Photo
ルネッサンス リゾート オキナワ

地図制作 Maps
トラベラ・ドットネット(株)
DIG.Factory

写真協力 Photographs
沖縄県立芸術大学附属図書・芸術資料館
沖縄県立博物館・美術館
おきなわフォト
海洋博・沖縄美ら海水族館
国立劇場おきなわ
首里城公園
那覇市伝統工芸館
那覇市歴史博物館
琉球大学附属図書館
関係各市町村観光課・観光協会
関係諸施設
PIXTA

総合プロデューサー Total Producer
河村季里

TAC出版担当 Producer
君塚太

TAC出版海外版権担当 Copyright Export
野崎博和

エグゼクティヴ・プロデューサー
Executive Producer
猪野樹

おとな旅 プレミアム
沖縄 第4版

2024年4月6日　初版　第1刷発行

著　　　者　TAC出版編集部
発　行　者　多田敏男
発　行　所　TAC株式会社　出版事業部
　　　　　　　（TAC出版）

〒101-8383 東京都千代田区神田三崎町3-2-18
電話　03(5276)9492(営業)
FAX　03(5276)9674
https://shuppan.tac-school.co.jp

印　　　刷　株式会社　光邦
製　　　本　東京美術紙工協業組合

©TAC 2024　Printed in Japan　ISBN978-4-300-10991-5
N.D.C.291　　　落丁・乱丁本はお取り替えいたします。

本書に掲載した地図の作成に当たっては、国土地理院発行の数値地図(国土基本情報)電子国土基本図(地図情報)、数値地図 (国土基本情報)電子国土基本図(地名情報)及び数値地図(国土基本情報20万)を調整しました。